D1626348

LUISE RINSER

WACHSENDER
MOND

1985 bis 1988

S. FISCHER VERLAG

© S. Fischer Verlag GmbH, Frankfurt am Main 1988
Gesamtherstellung: Clausen & Bosse, Leck
Printed in Germany 1988
ISBN 3 10 066041 2

Du danke Gott, wenn er dich preßt
und dank ihm, wenn er dich wieder entläßt.

Goethe

Es ist für mich interessant zu denken,
daß solche für mich interessante Beobachtungen
für andre nicht interessant sein könnten.

Aus dem ›Kopfkissenbuch
der Hofdame Sei Shonagon‹
Japan, ums Jahr 1000

.

1985

Plötzliche Einsicht. Der Mond-Flug der Amerikaner: der Angriff der Männer gegen das Gestirn, das der Frau zugeordnet ist seit Ur- Ur- Zeiten.

Himmelszeichen. Am 20. Februar abends: im ganz reinen Abendhimmel die junge Mondsichel, untergehend, scharf gezeichnet, wie frisch geschliffen, liegend wie ein Schiffchen, und links darunter ein großer leuchtender Stern: Jupiter, Abendstern. Als zöge er das Mondschiff. Eine königliche Konstellation.

Unpolitisch reden. Brief eines Freundes, der seit einiger Zeit den Umgang mit mir meidet, weil ich ihm zu politisch bin und unsre Gespräche immer wieder in politische Streitgespräche ausarten. Er übertreibt. Und er vereinfacht. Wer politisch ist, das ist er, nämlich antikommunistisch, so daß ihm jedes »linke« Wort von mir eine Provokation ist. Wir können uns nur wiedersehen, schreibt er, wenn wir uns gegenseitig versprechen, jedes politische Gespräch zu vermeiden.
Absurdes Verlangen. Worüber sollen wir reden?
Nun: über Literatur, über Religion.
Und das geht unpolitisch? Über Religion reden heißt auch, über die Kirche reden. Ein hochpolitisches Thema, wenns nicht ein frommes Blabla sein soll. Über das Evangelium reden? Hochpolitisch, die Reden des Jeschua über die Reichen und Mächtigen und Scheinheiligen. Über Mystik reden? Über Zen-Buddhismus? Darüber redet man nicht, wenn man etwas darüber weiß.
Oder über Philosophie reden, das muß doch gehen.

Nenn mir, lieber Freund, einen Philosophen, der nicht von der Politik seiner Zeit ausgegangen wäre, unter ihr gelitten, sie kritisiert oder unterstützt hätte!

Über unsre Kinder reden? Das heißt über deren Zukunft reden, das heißt über Atomkraft reden mit ja und nein. Politik. Über unsre Arbeiter reden? Wie aber? Ist, frage ich ihn, dein Buch über die »Konstantinische Schenkung« nicht hochpolitisch? Ist meine ›Mirjam‹ mit der Verteidigung des Revolutionärs Judas nicht radikal politisch?

Es gibt nichts, was außerhalb der Politik stünde. Und das ist gut so: Politik ist eben nicht einfach das Gerangel der politischen Parteien, sondern die tief besorgte Betrachtung des Schicksals der Polis, der Stadt, des Staates, der Gesellschaft, der Völker unsrer Erde.

Aber wenn X. den Streit zwischen uns fürchtet?

Je nun. Ich bin kein Mensch, der andern die Wunden leckt, wenn nötig ist, daß die Wunden offen bleiben aus Gewissensgründen. Ich liebe Harmonie, aber ich lehne das Harmonisieren ab. Ich verstehe unter Harmonie »Dialektik«: Ich sage so, du sagst so, beide haben unrecht, beide zusammen haben recht. Wir müssen doch fähig sein zu begreifen, daß unsre Meinungsverschiedenheiten zeitlich-räumlich bedingt sind und daß wir auf der Vorderbühne Florett fechten, während wir doch von der großen freilich noch dunkeln Bühne her die Musik der Harmonia Mundi hören. Weich mir nicht aus, Freund, oder vielmehr: weich du nicht dir selbst aus! Haben wir doch den Mut zur Konfrontation, auch wenns hübscher wäre, sich Nettigkeiten zu sagen. Aber das willst du ja auch nicht. Nun also, nimm das Florett und komm!

Meine Antwort auf eine Umfrage, was ich für den Lebenssinn halte. Die Frage ist, obwohl sie klar scheint, dennoch unklar. Es ist da einmal die Rede vom »Sinn meines Lebens« und dann vom »Sinn des Lebens« überhaupt. Freilich sind letzten Endes beide Fragen identisch, denn: hat das Leben überhaupt einen Sinn, so hat auch das meine Sinn. Ist alles sinn-los, so ist mein Dasein auch sinnlos. Trotzdem kann man versuchen, beides getrennt zu betrachten.

Ob »das Leben überhaupt« einen Sinn hat – wer kann das wissen? Warum IST Leben? Warum ist es nicht nicht-da? Worauf zielt es?

Ich habe im Lauf meines Lebens viele Male auf solche Umfragen geantwortet. Meine Bücher, meine Aufsätze, meine Antworten auf Tausende von Leserbriefen beschäftigen sich, ausdrücklich oder nicht, mit der Sinnfrage. Je älter ich werde, desto sinnloser erscheint es mir, diese Frage zu stellen. Es gibt schlechthin keine objektiv gültige Antwort darauf – außer man setzt sie sich subjektiv und schöpferisch, das heißt: man glaubt an etwas, das in sich die Antwort ist: man glaubt an jene unendlich hohe Intelligenz, die wir »Gott« nennen oder »Weltgeist« oder wie auch immer: eine Wesenheit, die weiß, warum und wozu sie dem gestaltlosen Nichts den Impuls gab, das Nicht-Nichts zu werden: die Materie, an die sie den Geist band und es so zu dem werden ließ, das wir Leben nennen. (Sehr schön die biblische Mythe von der Erschaffung des Menschen: »Gott« hauchte dem Lehm seinen Geist ein, und die Materie lebte.) Aber was ich hier sage, ist »Glaube« und gehört ins Metaphysisch-Religiöse.

Wer aber nicht glaubt? Ist der Ungläubige (der »Atheist«) einer, der, logischerweise, keinen Sinn im Leben sieht? Sind Atheisten (philosophische und praktische Atheisten) an der Sinnlosigkeit Verzweifelnde? Wie ist das mit ausdrücklich atheistischen Völkern wie Albanien etwa? Gerade sie, wie alle bewußten Kommunisten, sind ausdrücklich an einen Sinn Glaubende. Sie *setzen* den Sinn mit dem Ziel »Weltkommunismus«: das Weltreich des Friedens, der Menschlichkeit, der sozialen Gerechtigkeit.

Auch das Christentum selbst braucht keinen (theologisch

fundierten) Glauben an Gott, um an den Sinn zu glauben: wer für die Menschheit arbeitet, der bereitet das Friedensreich vor, von dem Jeschua aus Nazareth gesprochen hat.

Was immer als »Sinn des Lebens« gilt, ist eine Ausnahme, eine Utopie.

So tiefgründig Philosophen aller Zeiten auf die Frage zu antworten versuchten: sie sagten im Grunde nichts weiter als: Ich hoffe, daß...

So hofft auch der einzelne Mensch, daß sein Leben einen Sinn habe, das heißt, daß es zu einem Ziel führe über alle Teil-Ziele hinaus.

Wenn ich anfange zu fragen, ob mein Leben Sinn habe, so kann ich natürlich für mich antworten, es habe Sinn. Sobald ich aber weiterfrage, ob denn Leben überhaupt Sinn habe, so falle ich ins Nichts. Ich weiß rein gar nichts. Wenn ich aber arbeite und liebe, kurzum: lebe, so erfahre ich den Sinn. Wer verliebt ist, wer in einer schöpferischen Lebensphase arbeitet, wer ein Werk aufbaut, dem stellt sich die Sinnfrage nicht. Sie stellt sich nur in Krisenzeiten: Was für einen Sinn hat denn das alles? Wozu tu ich das? Wozu lebe ich denn?

Krisenzeiten sind Phasen der Hoffnungslosigkeit. Der Schluß ist gegeben: Leben ist hoffen, und Hoffnung gründet sich auf den (bewußten oder nicht bewußten) Glauben an einen »Sinn«.

Mir ist hilfreich das Satzfragment Hegels von der »unendlichen Energie der Sehnsucht«.

Ja – aber: können wir heute noch auf etwas hoffen? Auf einen sinnvollen Weitergang der Menschheitsgeschichte?

Darauf finde ich nur eine einzige Antwort, die wiederum sich auf Hegels Satz gründet. Es liegt an uns, an unserer Kraft zu hoffen, ob alles Dasein einen Sinn hat. Es hat den Sinn, den wir ihm geben, denn wir sind die Schöpfer unseres Geschicks, und nur durch unsre »Energie der Hoffnung« leben wir weiter und leben wir »aufwärts«.

Aber worauf hoffe ich denn? Das weiß ich nicht, seit ich es aufgab, mich mit Theologie zu beschäftigen, weiß ich, daß das Wissenwollen zu nichts führt und daß sich »der Sinn« wortlos offenbart in jedem Augenblick intensiv gelebten Lebens.

Sternkrieg. Zufällig im Alten Testament aufgeschlagen. Buch der Richter, 5/19,20.

»Könige kamen und stritten. Vom Himmel her kämpften die Sterne, von ihren Bahnen aus stritten sie...«

Zufalls-Fund. In meiner Bibliothek, Abteilung Theologie (im weitesten Sinne) fällt mir ein altes, ramponiertes, nur broschiertes Buch auf, das ich schon einmal, vor Jahren, verschenken wollte in einem Anfall von Widerwillen gegen »fromme« Bücher. Ich behielt es, weil es antiquarischen Wert hat: gedruckt 1835 in Landshut, Bayern, in einer Reihe ›Leitsterne auf der Bahn des Heils‹. Buchtitel: ›Der rechte Weg zum ewigen Leben, gezeiget von der heiligen Angela von Foligny‹. Das Vorwort sagt, daß diese Angela 1248 in der Nähe von Assisi (heute heißt der Ort Foligno) geboren ist, aus angesehenem reichen Hause stammte, sich verheiratete, Kinder hatte, Mann und Kinder mit einem Schlag verlor, schließlich ihre Habe restlos verschenkte und in den franziskanischen Dritten Orden eintrat. In diesem Vorwort steht, daß sie »entweder vor oder nach der Heirat in einige schwere Vergehen fiel, denn sie hatte lange Zeit nicht den Mut zu beichten.« Ich blättere vorsichtig in dem halb zerfledderten Buch und bleibe schließlich irgendwo hängen. Die Stelle ist aufregend unkonventionell, ja philosophisch revolutionär und theologisch schier ketzerisch. Angela sagt, sie sehe Gott, »wie er in der ganzen Natur ist, in jedem Dinge, das ein Sein hat, in den bösen und guten Engeln, im Himmel und in der Hölle, im Ehebruch und Totschlag, in jedem guten Werke, in jedem Ding, das nur irgendein Sein hat, sei es schön oder häßlich, gut oder böse... Wenn mir Gott diese Wahrheit offenbart, ist meine Freude nicht größer an Gott, seinen heiligen Engeln und allem Guten, als an dem Häßlichen, Bösen, und selbst den bösen Engeln; ich stoße mich dann an nichts [...] Ich weiß wohl, daß ich Gott lästere, wenn ich ihn nenne, aber ich finde kein Wort, das ihn bezeichnete.«

Gott in Allem, auch im Bösen... Und das hat sie nicht philosophisch er-dacht, sondern mystisch geschaut. Gott selbst hat es ihr gezeigt.

Auch das, was das »Sein« ist, hat sie geschaut, und niemand hat es sie gelehrt, und sie hatte keine Ahnung, daß sie mit ihren Aussagen eine oder DIE Grundfrage der Philosophie von Parmenides bis Heidegger nicht nur berührte, sondern die Antwort »wußte«, denn sie hat das Sein erfahren, indem sie »Gott in allem« SAH, und Gott ist das Sein schlechthin, und nichts existiert außer dem Sein. Anders gesagt: Angela hat die Summe aller Philosophie und Theologie GESCHAUT: das Sein (Gott) IST und ist in ALLEM. Sie hat Sein und Sinnzusammenhang des Universums geschaut.

Daß sie auch das Böse als ins Sein integriert und wesentlich dazu gehörend sah, das ist eine ungeheuerliche Erkenntnis.

Jetzt frage ich: gibt es dann überhaupt »Böses«? Es hilft nichts, mit Thomas von Aquin zu sagen: »Das Böse ist die Abwesenheit des Guten.« Es gibt keine Ab-wesenheit vom Sein. Alles IST und ist IMMER und ÜBERALL.

Wir meinen zu wissen, was das Böse ist, aber wir wissen nur, was man in unsrer menschlichen Übereinkunft »böse« nennt. Für uns heute ist das Töten böse, für die christlichen

Kreuzritter war es gut, Heiden zu töten; für die fundamentalistischen Schiiten ist es gut, »Ungläubige« zu töten. Im Krieg töten, das ist eine nationale gute Tat. Einen Mörder in den USA auf dem elektrischen Stuhl töten, ist gut (im Hinblick auf die Sicherheit der Gesellschaft). Ist auch darin das Sein? Ist auch darin Gott? Wenn das Sein in allem ist ... Oder ist das, was wir Gott nennen, nur seine Hälfte? Ist Gott Urbild der Dialektik? Ist das Böse seine Nacht-Seite, sein notwendiger negativer Pol? Oder ist das alles lächerlich menschlich gedacht? Ich denke: Angela SCHAUTE, und sie SAH das Universum und fand ALLES GUT, weil es das Sein war.

Es bleibt aber die Frage, ob es einen GUTEN GOTT gibt und ob so ein Gott nicht nur unser Wunschtraum ist. Und es bleibt die Frage, ob es »Ethik« an sich überhaupt gibt. Die Natur kennt weder Moral noch Ethik.

Was für ein Schicksal hat sich die Menschheit geschaffen, als sie »vom Baum der Erkenntnis« aß und im Gegensatz zu den schuldlosen Tieren »gut« und »böse« erfand und »das Gesetz«. Und wo es Gesetze gibt, da gibt es die Übertretung: die Sünde, das Verbrechen, die Schuld. Man stelle sich einmal ein Gottesgericht über die Tiere vor: »Löwe, du hast hundert Gazellen getötet und drei Menschen«. Der Löwe: »Ich hatte Hunger, und ich mußte mich verteidigen.« Freispruch! »Mensch, du hast zwanzig Löwen getötet, weil du ihr Fell wolltest, um es für viel Geld zu verkaufen.« Schuldig.

Weltuntergang durch Wasser oder Feuer? Wieder einmal, nach vielen Jahren, in Alfons Rosenbergs ›Durchbruch zur Zukunft‹ gelesen, erschienen 1958. Untertitel: ›Der Mensch im Wassermann-Zeitalter‹. Ich blätterte darin und las dies und das, bis ich fand, was ich eigentlich suchte: die astrologische Einteilung in Welt-Zeitalter. Der Beginn der Menschheits-Zeit auf unserm Planeten geschah unter dem Stier-Zeichen. 4350 bis 2250 vor Chr., das Zeitalter des Ackerbaus und der schweren Menschengestalten, die uns die Funde aus jener Zeit zeigen: Sumerer und frühe Ägypter. In jener Zeit begann der Kretische Stierkult (Minotauros); damals entstand, aus dem Stier-Bedürfnis nach Harmonie, die Musik, und es entstanden auch die ersten Gesetzesbücher, und die große Architektur (Pyramiden). Und Zeus verwandelte sich in einen Stier, der die Jungfrau Europa übers Meer entführte.

Als Moses vom Sinai kam, tanzte sein wanderndes Volk ums »Goldene Kalb« (das ist der Stier). Das war ein Rückfall, denn schon hatte das Zeitalter des Widders begonnen: Moses sah Gott als gefangenen Widder, und die Israeliten erfanden das Bild vom Sündenbock und auch vom Christos als dem »Lamm«. Damals begann eine ganz neue dynamische Epoche.

Um 150 v. Chr. begann das Fische-Zeitalter: das Bild für den Christos war der Fisch.

Aber ich suchte etwas anderes: Platon schreibt sehr deutlich vom Untergang der Insel Atlantis durch Erdbeben und der Folge: der »Sündflut« (Sintflut), der großen Überschwemmung.

Freilich nimmt Platon der Sache sofort ihre überragende Einmaligkeit. Ein Priester sagt zu Solon: »Ihr Griechen seid alle jung an Geist« (denn ihr habt keine eigene Überlieferung...) »Es haben schon viele und vielerlei Vertilgungen der Menschen stattgefunden, die umfänglichsten durch Feuer und Wasser«.

Dann folgt die Erzählung von Phaethon, dem Sohn des Sonnengottes Helios, der den Wagen des Vaters lenken wollte, es aber nicht konnte, vom Wagen stürzte und alles auf der Erde verbrannte.

Der Welt-Untergang nicht durch Wasser, sondern durch Feuer. Und wann wird das sein? Um 4000 n. Chr.

Wir haben noch lange Zeit bis dahin – aber arbeiten wir

nicht mit Wahnsinns-Eifer an der Beschleunigung dieses Weltenbrandes durch die Überhitzung unsrer Atmosphäre?

Ich finde Trost in einem Satz Platons: »Man darf mit Wahrscheinlichkeit aussprechen, daß diese Welt als ein wirklich beseeltes und vernünftiges Wesen durch göttliche Vorsehung entstanden ist.«

Wenn dem so ist, so wird eben diese Vorsehung das beseelte Wesen Erde, vergeistigt, wieder zu sich nehmen.

(Ich rate meinen Lesern, sich Platon zu kaufen. Es ist gar keine schwierige Lektüre.)

Krieg? »'s ist Krieg, 's ist leider Krieg, und ich begehre nicht schuld daran zu sein.« Das schrieb Matthias Claudius Ende des 18. Jahrhunderts. Immer ist Krieg, irgendwo auf unsrer Erde. Muß das sein? Stimmt es, daß Krieg zur condition humaine gehörte, und zur Weltordnung überhaupt?

Wie war das im Alten Testament? Jahwe, »der Herr der Heerscharen«, der selbst »die Völker in seinem Zorn zerstampft, so daß ihr Blut seine Kleider besudelt«. (Jes. 63). Alle Kriege, von Israeliten geführt, wurden moralisch gerechtfertigt dadurch, daß die fremden Völker, die Nicht-Monotheisten, die »Heiden«, gegen Gott gefrevelt haben. Wer das Buch Mose liest, schaudert. Aber da gibt es eben auch die andre Seite. »Ich will Bogen und Schwerter und Krieg aus dem Land hinwegtilgen«, spricht Jahwe. Und die Propheten reden vom ewigen Friedensreich. Und werden dafür als Wehrkraftzersetzer eingesperrt oder in Löwengruben geworfen oder sonstwie umgebracht. Und dann das Neue Testament: »Selig sind die Friedfertigen«, und: »Liebet eure Feinde«, und Saulus, als er Paulus geworden war: »Überwinde das Böse mit dem Guten«, und der Meister selbst: »Schlägt dich einer auf die rechte Backe, biete ihm auch die linke«. Es ist DAS Wesentliche am Christentum, daß man alle lieben soll. Es darf keine Feindbilder geben, und aus den Waffen müssen Pflugscharen geschmiedet werden. Und Jeschua wollte nicht der Führer der Aufständischen werden, welche Israel aus den Händen der römischen Eroberer und der einheimischen Feudalherren befreien wollten. Er nicht. Soviel Jehuda (Judas), der militante Makkabäer, auch drängte. Und die politischen Gewalttäter im Volk bekamen ihre bittere Lektion: im Jahr 70 verloren sie den Guerrilla-Kampf gegen die Römer, und ihr Vaterland wurde zerstört, und sie wurden zerstreut über die Erde, für 2000 Jahre (wo sie dann wiederum militant wurden, die Israelis). Soweit ist alles klar.

Oder nicht? Wie ist es mit dem von militanten Christen jederzeit zitierten Satz Jeschuas: »Ich bin nicht gekommen, Frieden zu bringen, sondern das Schwert«? Und: »Kauft euch Schwerter!« (Einige, wie Simon der Petrus, trugen wirklich Waffen, nämlich Dolche, und Simon hieb damit einem der Soldaten, die Jeschua verhafteten, im Zorn ein Ohr ab, Malchus hieß der Arme (der Name ist seltsamerweise überliefert). Meinte Jeschua das? Böse Interpretation. Was Jeschua mit »Waffen« meinte, das war rein geistiger Art: »Schützt euch mit geistigen Waffen gegen die Feinde Gottes, das heißt gegen die Feinde des Friedens.« Mißverständnisse über Mißverständnisse! Er sprach immer nur auf der geistigen Ebene, und die andern, die späten christlichen Herren, zogen ihn auf ihre Ebene herunter, auf die des materiellen Kampfes. Da wurde seit Konstantin der Krieg geheiligt »durch Jeschuas Wort«. Da wurde schlicht und grob gedacht und gepredigt: Feinde sind Leute, die nicht an den Christengott glauben. Und dann metzelte man sie im Namen Gottes nieder, die Araber in den Kreuzzügen, und alle übrigen Heiden, solche wie die Indios in Amerika zum Beispiel. Alles heilige Kriege. Und die großen Theologen: Augustinus, Thomas von Aquin, Luther vor allem und

Calvin, die sahen den Krieg metaphysisch-moralisch als heiligen Krieg zur »Bekämpfung des Bösen«.

Keine Religion erlaubte und führte so viele Glaubenskriege wie die christliche, und keine führte so viele innere Kämpfe wie die Christen, als sie die christlichen Albigenser ausrotteten, als in der »Bartholomäusnacht« 1572 rund dreitausend Hugenotten, Christen, von Christen umgebracht wurden und als sich Katholiken und Lutheraner dreißig Jahre lang so blutig bekämpften. Ich las neulich, daß alle Massenvernichtungsmittel von Christen erfunden wurden: Atombomben und Giftgase. Stimmt. Alles im Namen des Guten, das gegen das Böse kämpft. Im Namen Gottes.

Heißt es in der englischen Nationalhymne nicht: »Verdirb unsre Feinde«?

Wir Christen, wir Verräter an unserm Religionsstifter, an unserm Lehrer der Liebe und des Friedens. Und die andern, die Moslems zum Beispiel? Ich lese im Koran: »Der Herr offenbarte den Engeln: ›In die Herzen der Ungläubigen werfe ich Schrecken. So haut ein auf ihre Hälse und haut ihnen jeden Finger ab.‹« (Khomeni nimmts wörtlich). Die Rechtfertigung: »Nicht Ihr erschlagt die Feinde, sondern Allah tut es.« Und: »Kämpfet wider sie, bis sie an Allah glauben.« (8. Sure). »Erschlaget die Götzendiener, wo Ihr sie findet.« (9. Sure). Jeder »Held« kommt im Sterben sofort ins Paradies mit besonderen Privilegien gegenüber den eines normalen Todes Gestorbenen. Freilich: auch die Moslems sehen den Krieg als Durchgangsphase hin zum Ewigen Frieden. Aber unter dem Vorwand eines Religionskrieges will Khomeni seine irakischen »häretischen« Glaubensbrüder ausrotten, weil er die Ölvorkommen und den Zugang zum persischen Golf will und damit die Oberaufsicht über Öl und Schiffsverkehr. Allah segnet Khomeinis Kampf. Aber warum segnet er nicht gleicherweise Schiiten und Sunniten?

Aber die Hindu, die keine Fliege töten, die sind doch Leute

des absoluten Friedens, oder? So einfach nicht: sie wollten Kriege nur im äußersten Notfall, wenn diplomatische Verhandlungen versagten, und Giftwaffen verboten sie, und sie griffen erst zur Verteidigung, als die Moslems sie angriffen. Aus den Kämpfern entstand eine Hindu-Kriegerkaste, die fanatisch wurde: die Sikhs, wir kennen sie aus unsrer Zeit, sie kämpfen gegen die indische Regierung.

Die Buddhisten aber? Buddha lehrte Liebe und Frieden. Da gab es einen frühen Kaiser, Ashoka, der öffentlich bereute, daß bei der Eroberung seines Reiches soviele Menschen umgekommen waren, und künftig wolle er nicht mehr mit Waffen umgehen, sondern nur mit dem heiligen Wort. Die Tibeter, früher und von Natur ein kriegerisches Bergvolk, nahmen die Sache ernst: sie wurden ein absolut friedliches Volk in einem geistlichen Priesterstaat (bis man sie vertrieb in unserem Jahrhundert). Aber aus Korea weiß ich, daß es unter den Buddhisten eine Sekte gab, die Nisiren, die an nationalistischen Kriegen teilnahmen, so ihren großen heiligen Meister Buddha verratend. In den japanischen Klöstern gab es Waffen, und die Samurai wurden dort ausgebildet für den Kampf.

Die Chinesen, Taoisten, waren gegen den Krieg, aber führten Kriege. Wir alle sind gegen den Krieg und führen Kriege. Ist es nicht zum Verzweifeln? Es ist wie mit der Mafia: sie begann als kodizierter fairer Kampf gegen unehrenhafte Leute; Selbsthilfe im Notfall; heute gehts ums dreckige Geld, um den Drogenhandel. In der »Vor-Zeit« waren Kriege heilig und hatten religiösen Charakter: Weihung der Waffen, sexuelle Enthaltsamkeit der Krieger vor dem Kampf, Opfer, magische Beschwörungen. Heute gehts ums Öl und um die Vorherrschaft auf Erden und am Himmel. Was für primitive Geschöpfe sind die Menschen. Für die ist der Christos gekommen, für die ist er gestorben?

Pascal schrieb: »Wenn einer das bedenkt, daß Jesus Christus

für uns gestorben ist – wie kann er da nachts noch schlafen?«

Ja, aber hat Darwin nicht doch recht, daß die Ordnung in der Natur den Kampf nötig hat?

Wird das Öko-Gleichgewicht nicht eben durch den Kampf zwischen Starken und Schwachen gehalten? O über diese Materialisten! Als ob der Mensch »Natur« sei wie ein Tier! Er ist *wesentlich* Über-Natur und untersteht andern Gesetzen als die übrigen, die nicht zum Selbstbewußtsein gekommenen Geschöpfe. Der Mensch versteht seinen eigenen hohen Rang nicht. Immer noch nicht. Wie wir am Eigentlichen vorbeileben, wir Armseligen, Törichten, ans Unwesentliche Verlorenen.

Japan: Fleisch und Geld. Ein Leser schickt mir seine Anmerkungen zu einem Buch aus Japan, in dem erzählt wird, wie eines Tages eine Familie nach dem Beispiel ihrer westlichen Handelspartner begann, Fleisch zu essen, nachdem die Japaner 1200 Jahre lang Vegetarier waren: der Buddhismus verbot das Töten und Essen von Tieren. Bei diesem ersten Fleischessen überklebte die Großmutter den Hausaltar mit Lackpapier und verschloß ihn, wie mans nur bei Todesfällen tut. Die Ahnen, sonst als freundliche Gäste eingeladen, konnten nun nicht mehr teilnehmen. Die Großmutter zeigte an, daß sie Selbstmord begehen werde, weil sie wußte, daß mit diesem Treubruch eine neue böse Ära für die Familie und für ganz Japan anbrechen würde. Mit dem Fleisch kam die Liebe zum Geld ins Land. Vorher hatte man die Verachtung des Geldes gelehrt, nun begann man danach zu gieren.

Und damit begann der geistige (spirituelle) Verfall Japans. Und woher kam das Unheil? Aus dem Westen. Wir Unseligen: was für Unheil haben wir auf dieser Erde verschuldet!

Ein Ruhmesblatt für einen Papst. Aus einem Gespräch mit E. Minwegen über unsre Zeit, die doch ganz so schlimm nicht ist. Wir finden beide, daß sich in diesem letzten halben Jahrhundert erstaunlich viel Positives ereignet hat: in Europa kein Krieg mehr, das Anwachsen der Friedensbewegung, der Ökologie- und der Frauenbewegung.

Ich sage: Ich habe noch erlebt, daß die Kirche die Waffen segnete, mit denen die Deutschen (oder auch die Franzosen) in den Krieg zogen.

Aber, sagt E. M., weißt du, daß ein Papst sich ausdrücklich geweigert hat, dies zu tun? Papst Benedikt XV. Er schaffte sich damit viele Feinde. Ähnlich Pius X. Aber die Päpste danach?

Identifikation. In Rom wieder jene Frau gesehen, die ich voriges Jahr auf den Stufen einer Banca in der Nähe der Spanischen Treppe liegen sah und die ich für tot hielt. Wieder bleibe ich bei ihr stehen, schweigend, und mit einem Male bin ich diese Frau. Ich habe alles verschenkt oder verloren, ich besitze rein gar nichts mehr, ich bin ein Niemand und Nichts geworden. Ich habe auch keine Ausweispapiere. Die Polizei wird mich in ein Asyl bringen. Ein Nachtquartier auf einer Matratze zwischen andern ungewaschenen Alten. Eine Blech-Schüssel mit Suppe, ein Stück Brot. Ich schlafe tief. Am Morgen ziehe ich wieder los. Im Winter liege ich auf den Eisenrosten über den Kellerfenstern, aus denen die Wärme der Heizanlagen aufsteigt. Ich liege auf Zeitungen, die ich aus den Abfallkörben hole. Man kann sich auch gut mit ihnen zudecken. Eine Dame sagt zu ihrem Kind: »Da, schenk das der armen Frau.« Ein Geldschein. Ich nehme ihn nicht. Ich lasse ihn liegen, der Wind weht ihn fort. Ich brauche kein Geld. Ich brauche gar nichts mehr, vor allem nicht das Denken. Ich bin ganz leer und ganz frei.

Schraubstock und Dornenkrone. Vor Jahren bekam ich eine Bildkarte, die ich dann verlegte, jetzt eben fand ich sie wieder. Die Reproduktion eines Ölbilds, gemalt 1975 von einer Schweizerin, Eva Wipf. Sie ist mit 49 Jahren gestorben. »Hat sehr viel gelitten«, schrieb die Frau, die mir die Karte damals schickte.

Das Bild: In einem zinnoberroten Holzrahmen, gemalt auf schwarzem Grund, ein Gegenstand aus Holz, eine Art Traubenpresse mit einer seitlichen Drehschraube. Das hölzerne Kopfstück der Schraube ist zerborsten, heraus quillt, statt Wein und auch statt Blut, ein Gewirr von Drähten. In den dornengekrönten Kopf sind lange Nägel getrieben. Die Krankheit, an der die Malerin litt und starb, ist genau dargestellt. Was sie darstellte, ist nicht nur ihr eigenes Krankheitsbild. Es könnte auch das Friedrich Nietzsches sein, zum Beispiel. Es könnte das aller Menschen sein, die sich zu Tode denken über die Widersprüche in der Welt.

Krieg... In einem Aufsatz von Golo Mann in der ›Neuen Rundschau‹ von 1963 ein Zitat gefunden, das dem Buch eines US-Generals, Maxwell Taylor, entstammt: Das Ziel der US-Politik sei, »die internationale kommunistische Bewegung so zu verändern, daß sie keine Bedrohung mehr für die Sicherheit der USA bedeute.«

Am Schluß des bewundernswerten Aufsatzes mit dem grotesken Titel ›Ist der Krieg zu retten‹: »Sie« (die großen politischen Mächte) »können noch lange mit einem Mittel arbeiten, das ihnen praktisch nicht mehr zu Gebote steht, wie ein Financier mit Geld, das er nicht hat«. Gemeint ist: die großen Mächtigen, die USA sowohl wie die Sowjetunion, sind in Wirklichkeit Ohnmächtige und Ratlose.

Aber: »Man wird den Krieg haben, wenn man sich in eine Situation hineingespielt hat, in der man, zur eigenen

schlimmen Überraschung, den Ausweg nur noch plötzlich
im Ernst findet...«

Evokation der Madonna. Der Roman ›Maria‹ der
Italienerin Barbara Alberti. Da ist Maria ein Mädchen, noch
jungfräulich, das durchaus nicht auserwählt sein und den
Gott im Schoß austragen will. Allerdings ist sie zunächst
berauscht vom Besuch des Gottesboten, der ihr zu verstehen gibt, sie werde durch ihr Ja Königin der Erde sein. Nicht
der Wille Gottes zählt, sondern der ihre. Sie ist die Gegen-
Maria, die durchaus nicht einem Mann sich ergeben will,
und sei es der Mann-Gott der Hebräer. Ihr Nein zur Botschaft: eine Möglichkeit des Reagierens auf die Order des
Schicksals, eine demütig Verfügbare zu sein.
Ein feministischer Roman, revolutionär in Inhalt und
Form, in dem die Rebellion nie laut und aggressiv wird, sondern in pure Poesie verwandelt. Daß die Gestalt der biblischen Maria heute »in« wird, ist ein Zeichen dafür, daß man
die Rolle des Weiblichen, der Anima, des »Yin«, zu erkennen beginnt, weit über allen vordergründigen Feminismus
hinaus. Maria, Mirjam, des katholischen Klischees entklei-
det, »nackt«, zeigt sich als die große jungfräuliche Mutter,
die weibliche Figur in der Trinität, wie sie in dem Fresco in
der alten Kirche zu Urschalling am Chiemsee dargestellt ist.
DIE Geist, nach dem hebräischen »ruach«, ein Wort, das
weiblich ist.

Brief aus Kenia. Mombasa: was ist das? Ein Tou-
risten-Ort an der Küste. Dort verbringen vor allem Seeleute, britische Soldaten und solche aus den USA ihren
Landurlaub. Warum sollten sie das nicht tun?
Am 9. 10. 1985 brachte der US-Flugzeugträger Kitty Hawk
11 000 Seeleute nach Mombasa.

In Mombasa ist Prostitution offiziell verboten.

Als die Amerikaner wieder abgereist waren, (hernach!) machte die Polizei Razzia in den Straßencafés und verhaftete alle Prostituierten. Die Geschichte einer dieser Frauen: sie hat einen kleinen Sohn von einem bundesdeutschen Touristen, der natürlich abreiste, ohne sich um die Folgen zu kümmern. Sie muß für dieses Kind sorgen und für ihren jüngeren Bruder. Was kann sie arbeiten? Nichts. Es gibt nur für Männer Arbeit. Wovon also leben? Von Prostitution. Aber sie wurde verhaftet und sollte 150 DM Strafe zahlen. Das ist für Bundesdeutsche nichts, für eine Frau aus Kenia mehr, als sie aufbringen kann. Da wurde sie aufs neue eingesperrt.

Prostituierte werden hart bestraft. Und die Männer? Als 1984 ein US-Soldat beim Feilschen um den Preis eine Frau, Mutter von vier Kindern, umbrachte, bekam er eine lächerlich geringe Geld-Strafe.

Und die Kinder-Prostitution? Die Männer werden nicht bestraft. Zuhälter können offen agieren. In der Wochenzeitschrift ›Coastweek‹ wird offen für Sonne, Sand und Sex geworben.

Und die Polizei? Sie hat grünes Licht. Sie kann Geld fordern, wie sie will; sie ist schlecht bezahlt und stockt ihr Gehalt auf mit Forderungen an die Frauen, denen in ihrer Not nichts bleibt als der Verkauf ihrer Körper (und ihrer Seele dazu).

Sonnenbräune. Black is beautiful... Eben finde ich bei Schopenhauer im Kapitel ›Metaphysik der Geschlechtsliebe‹ aus dem zweiten Band von ›Die Welt als Wille und Vorstellung‹ einen Passus, der frappierend ist. Er spricht die Meinung aus, daß »die Weißen« in keinem andern Erdteil als in Europa einheimisch seien, blondes Haar und blaue Augen seien innerhalb der Menschheit eine Abnormität wie in der Tierwelt weiße Mäuse und Schimmel.

Die weiße Hautfarbe sei den Menschen nicht natürlich, sondern sie haben, wie unsre Stammväter, die Hindu, schwarze oder braune Haut. Nie sei ein weißer Mensch ursprünglich aus dem Schoß der Natur hervorgegangen. Es gebe folglich keine weiße Rasse, soviel auch von ihr geredet wird, sondern jeder weiße Mensch ist ein abgeblichener. »Die Zigeuner, ein indischer, erst seit ungefähr vierhundert Jahren eingewanderter Stamm, zeigen den Übergang von der Komplexion der Hindu zur unserigen.« So Schopenhauer.

Diese japanischen Frauen! Da hat doch eine den Mut, Präsidentin der Oppositionspartei (Sozialisten) zu werden. Takako Doi heißt sie und ist 57 Jahre alt. Sie rief bei einer politischen Sitzung laut: »Vor dem Mann graust mir.« Ich weiß nicht, ob sie Nakasone meinte oder »den Mann« schlechthin, d. h. die japanische Männerwelt insgesamt. In keinem mir bekannten Land ging die Emanzipation der Frau mit so entschiedenen großen Schritten voran.
Und die Deutschen?
Heute, am selben Tag mit dieser Nachricht meiner japanisch-deutschen Freundin Saskia Ishikawa-Francke eine Arbeit vom Bibliothekar Prof. Huder unsrer Berliner Akademie. Höchst interessant, wie sich Schriftsteller (Akademie-Mitglieder!) 1933 zum N. S. stellten. Beschämend ist das. Blind waren sie. Wie sie sich begeistert fügten. (Wie der Norweger Knut Hamsun auch.) Wie sie sich und ihre Besten glatt verrieten. Wie sie Heinrich Mann preisgaben, diese Herren. Vergessen wir ihre Namen.
Aber da war eine, die Widerstand übte, eine Frau: Ricarda Huch.
Ja, eine Frau. Die einzige, die Klarsicht und Mut hatte. Kein feministisches Buch darf Ricarda Huch übergehen.
Allen Mitgliedern wurde im März 33 eine Erklärung zugesandt mit der Frage, ob sie bereit seien, »unter Anerken-

nung der veränderten geschichtlichen Lage sich weiter der Akademie zur Verfügung zu stellen.« Und dann: Eine Bejahung dieser Frage schließt die öffentliche politische Betätigung gegen die Regierung aus und verpflichtet sie zu einer loyalen Mitarbeit...«
Ricarda Huch: »Ich bestreite Ihre Kompetenz, mir eine solche Frage vorzulegen...«
Nach einigem Hin und Her (die Akademie wollte die damals international berühmte Frau nicht verlieren unter so eindeutigen kompromittierenden Umständen) der letzte Brief Ricarda Huchs vom 9. April 1933: »... eine loyale Mitarbeit... die eine Übereinstimmung mit dem Programm der Regierung erfordert, die bei mir nicht vorhanden ist...«
(Was den Ausschluß Döblins und Heinrich Manns betrifft) »... möchte ich wünschen, daß alle nichtjüdischen Deutschen so gewissenhaft... so offen, ehrlich und anständig wären... Hiermit erkläre ich meinen Austritt aus der Akademie.«
Ricarda Huch starb 1947, 83 Jahre alt, sie bekam ein Ehrengrab auf dem Hauptfriedhof in Frankfurt a. M..

Todesfälle. Bei der Totenfeier René Hockes in der Kirche zu Genzano sagt mir der Maler Hoehme: »Wissen Sie, daß heute Heinrich Böll gestorben ist?« Ich habe keine andre Reaktion als das törichte Wort: »Jetzt reichen mir die Todesfälle: erst Orff, dann Ingeborg, dann Rahner, und jetzt...« Und dann höre ich mich laut sagen: »Der Glückliche, der hats hinter sich.« Ja, er ist allen törichten, bösen Angriffen entrückt. Allen Verleumdungen, denen unsereiner ausgesetzt ist. Wünschenswert, tot zu sein. Fort. Unerreichbar. Der Leichenzug für René Hocke, der Leichenzug für Heinrich Böll: wärs der meine!
Wir gehen hinter dem Leichenwagen durch Genzano zum Friedhof. Die Hauptstraße ist eng. Die Autos bleiben am

Straßenrand stehen, ohne daß Polizei ordnet. Wenige der Autofahrer wissen, daß der Tote ein international berühmter Mann ist. Aber alle wissen: da ist einer von uns heimgegangen. Hier in Italien wird der Tod nicht weggeleugnet, hier wird der Tote nicht heimlich beseitigt, als sei es eine Schande zu sterben oder eine Schande für die Medizin, ihn nicht retten zu können. Hier wird der Tote feierlich und öffentlich begleitet. Der Tod: der andre Pol des Lebens.

Ein Mensch, solang er lebt, ist etwas Gewöhnliches. Kein Geheimnis, dem man sich mit respektvollem Schauder nähert. Aber der Tod, der macht etwas aus dem Menschen. Er macht ihn zu dem, der er ist: ein Funke des Göttlichen, der jetzt, im Tod, aus der Materie befreit wird.

Ich denke an Heinrich Böll. Was sah er zuletzt? »Schreckliches«, wie René es mir von sich sagte? Das glaube ich nicht. Böll hat sein Leben lang dem Unheil ins Auge geschaut. Nie hat er sich angewidert, entsetzt, befremdet, gelangweilt abgewandt. Er sah, was IST, und sein Entsetzen wandelte sich in zorniges und aktives Mitleid. Die Angst, o doch, die kannte er. Hätte er sonst für seine Enkelin Samay das Gedicht geschrieben: ». . . keine Angst, alle sind bei dir.« Lieber Heinrich Böll, wir sind bei dir.

Wir alle, deren Anwalt zu warst. »Es gibt nur eine Gruppe, die den besonderen Schutz Gottes in Anspruch nehmen kann. Das sind die Opfer. Die Wahrheit ist bei den Opfern.«

Diesen Satz schriebst du in deiner letzten Lebenszeit ab aus dem Buch ›Feier des Lebens‹ von Fulbert Steffensky, dem ehemaligen Benediktiner-Novizenmeister in Maria Laach, dem Ehemann der Dorothee Sölle.

Böll und ich, waren wir eigentlich Freunde? Wir haben uns im Lauf unsres Lebens vielleicht zehnmal gesehen, zuletzt auf der Hardthöhe bei Bonn, wo wir mit den gescheiten Offizieren der Bundeswehr (›Darmstädter Signal‹) diskutierten. Damals wunderten wir beide uns darüber, daß wir uns nicht einmal Du sagten und nie ein wirkliches Gespräch gehabt hatten. Aber was sollten wir uns auch sagen? Unsre Gedanken waren die gleichen. Wir konnten schweigen, und im Schweigen waren wir eins.

Heute, am 16. Februar 1988, einen Brief von Heinrich Böll, vom 2. November 79, gefunden:

»Liebe Luise Rinser

Dank für den Zuspruch, den ich sehr nötig hatte. *Nachher* bin ich Ihrer Meinung, es war wohl gut, um mir die Augen zu öffnen. Was außer dem Literarischen politisch ist an diesem Feldzug, bleibt... Da ich schon einige kräftige Verreißwellen hinter mir habe, trifft mich der literarische nicht so sehr wie der politische... Dummheit, Feigheit, Terror – schlimm. ... Wir fahren in wenigen Wochen für lange Zeit nach Südamerika, vielleicht gibt es dann wirklich: Abstand...«

15. April (1985). Die USA beschießen Libyen. Sie schießen auf das Regierungsviertel und auf Zivilisten. Sie treffen das Haus Ghadafis und töten seine kleine Adoptiv-Tochter.

Warum? Um das »Terroristen-Nest auszuräuchern«. Aus Rache dafür, daß angeblich Libyer eine US-Bar in Berlin überfallen und einen (einen!) US-Soldaten getötet hatten.

Erinnert daran, daß die deutsche Wehrmacht 1943 in Rom in den Ardeatinischen Gräben 330 Italiener (Unschuldige, Wehrlose, unbewaffnete Zivilisten) erschießen ließ zur Rache dafür, daß eine italienische Widerstandsgruppe einen Lastwagen mit 30 Deutschen in die Luft gehen ließ.

»Aug' um Aug', Zahn um Zahn«, so hieß es im Alten Testament. Das aber hieße: für einen einzigen Amerikaner darf nur ein einziger Libyer oder Syrer getötet werden. Das ist Gerechtigkeit.

Aber im Neuen Testament: Du sollst nicht töten, weder im Maßstab 1 zu 1 noch überhaupt. Wenn dich einer auf die linke Wange schlägt, dann biete ihm auch die rechte.

Kein Ratschlag für Feiglinge oder Schwache; nicht der Vorschlag der »Demutsgebärde« des unterlegenen Tieres. Auch nicht nur ein Rat für kluges Verhalten, wie man es in jenem japanischen Sport anwendet: man läßt, selbst höchst konzentriert, den Schlag des Gegners ins Leere gehen, womit sich dessen Kraft erschöpft.

Der Dollar (Juli 85). Der Dollar steigt, der Dollar fällt, der Dollar steht im Mittelpunkt von Wirtschaftsgesprächen und Politik.

Der Dollar. Ich habe noch einen von der letzten USA-Reise. Dieser übriggebliebene One-Dollar-Schein, Serie A 12 1981, graugrün und abgegriffen, gedruckt in California, liegt vor mir. Wer hat ihn vor mir in der Hand gehalten?

Sonderbares Papierchen. Über dem ONE steht: In God we trust. Vertraut nur auf Euern Gott, er wird Euch Euern Reichtum schon segnen. In God we trust – und das auf einem Geldschein. Pervers. Sie sagen Gott und meinen den Teufel, aber das wissen sie nicht. Gott nämlich hat nichts zu tun mit Geld. Das ist die Teufels-Domäne.

Und was ist da links im Bild? Ein Medaillon mit einer Pyramide, die an der Spitze ein von Licht umgebenes Auge trägt. An ihrem Sockel eine Jahreszahl, MDCCLXXVI. 1776. Was war da? Nachschauen im Geschichtsbuch. Am 4. Juli Unabhängigkeitserklärung und Erklärung der Menschenrechte. Menschenrechte und Geld...

Auf der rechten Seite des ONE ein anderes Medaillon: der stolze Adler, der das Wappen wie einen Schild trägt. Über dem Adlerkopf ein Spruchband: Ex pluribus unum. Aus der Vielheit das Eine. Darüber ein Kreis mit dreizehn Sternen. So wenige damals. Im äußern Kreis aber fünfzehn Lichtpunkte. Im mittleren etwa dreißig Strahlen.

Zurück zur Pyramide mit dem Licht-Auge. Darüber die Schrift: Annuit coeptis (Jahresbeginn), darunter: Novus ordo seclorum. Und darunter: The great seal. Das große Siegel. Und die neue Ordnung des – aber was soll seclorum heißen? Doch wohl saeculorum. Ich schaue mit der Lupe nach: ja, da steht seclorum.

Aber dieser Turm, schön gemauert. Das Dreieck. Das Auge. Wenn das kein Freimaurer-Zeichen ist! Genau auf der Vorderseite, neben dem Bild Washingtons, das alte grüne Siegel des Department of the Treasury mit dem Bild der Waage und dem Schlüssel.

Die Waage: Sinnbild der Gerechtigkeit. Oder die Krämerwaage.

Gestern die Verhinderung des Boykotts von Südafrika durch die USA und Frau Thatcher unter schlechtem Vorwand. Der wahre Grund: die beiden Staaten haben viel zu gute Wirtschaftsbeziehungen zu Südafrika, als daß sie sich selber die Einfuhr dorthin abschneiden wollten. Da wird abgewogen: hier das Geld, dort das Menschenrecht der Schwarzen. Kein Zweifel, welche Schale sinkt. Was für ein entlarvendes Geschichtsbuch, so ein Dollarschein.

Aufflug. Erster Seeadler-Flug (im TV gesehen). In Schottland sind im Lauf des Jahrhunderts alle Seeadler ausgerottet worden. In Norwegen aber gibt es sie. Ein Deutscher machte es sich zur Lebensaufgabe, die sehr empfindlichen Jungen, von denen jeweils nur wenige überleben, aufzuziehen. Es gelingt ihm. Wenn die Adler-Jungen stark genug sind, werden sie in Flugzeugen von Norwegen nach Schottland gebracht. Dort leben sie zunächst in großen, nach oben offenen Käfigen, aber an einer langen Kette. Sie sind noch nicht fähig zu fliegen und schon gar nicht, sich allein durchzubringen. Eines Tages trägt der Wärter so ein flügges Adlerjunges ins Freie und setzt es auf einen Felsen am Meer. Da sitzt es und weiß noch nichts anzufangen mit sich und der Freiheit. Dann aber: es bewegt seine Flügel, es spürt den Wind in den Federn, es hebt den Kopf, es zögert lange, und dann, plötzlich, breitet es die großen Schwingen aus und hebt sich vom Boden ab. Es wirft sich in die Luft. Lautlos. Der ganze Vogel selbst: ein Freudenschrei. So muß es einem sein, wenn man im Sterben befreit wird von der vergänglichen Materie.

Dachstubentraum. Innerhalb von drei Wochen dreimal den fast gleichen Traum. Der erste: ein sehr geräumiges Dachzimmer, schräge Decke, viel Holz, eine Menge Möbel und Menschen; ich muß »ausräumen«.
Der zweite: wieder muß ich dieses Dachzimmer ausräumen, aber es ist nicht mehr so voller Kram.
Der dritte: kein Kram mehr, kein Mensch mehr, aber ich muß einige (übrigens wertvolle alte schöne) Möbel umstellen.
Ein Jahr später (in Nordkorea): Das Dachzimmer ist geordnet, ein einziger schmaler Schrank hat noch nicht den richtigen Platz; wohin ich ihn auch rücke, er steht quer über Eck.
Die Deutung ist leicht, so leicht, daß ich lachen muß, aber ich weiß: der Traum ist einer der Weisungsträume. Das Dachzimmer ist natürlich mein Kopf. (»Der ist nicht richtig im Dachstübchen«, sagen wir.) Dort, in meinem Kopf, drängen sich zu viele Gedanken, Erinnerungen, Pläne. Ich muß Ordnung schaffen, und ich beginne damit (2. Traum). Schließlich ist aufgeräumt, nur der eine Schrank paßt nirgendwohin. Was ist das? Warum habe ichs ausgerechnet in Nordkorea geträumt? Hängt es damit zusammen? Ist es

Politik überhaupt, die nicht den richtigen Platz in meinem Dachgefüge hat? Oder ist es etwa »die Religion«, die Kirche? Doch wohl eher dies.

Lebens-Überdruß. Klage einer Besucherin: »Und jeden Tag dasselbe: aufstehen, Frühstück machen, einkaufen; kochen, abspülen, putzen, einmal in der Woche zum Friseur gehen, einmal mit dem Mann ins Kino, einmal Besuch bei den Eltern, und wieder: aufstehen, Frühstück machen, einkaufen... Und der Ehemann: jeden Tag in die Archive und Bibliotheken, Material sammeln für sein Buch, das nie zustande kommt. Er und ich: zwei Hamster im Käfig, sie laufen im Rad, sie laufen und laufen und bringen das Rad zum Drehen und glauben, sie kämen vorwärts, und verdrängen die Einsicht, daß sie auf der Stelle treten, das heißt, auf der Strecke bleiben. Wie hält man das aus, ohne grau und bitter zu werden? Sie, Frau Rinser, Sie haben es gut, Sie sind schöpferisch, da sieht das Leben anders aus.«
Schon, ja. Aber man ist nicht immer schöpferisch, man hat seine Durststrecken, und die sind schwer zu ertragen. Und man hat seine Zeiten des Zweifels, ob das, was man schreibt, etwas taugt und ob es überhaupt einen Sinn hat zu schreiben. Die große Versuchung zur Resignation, zum Gehenlassen-wie's-geht, zur stummen Weigerung, sich höher zu entwickeln. »Acedia«, hieß das in den mittelalterlichen Klöstern, und galt als Todsünde, denn sie ist wirklich und wahrhaftig seelentötend.
Und wie überwindet man diese Versuchung?
Ich weiß nicht, ob Ihnen meine Medizin hilft.
Die wäre?
Eine Geschichte aus dem Evangelium mit einem ganz simplen Satz. Die Geschichte: die Jünger des Jeschua, Fischer, hatten die ganze Nacht auf den Schwarm gewartet, und er

war nicht gekommen. Der Tagesverdienst war dahin. Sie saßen verdrossen am Ufer des Kinereth-Sees. Da kam der Rabbi und hörte sich ihre Klage an. Und er sagte: Fahrt nochmal aufs Wasser und werft die Netze aus. Sie murrten: Jetzt kommt der Fisch doch nicht mehr. Der Rabbi sagte: Fahrt hinaus und werft die Netze aus. Er versprach ihnen nicht, daß der Fisch käme; das nicht. Simon sagte, vermutlich seufzend: Na schön, wenn du es sagst. »In deinem Namen und auf dein Wort hin.« Und der Fischschwarm kam zu unerwarteter Stunde.

Und das hilft Ihnen?

Ich sage es jeden Morgen beim Aufstehen. Meine Zauberformel. Mein Gebet. Mein Zen-Meditations-Spruch, wenn Ihnen das Wort besser gefällt.

Ist das alles?

Nein. Ich habe noch eine andre Zauber-Zen-Formel, die heißt: »dankeschön.«

Zu wem sagen Sie das?

Zu den Dingen dieser Erde. Daß sie da sind. Daß sie sich von mir gebrauchen lassen. Daß sie mir leben helfen.

So wie Franz von Assisi im Sonnengesang?

Ja, aber der dankt den großen schönen Dingen, Sonne, Mond, Wasser, Feuer. Ich danke auch den andern, zum Beispiel dem Besen und dem Putzeimer. Sie lachen?

Und damit besiegen Sie den Überdruß?

Ja, damit: indem ich diese Dinge dankbar gebrauche. Indem ich die Dinge liebe.

Auch den Putzeimer und den Besen?

Ja, auch sie. Im Alten Testament gibts für »lieben« das Wort »erkennen«. Man muß jedes Ding erkennen. Vielleicht verstehen Sie mich besser, wenn wir über Kunst reden.

Statt über Putzeimer.

Nein: über Putzeimer in der Kunst. Im Ernst. Ich denke an die Stilleben in der Malerei. Da sind keine Menschen und Ereignisse dargestellt, sondern nur Gegenstände, aber dabei geht's nicht ums Erkennen eines einzelnen Gegenstandes, sondern um die dekorative Zusammenstellung verschiedener Dinge. Das meine ich nicht. Ich meine auch nicht die Absicht der Surrealisten, einfache Dinge zu mystifizieren. Hier, schauen Sie dieses Bild von Magritte an: Tisch, Weinflasche, Messer, Gabel, und auf einem Teller ein Eierkuchen, aber der Eierkuchen hat in der Mitte ein Auge. Bei uns in Oberbayern nennt man diese Eierspeise übrigens Ochsenaugen. Ich meine nicht diese Art, Dinge zu Symbolen zu machen. Ich meine auch nicht abstrakte Kunst, obwohl man von ihr sagen kann, daß sie auf ihre Art Dinge erkennt, denn auch Ungegenständliches hat Formen, die in sich ebenfalls Gegenstände und zu lieben sind. Ich ziele auf etwas anderes. Hier, schauen Sie den Van Gogh: ein Paar alte Bauernstiefel, und hier ein Sessel, dessen Strohgeflecht zerrissen ist, und hier Kartoffelschalen. Die demütigen Dinge des Alltags. Van Gogh hat sie geliebt, als er sie malte, und im Malen erkannte er sie. Es gibt moderne Maler, die weggeworfene zerbeulte Coca-Dosen und Fetzen von Zeitungspapier erkennen, das heißt lieben, das heißt auch noch in den ärmsten Dingen unserer Wegwerfgesellschaft etwas sehen, was der Liebe wert ist. Ich wills aber noch provozierender sagen: es gibt nichts, was nicht unsrer Liebe wert wäre, es gibt nichts, was nicht einen Abglanz von der Heiligkeit der Materie hat, und es gibt darum keine Tätigkeit, die nicht im Umgang mit der heiligen Materie zur Kulthandlung wird. Im Evangelium steht: »Jesus nahm das Brot und *dankte*«. Ich stelle mir vor, wie behutsam er das tat und wie feierlich die einfache Handlung in sich war. Die Heiligkeit des Brotes, die Heiligkeit aller Dinge, die Heiligkeit des frommen Umgangs mit ihnen. Vielleicht wird Ihnen die Alltagsarbeit aus einer Last zu einer stillen Freude. Den Tag heiligen – wie klingt Ihnen das?

Klein sein... Jeden Morgen fische ich Kohlweißlinge und Bläulinge aus dem Wasserbecken. Meist leben sie
noch. Diese zarten Geschöpfe haben eine erstaunliche Kraft
zu überleben. Ich setze sie in die Sonne, hauche sie an, bis
sie trocken sind, und sie fliegen davon. Einen Tag länger
genießen sie ihr Leben. Schon warten die Vögel auf ihre
Beute.
Als Kind mußte ich Kohlweißlinge jagen und die Raupen
vom Kohl zwischen zwei Brettchen zerquetschen. Eine häßliche Arbeit. Ich drückte mich, wo ich konnte. Heute rette
ich jeden Falter in meinem Garten. Immer weniger gibt es.
Die schönen großen, Pfauenauge und Trauermantel und
andre mittelmeerische, gibt es nicht mehr. Überlebt haben
bis jetzt die Kleinen und Kleinsten. Klein sein, damit das
Schicksal einen übersieht.

Der Schauspieler. Neben der Einfahrt zum Tor
des Rathauses in Frascati liegt ein großer schwarzer Hund.
Er atmet heftig, er zittert, seine Pfoten zucken krampfhaft,
er scheint sterbend. Ich suche einen Zuständigen, einen Polizisten zunächst. Aber da ist keiner. Ich werde einen Tierarzt anrufen. Ich gehe nur eben rasch etwas einkaufen. Der
sterbende Hund zieht mich wieder zurück, ich muß etwas
tun, und sei es nur dies: einen Polizisten bitten, ihm den
Gnadenschuß zu geben. Aber wo ist der Hund? Er sitzt auf
der andern Straßenseite und frißt ein Stück Pizza und ist
durchaus nicht sterbend. Eine Frau, mit der ich den Fall be-
spreche, lacht: So macht er das oft. Warum, damit ihm jemand zu essen gibt? Aber er ist doch kein Streuner, kein
Halbverhungerter? Nein, sagt die Frau, er tut das zu seinem
Vergnügen, und immer fällt jemand darauf herein.

Peking. Übernachtet im Hotel ›Grand Wall‹. Superschick. Lauter Devisenausländer natürlich. Eins dieser Hotels, die es jetzt fast in allen Ländern gibt. Bin ich in Peking oder in Tokyo oder in Washington oder wo sonst? Verwirrend. Ich gehe abends ein wenig aus. Allein. Nahe beim Hotel das alte Chinesenviertel: kleine Quartiere, ummauert, niedrige Häuser mit winzigen Gärten, ganz enge Straßen, durch die kein Auto fahren kann; erdrückende Schwüle; die Leute hocken an der Hauptstraße; viele haben Drahtmatratzen auf den Gehsteig gestellt und schlafen dort. Armselig und trist ist das. Und so nah bei dem Luxushotel, in das ich skrupellos mich einladen ließ. Aber wo sonst sollte ich wohnen?

Am Morgen auf der Straße: wie oft gesehen im TV, diesen Strom von Radfahrern, aber jetzt, in der Wirklichkeit, ists ein Alptraum. Die Hauptstraßen sind breit und jeweils zweispurig. Auf der einen Spur fahren sie einem entgegen, auf der andern fluten sie in die Gegenrichtung. Hunderte, Tausende. Zwanzig, dreißig oder mehr dicht nebeneinander und dicht hintereinander, ineinandergeschachtelt. Daß da kein Unglück passiert? Es passiert keines. Wie geschickt sie fahren! Eingeübt. Konzentriert. Aufeinander eingestellt. Fern von der aggressiven Feindseligkeit der Autofahrer in andern Kontinenten. Bei aller Eile friedlich wie Schafherden. Wie eine einzige Herde. Ich stehe lange da und schaue und bin wie betäubt von diesem Strom aus sausenden Rädern, tretenden Beinen und über Lenkstangen gebeugten Rücken. Das ist China. Das ist sein Lebensrhythmus. Heute. In den Großstädten. Das Land kenne ich noch nicht.

Ich lerne die Pekinger Zahnklinik kennen. Ich habe Zahnweh. Eine gut eingerichtete Klinik. Ich erwarte den Zahnarzt. Es kommt eine kleine, unscheinbare Chinesin, die ich für eine Putzfrau halte. Sie ist die Zahnärztin. Sie spricht Englisch. Hier gibts keine »Götter im weißen Mantel«. Die Chinesin ist reizend lieb, behutsam, rasch, geschickt.

Natürlich sehe ich auch die Kaiserpaläste, die einst verbo-
tene Stadt wimmelt von Touristen. Ich will eigentlich nur
Maos Grab sehen. Ich sehe es. Ich sehe eine Touristen-
Attraktion: Mao Tse tung, einbalsamiert, im Glassarg in
einem Mausoleum. Die Besucher werden rechts und links
vorbeigeschleust. Ich werde mitgerissen. Keine Zeit, dem
Großen meine Reverenz zu erweisen. Mir wird ganz elend.
Da liegt einer der allerletzten großen Staatsmänner unsrer
Zeit. Ein Reich hat er aufgebaut, einem großen Stern fol-
gend, große Irrtümer hat er begangen und begehen lassen,
und ein Dichter war er, wie es sich für chinesische Kaiser
gehört seit dreitausend Jahren.

»Der ganze Himmel ist weiß
im Schnee marschieren die Truppen
das Herz beklommen.
Hoch über unsern Köpfen die Berge,
der Wind entfaltet die roten Fahnen
beim Übergang über den Paß.
Wohin geht dieser Marsch?...«
                    (von 1930)

»Im schneidenden Westwind
rufen im weiten Himmel Wildgänse
unterm Mond in frostiger Frühe
Pferdehufschlag klirrend
Trompetenruf verschluckt:«
                    (von 1935)

Es gibt einen Brief Maos an einige Genossen, die 1957 seine
frühen Gedichte veröffentlichen wollten. Er schreibt:
»Diese Sachen wollte ich all die Zeit über nicht veröffentlichen, weil sie im alten Stil gehalten sind, ich war
besorgt, dies könnte eine falsche Tendenz fördern...; fer-
ner enthalten sie nicht viel Poesie, sie haben nichts Besonderes an sich... Man soll hauptsächlich im modernen
Stil dichten. Gedichte im alten Stil mögen auch gelegent-

lich gemacht werden, aber man sollte das unter jungen Leute nicht fördern, weil diese Formen das Denken einengen.«

Da liegt er nun also im gläsernen Sarg und wird angestarrt, befeindet und verehrt, und was wird aus seinem China?

Es gibt eine alte Geschichte, die er einmal, auf dem 7. Parteitag 1945, zitierte (ich las sie jetzt, nach der Rückkehr, in seinen ›Ausgewählten Schriften‹ nach). Es ist die Geschichte von dem »Närrischen Greis, Yun Gung, dem zwei Berge den Weg von seinem Haus in den Süden versperrten und der eines Tages beschloß, mit seinen Söhnen diese Berge abzutragen. Ein andrer Alter lachte ihn aus, aber Yun Gung sagte: Sterbe ich, so bleiben meine Kinder, sterben die Kinder, so sind da noch Enkelkinder, und so wird die Kette der Söhne und Enkel ohne Ende fortgehen. Diese Berge sind zwar hoch, aber sie können nicht mehr höher werden; um das, was wir abtragen, werden sie niedriger, warum sollten wir sie nicht einebnen können. Dann arbeitete er weiter. Die Sache rührte den Gott, und er schickte zwei Geisterwesen hinab auf die Erde, die beiden Berge auf dem Rücken davonzutragen.«

Mao, die alte Geschichte zitierend: »Wir müssen die beiden Berge Feudalismus und Imperialismus abtragen und unentwegt dafür arbeiten, dann werden wir den Gott ebenfalls rühren. Dieser Gott ist niemand anders als die Masse des Volks in ganz China. Wenn sich das ganze Volk erhebt, gemeinsam diese Berge abzutragen, was gibt es, das wir nicht einebnen könnten?«

Die »Große Mauer«. Jetzt habe ich sie also gesehen, die sagenhafte Chinesische Mauer. Eine Mauer nicht eigentlich, sondern ein Wall, ein zinnen- und türmebestückter Wehrgang von enormen Maßen, sechzehn Meter hoch, an der Basis acht Meter breit, oben fünf, da konnten, so schätze ich, die Soldaten in Sechserreihen marschieren.

Ich sehe nur ein Stück des Walls, natürlich, denn die ganze Länge ist (so sagt mir der koreanische Sinologe, der mich begleitet) rund zweitausendfünfhundert Kilometer. Die Strecke von Rom nach Oslo. Oder die von Paris nach Odessa. Oder von Berlin nach Ankara.

Und wozu ist sie gut? Ich kenne zwei andre Mauern, die, welche Deutschland trennt und jene, die Korea teilt. Wozu sind die gut? Beide sind Zeichen feindseliger Unsicherheit, einmal vom sozialistischen Staat ausgehend (DDR), einmal vom kapitalistisch-militaristischen (Südkorea). Unheilvoll beide. Und nun diese chinesische, mit der verglichen die Berliner Mauer ein Gartenmäuerchen ist: wozu ist sie gut? Heute ist sie gut für den Tourismus, den interchinesischen und den internationalen, das sehe ich: es wimmelt von Menschen. Eine aufsteigende und eine absteigende Flut. Ununterbrochen. Man zahlt Eintritt. Bei dieser Menge Touristen bringt das schöne Summen ein, Tag für Tag. Man läuft oben ein Stück weit, so lang es einem gefällt. Nach Osten, nach Westen. Wer will, kann bis mindestens Tatung oder weiter bis Intschuan laufen, bis er schließlich auf die alte Seidenstraße trifft, die ihn, nördlich von Tibet, bis Samarkand bringt. Im Osten käme man bei Schenjang ans Meer. Aber natürlich: so weit läuft keiner und ist wohl nie einer gelaufen. Ich jedenfalls gehe nur ein Stück weit, mitgeschwemmt hinauf und wieder hinunter vom Touristenstrom. Es ist heiß, schrecklich heiß.

Ja, aber nochmal die Frage: war diese Mauer je nützlich? Sie war gedacht als mächtiger Damm gegen die immer wieder von Norden her einbrechenden Mongolen. Gebaut wurde sie von verschiedenen China-Kaisern, in Etappen also, die erste war, sagt der Sinologe, der mich begleitet, jene im 3. Jahrhundert vor unsrer Zeitrechnung. Damals lebte der erste mit Namen bekannte chinesische Dichter Ch'ü Yüan. Weiß ich zufällig. Was ich nicht wußte: bis dahin hatte China seinen ersten Kommunismus: eine Agrar-Verfassung. Sie wurde abgelöst durch die erste Form von Kapitalismus: man konnte Privateigentum an Grund und Boden haben. Parallele Erscheinung nach zweitausendvierhundert Jahren: Mao Tse Tungs Kommunismus wird überschrieben durch die Parole: Chinesen, bereichert Euch!

Der Sinologe sagt: Na ja, auch damals, als die Mauer gebaut wurde, war sie nicht viel nütze; sie war eher ein Spekulations-Objekt (wer baut billiger?), jedenfalls ein Arbeitsschaffungs-Programm, das über längere Zeit hinweg den Herrschern und den Beamten Geld einbrachte. Mir schnürt sich wieder einmal das Herz zusammen: die Herren sitzen im Palast und lassen bauen, die Arbeiter schinden sich zu Tode. In Ägypten beim Pyramidenbau, in Rom beim Bau des Petersdoms, in Germanien beim Bau des Limes, da gabs ja auch eine Mauer, von den Römern gebaut, als sie Germanien besetzt hielten (nein, sicher von den besiegten Germanen gebaut!), die war auch lang: von der Donau bis zum Rhein bei Köln, da gabs einen breiten Graben, dahinter einen Wall, drei Meter hoch. Kleinigkeit für die Germanen, ihn zu stürmen; das taten sie (Schulwissen-Rest) im 4. Jahrhundert n. Chr. Mauern, Mauern, Mauern. Unseliges Bestreben nach Sicherung gegen Menschen, die man als Feinde betrachtet. Gäbs keine Feinde, gäbs keine Mauern. Nein, umgekehrt: Gäbs keine Mauern, gäbs keine Feinde. (In den Wind gesprochen.)

Morgengang durch meinen Garten. Mir ist das Wort »mein« zuwider. MEIN. MEINE Kinder. MEIN... Es gibt nichts, was einem so gehört, daß man dieses besitzanzeigende Fürwort darauf anwenden dürfte. MEIN ist nichts. Aber mein Garten ist denn doch MEIN Garten, wenigstens so lange ich lebe, oder wenigstens für JETZT, für dieses NUN. »Ein Paradies«, sagt jeder Besucher. Ich finde, es gibt schönere Gärten, mit mehr Kunstverstand angelegte. Aber mein Garten hat eine seltsame Harmonie, obwohl er »zufällig« entstand, ohne Plan, ich setzte Jahr für Jahr neue Bäume und Sträucher, wo es eben Platz gab, und auf dem »wilden« Stück (runde 1500 Quadratmeter) säten sich die Eßkastanien und die Eicheln selbst aus zwischen Farn und Ginsterbüschen, und Zugvögel brachten fremde Pflanzensamen mit: eine Birke, eine Lärche (vielleicht aus dem Inntal), eine hier fremde Art von Pinie mit langen weichen dunkelgrünen Nadeln (besonders schöne Bäume). Eine Wildnis, die nach blühendem Ginster, Pinienharz, Thymian und kriechendem Efeu duftet. Ein Vogelparadies (seit die Jäger nicht mehr hereinzuschießen wagen).

Mein Garten: täglicher Anlaß zu Dankbarkeit. Nie versagt er sich mir. Das ganze Jahr hindurch ist er der großzügig Gebende: im Mai die kleinen wilden Erdbeeren, dann die Kirschen, dann die Aprikosen, dann die Pfirsiche, dazwischen die blauen und die gelben Pflaumen; heute die ersten Birnen, die ersten Brombeeren, der Holunder (aus dem meine Großmutter Hollermus kochte und Hollersaft gegen das Fieber; ich sollte das auch tun, aber mir reichts schon, Marmeladen aus Aprikosen und Pfirsichen zu machen). Wirklich: nie läßt mich mein Garten leer ausgehen. Später kommen die Äpfel, die Haselnüsse, die Eßkastanien. Und im Gemüsegarten habe ich heute die ersten Maiskolben und die erste Gurke geerntet (die Samen zu beidem habe ich aus Nordkorea mitgebracht, zur Probe, und sie gediehen. Nicht alles Fremde, an kargen oder jedenfalls anderen Boden gewöhnt, gedeiht in unserem vulkanisch fruchtbaren Boden, und wie die Nordkoreaner samenlose Gurken züchten, weiß ich nicht).

Ich spreche mit meinen Bäumen, natürlich. Ich bedanke mich bei jedem, der mir seine Früchte gibt, und ich lasse ihm die letzten. Ein Dankopfer an die Dryade, den Schutzgeist des Baumes. (Ich bin, man liest's, kein aufgeklärter moderner Mensch, aber vielleicht unserer Zeit in manchem ein klein wenig voraus.) Wie mich meine Bäume trösten durch ihr beständiges fruchtbares stilles Dasein! Es besteht eine große Liebe zwischen meinem Garten und mir.

»Eingebung«. Ich war schon eingeschlafen, da weckte mich etwas, und ich »hörte« (oder besser: erfuhr) den Satz: »Es gibt nicht ein Diesseits und ein Jenseits, es gibt nur eine einzige Welt. Ob wir sie als diese oder als andere erfahren, hängt von unserm Standpunkt ab.«
Schlaftrunken mache ich Licht, suche nach einem Stück Papier und notiere diesen Satz wie unter Diktat. Dann schlafe ich weiter. Am Morgen finde ich das Geschriebene, und, als träumte ich weiter, denke ich (besser: denkt es in mir): Dann kann ich mich auch weigern, in Raum und Zeit einzutreten, und ich kann mich fürs Jenseits entscheiden, ohne das sogenannte Diesseits zu verlassen.
Aber was heißt denn das? Hat es zu tun mit der physikalischen These, daß die Elementarteilchen einmal Materie und einmal Energie sind, je nach der Frage, die der Beobachter an sie stellt? Hat es zu tun mit der coincidentia oppositorum: daß alles, was als Gegensatz erscheint, in Eins zusammenfällt? Hat es zu tun mit meiner Meinung, daß die Wesenheit, die wir Gott nennen, sowohl statisch wie dynamisch ist, und sowohl im Menschen als außerhalb seiner, und daß »Gott« jeweils das ist, wovon wir wollen, daß er es sei? Läuft es auf Schopenhauers ›Welt als Wille und Vorstellung‹ hinaus und auf die Kinderfrage: Wohin gehen die Dinge, wenn es dunkel wird und ich sie nicht mehr sehe? IST »Etwas« oder ist »Nichts«? BIN ich Ich oder bin ich nicht Ich? BIN ich überhaupt?
Und hundert andre Fragen. Der Traum-Satz hatte offenbar die gleiche Funktion, welche der Finger hat, der die erste von vielen an einem Querbalken aufgehängten Kugeln anstößt, wodurch eine Kugel die andre berührt und eine

unendliche Wellenbewegung bewirkt. Vielleicht war der Traum-Satz ausgelöst durch meine Frage im Wachen, »wohin« denn meine Freunde gingen, als sie starben. Sind sie aus meiner Zeit, der Zeit überhaupt, fortgegangen, als sie aus unserm Raum fortgingen? Sie leben doch, o ja, das ist mir Gewißheit. Aber: hängt es von mir ab, sie zu finden? Wenn ich Zeit und Raum als relativ nehme oder als überhaupt aufhebbar, dann muß ich, um sie zu finden, einen andern Bewußtseinsstand einnehmen. Und das wäre dann entweder in der Hypnose oder bei magischen Riten oder im Traum. Ja, das ist's. So ist es.

Eine der nachfolgenden Fragen: Warum eigentlich bestehen die christlichen Theologen so streng auf der These, Gott sei eine »Person«? Warum legen sie ihn und sich auf etwas fest, was doch gar nicht in Begriffe einzufangen ist? Gott ist Person, Gott ist Energie, Gott ist unendliche Bewegung. Er ist DAS SEIN.

Tierversuche. Im Juni 1985 versuchten Angehörige der »Tierbefreiungsaktion«, die Versuchs-Opfertiere in verschiedenen Universitäts-Instituten zu befreien. Sie wurden verhaftet und bekamen Anfang 1987 einen Prozeß. Anklage: Bildung einer terroristischen Vereinigung.

Wer weiß, wie man die Tiere (meist Affen) quält – nach Bekenntnis von Beteiligten unnütz quält, weil das Ergebnis in gar keinem Verhältnis zu der Zahl und dem Leiden der geopferten Tiere steht –, der *muß* sich mit den Tierbefreiern solidarisieren.

Was man doch alles unter den Begriff Terrorismus bringt! Aber daß wir in Europa seit Jahren unter Psycho-Terror leben, das zählt nicht. Den F. sperrte man »lebenslänglich« ein, weil er einen Mord vorbereitete. Und was ist mit den Aufrüstern, die den Massenmord vorbereiten? Wie krank sind die Gehirne der Zuständigen in unserm Staat! Wer

Tiere befreit, ist ein Terrorist. Wer Tiere zuschanden quält, ist ein ehrbarer Diener der Wissenschaft und ein Christ. Tiere haben keine Seele – wirklich nicht? Und Schmerzen und Ängste fühlen sie auch nicht? Hitlers Ärzte und Pseudowissenschaftler machten die Experimente an KZ-Häftlingen.

Abendlicher Telefon-Anruf. Frau K., in höchster Aufregung: Stellen Sie sich vor, unser Sohn ist homosexuell. Nun, und? Aber das ist doch entsetzlich. Wieso eigentlich, Frau K.? Entsetzlich wäre allenfalls, wenn er ein Mörder wäre oder ein Alkoholiker oder ein Drogensüchtiger. Ja, das auch, aber Homosexueller, das ist das Schlimmste, was für eine Schande, und wenn das meine Eltern erfahren! Ach, liebe Frau K., ist es das: daß Sie das Gerede Ihrer Eltern und andrer Erzkonservativer und Moralisten fürchten? Ja, das auch, aber es ist für uns doch ein schwerer Vorwurf, als hätten wir den Jungen schlecht erzogen.
Hat das etwas mit Ihrer Erziehung zu tun? Doch, ja, wir haben nicht genug aufgepaßt. Ach, Sie meinen, durch Aufpassen verhindere man Homosexualität? Doch, wir hätten seinen Umgang kontrollieren müssen. Aber Ihr Sohn studiert in Zürich. Sie müssen hier leben der Arbeit Ihres Mannes wegen, wie können Sie Ihren Sohn kontrollieren, und wie wollen Sie überhaupt einen jungen Menschen überwachen, wollen Sie einen Detektiv beschäftigen, und glauben Sie, der rotte dann bei Ihrem Sohn die Homosexualität aus?
Wir, sagt Frau K., haben einen andern Plan: wir schicken ihn zuerst einmal in psychiatrische Behandlung, denn er ist doch krank.
Wie das?
Weil Homosexualität eine seelische Krankheit ist oder auch eine körperliche.
Um Gottes willen, Frau K., wollen Sie Ihren Sohn krank

machen? Glauben Sie, ein Psychiater bringt Ihren Sohn dazu, heterosexuell zu werden?

Ja, durch eine Analyse wird die Ursache der Homosexualität herauskommen, dann kann man sie heilen.

Liebe Frau K., versuchen Sie doch selbst diese Analyse. Fragen Sie sich, ob nicht Sie Ihren Sohn in die Homosexualität getrieben haben?

Ich?!!

Eine Frage: Sie wollen Ihren Sohn überwachen, Sie wollen ihn nicht freilassen, nicht abnabeln, Sie sind eine starke Persönlichkeit, vielleicht fürchtet Ihr Sohn in allen Frauen die potente Mutter, oder aber er liebt Sie so sehr, daß er Sie in allen Frauen sieht und den Quasi-Inzest fürchtet?

Ach, das sind so psychologische Erklärungen.

Die lehnen Sie ab, wollen aber Ihren Sohn in psychiatrische Behandlung geben? Wie bitte stellen Sie sich die Behandlungs-Methoden dort vor? Wie einen Exorzismus? Den Teufel austreiben, womit? Mit Elektroschock? Mit schweren Medikamenten? Übrigens: was sagt denn Ihre Tochter dazu, weiß sie es?

Sie weiß es. Sie sagt gar nichts.

Nein? Sie zetert also nicht? Versucht nicht, den Bruder zu bekehren?

Nein. Diese jungen Leute heutzutage, die finden ja nichts dahinter.

Aber hat Ihre Tochter wirklich nichts dazu gesagt?

Sie hat gesagt: Laß ihn doch.

Das kluge Mädchen.

Ach, Sie sind ja immer auf der Seite der Jugend.

Nicht immer, Frau K. Aber in Ihrem Fall bin ich entschieden auf der Seite Ihres Sohnes. Aus was für einem Grund er homosexuell wurde, ist jetzt nicht zu diskutieren. Zu reden ist nur über Ihr Verhalten und über das Ihres Mannes: geben Sie Ihren Sohn innerlich frei!

(Hier folgt ein Aufschrei) Das kann ich nicht!

Dann, Frau K., machen Sie sich das Leben zur Hölle, und Sie verlieren dazu auch noch Ihren Sohn. Zeigen Sie ihm Verständnis und Liebe, und diskutieren Sie nicht mit ihm darüber, wenn er in Ferien kommt.

(Schluchzen) Wenn einer Ihrer Söhne, Frau R., homosexuell wäre, dann würden Sie mich verstehen.

Frau K., ich verstehe Sie ohnehin, aber ich würde mich genau so verhalten, wie ich's zu tun rate: Geben Sie Freiheit und Liebe!

Hunde-Elend. Jedes Jahr zu Ferienbeginn die gleichen herzzerreißenden Bilder im Fernsehen: die verlassenen, ausgesetzten Hunde, für die eine Hundepension zu bezahlen die Herren zu geizig sind. Was für ein Treubruch. Was für ein Schock für den Hund, der sich vom Herrn geliebt glaubte. Nun irren die Hunde verzweifelt herum, bis der Fänger sie holt. Und dann? Dann dienen sie zu Versuchen und sind zu Folter und Tod verurteilt. Und die Herren, erholt aus den Ferien zurück, kaufen ein neues Hündchen...

Es sollte ein Gesetz geben, das jeden, der einen Hund erwirbt, unter Strafe verpflichtet, für ihn während der Ferien zu sorgen, indem er ihn in ein bestimmtes Hundeheim gibt. Mit Vorauszahlung der Pensionskosten beim Abschluß des Kaufs. Aber wer macht so ein Gesetz. Wer macht ein Gesetz, welches verbietet, daß man alte, keineswegs kranke Verwandte in ein Krankenhaus abschiebt, damit man ruhig verreisen kann. Alte Leute, Hunde, Katzen, Kinder, ja auch Kinder – alles was stört, wird ausgesetzt.

Arbeitslosenproblem im 17. Jahrhundert. Beim Suchen im Kultur-Atlas fällt mein Blick auf einen Satz, den ich offenbar schon vor vielen Jahren angestrichen habe:

1695: John Bellers plant selbsterhaltende Arbeitskolonie für Arbeitlose in England.
Und 1698: John Locke fordert Pflichtarbeit der Arbeitslosen in England.
Mir scheint der Plan John Bellers' der vernünftigere und humanere und wohl auch wirtschaftlich rentablere, falls nicht unter Zwang gearbeitet werden muß.

An einen grämlichen älteren Herrn. Ja, ich weiß schon, daß Sie einige Gründe haben, dem Leben gram zu sein. Aber sind diese Gründe wirklich stichhaltig? Ist Ihnen wirklich nur »ein schaler Rest im Glas« geblieben? Sehen wir doch einmal, was da noch im Glase ist!
Schließen Sie jetzt die Augen und gehen Sie in Ihrem Haus herum. Sie stoßen an Ecken, Sie sehen nicht mehr die Blumen auf dem Tisch, nicht mehr Ihre Bilder an den Wänden... Sie sind blind. Und jetzt öffnen Sie die Augen: da liegt die schöne Erde vor Ihnen. Sie können SEHEN! Ist das kein Grund zur Freude?
Und jetzt verstopfen Sie Ihre Ohren mit Wachs. Sie sind taub: kein Vogelgesang, keine Musik mehr. Wie traurig. Und jetzt nehmen Sie das Wachs heraus: Sie können HÖREN. Welche Freude.
Und jetzt verkleben Sie Ihren Mund mit Leukoplast: Sie sind stumm. Kein Wort mehr ist Ihnen möglich. Wie schrecklich. Jetzt nehmen Sie das Leukoplast weg: Sie können REDEN! Was für ein Glück.
Jetzt binden Sie Ihre Füße aneinander: Sie humpeln, Sie stürzen. Ein Elend. Nehmen Sie die Fessel ab! Sie können GEHEN.
Ist das nicht alles immer neuer Anlaß zur Freude? Sie können Wasser trinken, es gibt Wasser, es könnte auch ausbleiben! Sie können essen: es könnte sein, daß es nichts mehr zu essen gibt. Sie können, ja, Sie können lieben, wenn Sie

wollen. Sie leben mitten im Glück und wissen es nicht, sondern hocken grämlich herum und versauern sich den Rest Ihres Lebens. Leben Sie doch, Mann! Leben Sie jeden Augenblick ganz durch! Ein andres Glück als dieses gibt es nicht, aber dies eben IST ES.

Sünden-Angst. »Nicht aus Liebe betritt der Mensch die ethische Welt, sondern aus Furcht.«

(Paul Ricoeur, ›Symbolik des Bösen‹)

Eine Leserin schreibt, sie habe das Buch einer Schwester Lucia von Fatima gelesen, der die Muttergottes erschienen sei und ihr die Hölle beschrieb, die den Sünder erwartet; sie habe Feuer gesehen und fürchterliche Schreie gehört. Wenngleich die Frau, die mir schreibt, an den »lieben Gott« glaubt, ist sie doch unsicher geworden durch dieses Breughelsche Höllenbild. Ich schrieb ihr, es sei unmöglich, daß die »Muttergottes«, der verkörperte Geist der Liebe, derartigen schwarzen Unsinn schwätze; das Höllenbild sei nichts als Ausdruck der Hölle im Innern jener Nonne; ein von der Kirche eingeimpftes Angstbild als Zuchtmittel.

All die Gemälde vom ›Jüngsten Gericht‹: Schreck- und Zuchtmittel. Und in ›Dantes Göttlicher Komödie‹, Teil I: ›Die Hölle‹. Aber die Höllen-Vorstellung ist viel älter als das Christentum: im ›Axiochos‹, einem »pseudo-platonischen« Dialog ›Über den Tod‹, finde ich:

»Diejenigen, die ihren Lebensweg durch Freveltaten nahmen, werden von den Erynnien durch den Tartaros zu Finsternis und Wirrsal geführt, wo der Aufenthalt der Gottlosen ist und der Danaiden nimmer sich füllende Schöpfkrüge, der Durst des Tantalos... und der nimmer sein Ziel erreichende Felsblock des Sisyphos... Hier werden sie, unter den Bissen grimmiger Tiere, ohne Unterlaß von den brennenden Fackeln der Strafgöttinnen verfolgt... und durch ewige Züchtigungen heimgesucht.«

49

Sokrates erzählt das, aber mir scheint (seine Ironie und seine dialektische Lehrmethode kennend), er habe das gar nicht geglaubt; er sagt nämlich, ein »Magier« habe ihm das gesagt. Aber es ist schön, wie er den Übergang vom Erdenleben ins »andre Leben« beschreibt: wie die Seele nach der Loslösung vom Körper zu Plutos unterirdischer Königsburg gelangt, wie die eiserne Pforte sich öffne, wie man den Fluß Acheron und dann den Fluß Kokytos überschiffen müsse und dann »ins Gefilde der Wahrheit« geführt werde, wo Richter sitzen (im Plural, nicht: DER Richter!), die jeden Ankommenden befragen, was für ein Leben er geführt habe. »Zu lügen nun ist unmöglich«, und wie dann derjenige, den »im Lauf des Lebens ein guter Schutzgeist lenkte«, in ein Paradies geführt wird, die andern aber zum Aufenthalt der Gottlosen.

Ich nehme an, Platon hatte eine spirituellere Art der Vorstellung vom »Jenseits« und von »Lohn« und »Strafe«, und das Kapitel stammt vielleicht nicht von ihm. Aber es stammt aus seiner Zeit, und in jener Zeit hatte man eben diese nicht-spirituellen Vorstellungen.

Hat aber nicht Jeschua (Jesus) aufgeräumt mit ihnen und ähnlichen?

Matthäus 18/36: »Über jedes unnütze Wort haben die Menschen Rechenschaft zu geben am Tage des Gerichts. Denn aus deinen Worten wirst du gerechtfertigt und aus deinen Worten verurteilt werden.«

Johannes 5/32: »Der Vater richtet niemand, er hat das Gericht dem Sohn übergeben... Wer auf mein Wort hört, der kommt nicht ins Gericht, sondern er ist aus dem Tod hinübergeschritten ins Leben.«

Korinther I, 3/13: »Eines jeden Werk wird sichtbar, denn der Tag des Herrn wird es erweisen, er offenbart sich ja im Feuer, und wie beschaffen das Werk des einzelnen ist – das Feuer wird es erproben. Hält das Werk stand, wird er Lohn empfangen; wessen Werk aber niederbrennt, der wird

Schaden erleiden, er selbst aber wird gerettet werden, doch so wie durch Feuer hindurch.« (Fegefeuer, purgatorio.) Das ist eine Vorstellung, die jener vom gerechten, aber menschenliebenden Gott entspricht. Menschenwerk richtet sich selbst, wenn es nicht standhält; der Mensch (jeder!) wird gerettet – aber die Reinigung muß er durchstehen.

Landkauf. W. Lambert macht mich aufmerksam auf Jeremias 32. Da sagt »der HERR« zu einem Mann namens Jeremias: »Kauf dir einen Acker bei Anatot«. Nun, was ist daran Besonderes? Wer ist dieser Jeremias, der den Acker kaufen soll? Er ist einer der großen Propheten des Alten Testaments, Augenzeuge der Zerstörung Jerusalems im Jahre 586 v. Chr. Er war, wie alle Propheten, unbeliebt bei den kriegführenden Herren seines Landes. Da er ein Prophet war, sah er voraus, daß es keinen Sinn hat, wenn die Juden einen Krieg führen gegen die Chaldäer und Babylonier. Er sagte klipp und klar, daß die Juden den Krieg verlieren würden. Vielleicht brauchte man, um das zu sehen, kein Prophet zu sein; die klugen Köpfe in Deutschland sahen auch voraus, daß es unsinnig war, daß Hitler Rußland angriff. Aber wer 1942 das sagte, kam ins KZ. Und als Jeremias die Niederlage voraussagte, kam er ins Gefängnis, »weil er den Truppen den Mut nahm«. So steht's in der Bibel, wörtlich. Defaitismus hieß das unter Hitler, und »Wehrkraftzersetzung«. (So hieß auch die Anklage gegen mich). Jeremias also war wegen Wehrkraftzersetzung im Gefängnis. Und da fiel es »dem HERRN« ein, ihm zu sagen, er soll sich einen Acker bei Anatot kaufen. Das war so, als hätte jemand zu einem der Offiziere, die nach dem 20. Juli 44 hingerichtet werden sollten, am 18. oder 19. gesagt: Kauft euch doch Land und zwar in Schlesien oder bei Danzig oder östlich von Berlin. Anatot nämlich lag im Kriegsgebiet und war praktisch schon verloren.

Und ausgerechnet da sollte sich der inhaftierte Jeremias, der zum Tod Verurteilte, einen Acker kaufen. Absurd. Wahnsinn. Kann »der HERR« so etwas im Ernst sagen? Er kann's. Er weiß, was er tut. Und Jeremias, gewohnt daran, die Worte des HERRN buchstäblich zu nehmen, gehorcht. Der Kauf selbst vollzieht sich glatt: ein Verwandter des Jeremias ist der Makler, der Acker gehört seinem Onkel, der verlangt siebzehn Silberstücke, der Kauf wird verbrieft, im Gefängnis. Nachher aber kann Jeremias doch nicht umhin, mit seinem HERRN ein wenig zu rechten. Wie kannst du mich zu diesem Kauf veranlassen? Morgen oder übermorgen werden die Babylonier Jerusalem einnehmen, und mein Acker ist in ihrer Hand, warum also hast du mir gesagt, ich soll den Acker kaufen?

Der HERR sagt: Mir ist kein Ding unmöglich, ich kann das Schicksal wenden, eines Tages werden hier, wo das Land vom Krieg verwüstet und in der Hand der Feinde ist, wieder Äcker gekauft, und das Leben wird weitergehen.

Der HERR sagte allerdings nicht, daß zuerst die Juden verschleppt würden und siebzig Jahre babylonisches Exil zu erleiden hatten, ehe SEIN Wort sich erfüllen würde. Aber Jeremias glaubte seinem Gott: er kaufte den Acker, und Jerusalem wurde wieder aufgebaut, der Tempel neu errichtet, das Leben ging weiter, ein halbes Jahrhundert lang, bis zur nächsten Niederlage, diesmal waren die Römer die Sieger, und das Exil der Juden dauerte runde 2000 Jahre. So lang mußten sie warten, bis sie ihren Acker bei Anatot wiederbekamen und die Wüste wieder zu grünen begann. Aber sie bekamen ihren Acker wieder! Der HERR hielt Wort. Und wenn sie 1966 dem Jeremias geglaubt hätten... und wenn sie IHM geglaubt hätten, daß die Palästinenser auch eine Heimat brauchen... Jeremias im Likud! Hat Scharon nicht Peres Defaitismus vorgeworfen im November 85, weil der Frieden wünschte mit den Palästinensern, selbst um den Preis einer Gebietsabgabe?

Psychedelischer Novemberhimmel. Entweder bin ich wahnsinnig geworden oder der Himmel ist's: solche Bilder sieht man doch wohl nur mit Mescalin im Gehirn. Es geht gegen fünf Uhr nachmittag, und es dämmert grau. Plötzlich, ohne Vorwarnung, ist das Papier vor mir grün, meine Hände sind grün, das Zimmer ist grün, das Grün ist das eines unreifen Apfels. Woher kommt das denn? Der Himmel im Westen ist blau, wolkenlos in großer Höhe, aber darunter liegt ein gelber Schleier, in dem plötzlich, wie hingezaubert, eine Fata Morgana erscheint, eine zitronengelbe Scheibe, eine strahlenlose Sonne, eine geisterhaft durchsichtige Hostie. Einen Augenblick verharrt alles wie erstarrt. Dann beginnt etwas zu arbeiten im Innern der Wolkenbänke, eine Unruhe ist aufgekommen, noch weiß man nicht, was geschehen wird. Plötzlich aber beginnt ein Gespensterkampf, ein wildes Gejage von Süd nach Nord, der Scirocco also ist der wüste Kriegstreiber, die Wolken fallen übereinander her, es geht auf Leben und Tod. Plötzlich aber (das Wort »plötzlich« muß ich oft gebrauchen), plötzlich also reißt, weit unterhalb des Kampfgebiets, der Schleier überm Meer, ein Streifen übersteigert leuchtendes Blau zeigt sich, und gleich darauf, wieder plötzlich, reißt der Himmel an verschiedenen Stellen auf, ein siegreiches Licht erscheint, aber das erlaubt der Scirocco nicht, er hat schwere gewittergraue Wolkenreserven, die wirft er über das Helle, und der Geisterkrieg beginnt von neuem, die Wolken bespringen sich, die Farben wechseln hysterisch von Himmelblau zu Rosa und Grauschwarz, und, wiederum plötzlich, erstarrt das Ganze, wie zu Glas-Eis geworden, der Wind schweigt, und dann fällt Regen, kurz nur, dann bricht das Dunkel herein, nur überm Meer bleibt ein Streifen jenes Apfelgrüns, welches das Schauspiel eingeleitet hat. Ganz zuletzt, eine halbe Stunde später, schießt von der bereits im Meer versunkenen Sonne ein Strahlenbündel hoch und, als hätten die wilden Gewalten einen

Waffenstillstand abgesprochen, schlafen Wind und Wolken ein, die Nacht siegt über allen Aufruhr, die dunkle Stille ist tröstlich.

Pompeji in Colombia. 13. November große, mir unerklärliche Unruhe. Am 14. die Nachricht vom Ausbruch des Vulkans in Kolumbien.

Eben im TV gesehen: das langsame Sterben eines kolumbianischen Kindes, das mit beiden Beinen im tiefen Schlamm steckt, in einem Schlammloch, mit Wasser gefüllt, das dem Kind bis zum Kinn reicht. Und kein Rettungsversuch glückt? Kaum zu glauben. Warum hat man nicht den Schlamm rings um das Kind abgetragen, um es so freizulegen? Man spricht ihm Mut zu, und es selber spricht sich Mut zu. Es weiß, daß die Fernsehkamera es filmt. Es sagt, das Wasser schon bis zum Mund: »Ich will hier heraus und triumphierend vor der Kamera stehen.« Es stirbt, immer tiefer im Schlamm versinkend, den Erstickungstod. Oder den Tod durch Kreislaufversagen. Kurzum: es stirbt vor den Augen der hilflosen Umstehenden und vor der Filmkamera.

Und die ganze Katastrophe, nicht nur diese, hätte vermieden werden können: die Bewohner der Gegend waren lange vorgewarnt von den Vulkanologen. Aber wer glaubt schon ans Schlimmste? Man lebt blindlings weiter. Wie wir alle.

Musik. Meine Rede zur Eröffnung der Berliner Musikfestwochen in der Philharmonie am 3. September 1985.

Ich freute mich auf diese Arbeit, bis ich anfing, über sie nachzudenken. Ich hätte sie mir leicht machen können, indem ich als Thema (das mir freigestellt war) wählte: Thomas Mann und die Musik oder Hesse und die Musik oder dergleichen. Ich wählte eigensinnig ein sperriges Thema: Die Aufgabe der Musik in der Gesellschaft heute. Da kamen die Fragen: Was ist denn Musik, was ist Gesellschaft, was ist das Heute, und vor allem: hat Musik denn eine Aufgabe in der Gesellschaft, hat sie überhaupt eine Aufgabe als die, eben Musik zu sein, so wie die Rose eine Rose ist und nichts andres sein soll? Zwei Monate Arbeit für einen Vortrag von einer halben Stunde. Stöße von Büchern durchgeackert, auch die drei Bände Adorno ›Musikalische Schriften‹. Platons ›Staat‹ wiedergelesen; Platon, der der Musik eine politische Rolle zuweist im totalitären Staat und gewisse Tonarten verbot, welche das Volk verweichlichten. Und die alten Chinesen, für welche Musik der Weg zum TAO ist: zum Erleben des SINNES schlechthin, der durchs Wort nicht vermittelt werden kann. Erinnerung an das Buch des Schweizer Musikwissenschaftlers Hans Kayser, der, nach Kepler, von der »harmonia mundi« spricht; Kepler, der Astronom und Theologe, der fünf Bände über die Weltenharmonie schrieb, darunter einen über Musik, in dem er sagt, daß die musikalischen Intervalle nach denselben Gesetzen gebaut sind, denen auch die Planeten auf ihrer Bahn gehorchen: musikalisch-mathematisch ausgedrückt: daß die Planetenbahnen in den Proportionen der Obertonreihe unsrer Musik klingen. Sie KLINGEN. Wir reden poetisch von »Sphärenmusik« und wissen nicht, daß es diese Musik wirklich gibt. Als Goethe im ›Faust‹-Prolog dichtete »Die Sonne tönt nach alter Weise / in Brudersphären Wettgesang / und ihre vorgeschriebne Reise / vollendet sie mit Donnergang«, nahm er die Erkenntnisse der Astrophysik voraus, die beweisen kann, daß die Sonne wirklich donnernd tönt, daß jeder Planet seinen meßbaren Eigenton hat und das Weltall voller Klänge ist und daß das Planetensystem in überwiegend harmonischen Dur-Dreiklängen tönt. Heute wissen wir, daß Materie nichts Statisches ist, sondern wesentlich

Bewegung und zwar rhythmische Bewegung, also TANZ. Mir fällt ein, daß in der Bibel steht, »die Weisheit tanzt seit Ewigkeit vor dem Höchsten«, und die Hinduphilosophie spricht davon, daß das Universum tanzt im Rhythmus des tanzenden Gottes Shiva. Pulsierende Energiewellen, durch die Materie geschickt, werden von der Materie beantwortet mit Klängen, mit »Musik«.

Als mein Freund Isang Yun in Südkorea im Gefängnis saß, abgeschnitten von der Außenwelt, HÖRTE er Musik und schrieb sie auf und brauchte dazu kein Instrument. Sein Inneres antwortete auf die Musik des Universums. »Schläft ein Lied in allen Dingen« dichtete Eichendorff, und wir lesen's als unverbindliche Poesie. Es ist Physik. Komponieren heißt: etwas von der Musik des Universums aufzufangen. Aber man hört nur, was zu hören man fähig ist: Ein krankes Ohr hört kranke Musik. Eine kranke Zeit schafft disharmonische Musik. Eine Zeit wie die unsre kann keine schön tonale Musik schaffen. Aber muß sie auf Schönheit verzichten? Gibt es nicht eine neue Art von Schönheit? Wie singt Orpheus HEUTE? Muß er auf die Schrecken unsrer Zeit mit schrillen Mißtönen antworten oder darf sein Spiel helfen, das verlorene Gleichgewicht (Ursache unsrer Leiden, der individuellen und der kollektiven) wiederherzustellen, freilich ohne Rückfälle in die alte eingängige Tonalität? Isang Yun, der von der atonalen Zwölftonmusik herkommt und der diese Kompositionstechnik nötig hatte, um seine Leiden und Verzweiflungen (die privaten und die politischen) adäquat auszudrücken, er fand in letzter Zeit neue Töne, die schön sind, freilich schön in der Art etwa wie Grünewalds ›Auferstandener‹ schön ist: man sieht die noch offenen Wunden, doch fällt ein verklärendes Licht darauf. Es macht nicht die Torturen vergessen, aber es gibt ihnen Sinn.

So wäre denn die Aufgabe der Musik unsrer Zeit in unsrer Gesellschaft die Vermittlung der rettenden Erkenntnis von der realen Existenz der universalen Harmonie, die nicht in

Widerspruch steht zur realen Disharmonie unsrer Welt und Zeit, sondern in polarer Spannung, der die Tendenz zur Auflösung der Disharmonie, zum Wiederfinden der harmonia mundi innewohnt.

Der Vortrag war ein unerwarteter, geradezu stürmischer Erfolg vor allem bei den jungen Musikern.

1988: Inzwischen ist der Vortrag gedruckt, und ich las eben den Schluß: Meine Rede an den Mephisto, den Geist, der stets verneint und der glaubt, die Wahrheit sei nackt und finster und häßlich, und dies eben sei DIE Wahrheit, alles andre Illusion. Ich frage ihn, ob diese SEINE Wahrheit die GANZE Wahrheit sei und ob nicht zur ganzen Wahrheit auch das Schöne gehöre. Am Schluß frage ich ihn, ob er nicht wisse, daß wir heute auf der Schwelle stehen zu jener Epoche, die sein theologischer Kollege Joachim von Fiore im 12. Jahrhundert prophezeite als das »Zeitalter des Heiligen Geistes«, und ob nicht dieses Zeitalter das der harmonia mundi sei und ob nicht die Musik heute die Aufgabe habe, die harmonia mundi anklingen zu lassen und herbeizuführen.

1986

Tier sein. Einen Ballett-Abend im TV gesehen. Das Niederländische Tanztheater. Das Besondere: die Tänzer sollen nicht Tiere MIMEN, sondern Tier SEIN. Jeder soll das Tier in sich finden. *Sein* Tier. Und dann soll er es ausleben in vollkommener Identifikation. Nicht so »tun als ob«, sondern »sein«. Schauspieler dürfen nicht restlos aufgehen in ihrer Rolle, sie brauchen einen schmalen Raum kritischer bewußter Distanz. Aber diese Tänzer sollen eben diese Distanz aufgeben. Sie sollen eins werden mit dem Tier in ihrem Unbewußten. Wäre ich Psychotherapeut, ich würde diese Methode anwenden bei meinen Patienten. Ich würde sie eine Tier-Rolle auswählen lassen. Sie würden vielleicht die Rolle ihres Lieblingstieres wählen, oder aber die des am meisten gefürchteten Tieres. Gleich aufschlußreich beides. Und dann würde ich sehen, was sie beim Tanz daraus machen. Ich denke mit einiger Ironie: die Frauen werden Katzen sein wollen, die Männer Löwen. Die alte Rollenverteilung. Meine Freundin A. will ein Vogel sein. Und ich? Eine Gemse vielleicht. Mein Aszendent im letzten Grad vor dem Wassermann: Steinbock. Meine Bergwanderungen schon in der Kindheit, meine gefährlichen Klettertouren später im Karwendel, im Zugspitzgebiet, in den Allgäuern.
Ja, eine Gemse, das wär's. Der Psychologe in mir lacht: »Ja, ja, so hoch hinaus wie möglich. Aber fliegen kannst du doch nicht.«

2. Februar. Lichtmeß. Ein kirchliches Fest. Was wird da eigentlich gefeiert? Woran ich mich erinnere: »an Lichtmeß stehen die Dienstboten um«, das hieß: wenn Knechte und Mägde ihren Dienstplatz wechseln wollen, tun

61

sie es zum 2. Februar. Warum? Ich weiß es nicht, es war eben so.

Aber was bedeutet der Tag für die Kirche? Ich schaue im Lexikon für Theologie und Kirche nach: »Lichtmeß, Fest Mariae Reinigung.« Ursprünglich sei der Tag ein »Herrenfest« gewesen (laut Lexikon eines der Feste, die nicht Feste der Person Christi seien, sondern Feste des Mysteriums Christi), wurde dann ein Marienfest (das älteste), heute sei es wieder ein »Herrenfest«. (Begegnung des »Herrn« auf den Armen seiner Mutter Maria mit Simeon und Anna im Tempel zu Jerusalem.) Im 8. Jahrhundert erst gibt es am 2. Februar ein Marienfest, das den Titel bekam: »Purificatio S. Mariae«. Es wurde in Rom mit einem heidnischen Lichterfest verbunden.

So weit ist alles klar. Höchst unklar scheint der Titel: Reinigung Mariens – wenn wir nicht die zeitliche Aufeinanderfolge von Weihnachten und Lichtmeß bedenken: runde fünf oder sechs Wochen nach der Geburt Jeschuas. Ich erinnere mich genau, daß, als ich Kind auf dem Land war, oft Frauen während des Tages in die Kirche kamen, sich vor die Altarstufen knieten und vom Priester mit Weihwasser besprengt wurden, wobei er Worte sagte, die zwar lateinisch und mir unverständlich waren, aber drohend klangen. Ich dachte später, dies sei ein Exorzismus oder etwas Ähnliches, bis ich erfuhr, daß die Frauen »büßen« müssen, und zwar vierzig Tage nach der Entbindung. Büßen, wofür? Dafür, daß sie ein Kind geboren haben? Oder dafür, daß das Kind einem Geschlechtsakt entsprang? Wie soll's aber anders gehen? Und warum muß nicht auch der Mann büßen, der war doch auch dabei. Aber nicht »so«: der hat sich nicht verunreinigt. Nein? Nein. Sperma ist kein Blut. Das Blut aber ist die Verunreinigung. Aha, so ist das: ein Mann, der Priester ist, kann und muß die Frau reinigen vom Makel der blutigen Entbindung. Ich lese nach im ›Schott‹, dem alten Meßbuch, und im neuen. In beiden steht zu ›Lichtmeß‹,

62

daß dem Gesetz Mose zufolge »jede israelitische Mutter für eine bestimmte Zeit nach der Geburt eines Kindes unrein war und nicht im Tempel erscheinen durfte. Nach der gesetzlich festgelegten Frist mußte sie zur Reinigung ein Lamm und eine Taube, oder wenn sie arm war, zwei Tauben opfern, dann war sie rein.«

Je nun: aber Maria, die doch laut jenem Dogma »vor, in, nach der Entbindung reine Jungfrau war«?

Die Theologen sind rasch da mit einer schön plausiblen Erklärung: Obgleich sie diese Reinigung nicht nötig hatte, unterzog sie sich ihr freiwillig.

Frage: Woher konnte sie wissen, daß sie »rein« war? Ach so: sie mußte es ja wissen, da sie an ihrem Leib keine Spuren der Geburt fand...

»Himmelnochmal«, pflegte Karl Rahner auszurufen, wenn ihn etwas ärgerte.

Also: Himmelnochmal, wir mußten das alles schlucken, ohne nachdenken zu dürfen!

Was mich wirklich bestürzt, ist nicht dies, sondern Ursprung und Konsequenz dieser (wenn wörtlich verstanden) wirklich absurden Geschichte, natürlich von Männern im Patriarchat erfunden: die Frau als Eva ist die Minderwertige, die Fleischliche, die Materie schlechthin, und die ist (sehr gnostisch gedacht) das Finstere, der Widerspruch zum Geist, der männlich ist. Der Mann ist der Geistige (ich lache jetzt laut), und die Frau ist zu seinem Verderben da. Zum Geschlechtsakt ist sie freilich nötig, leider, aber sie verunreinigt damit den Mann. (Soll er's doch bleiben lassen! Tut er ja: das nennt man Zölibat. Und wie strikt der von Priestern aller Ränge gehalten wurde und wird! Als ob wir's nicht wüßten!) Und wenn er nicht mit einer Frau schläft, sondern mit einem Mann?

Zurück zu Lichtmeß: die katholischen Frauen feierten (feiern?) ein Fest, das zum System ihrer Erniedrigung gehört:

sie müssen sich reinigen lassen durch einen Mann, von dem reinigen, dessen Ursache ein Mann war...

Und wir Frauen, wie töricht wir waren und in sehr katholischen Ländern und Kreisen noch sind!

Mich wundert, daß der Papst uns Frauen nicht samt und sonders exkommuniziert als die Maulwürfe, welche die Kirche unterminieren, indem sie lernen, das Männer-Macht-Spiel zu durchschauen und auszusteigen. Spielt allein weiter, Knaben, bis Ihr selber merkt, daß es so nicht weitergeht.

Ich feiere Lichtmeß als das Datum, an dem der Tag eine ganze Stunde länger dauert und die ersten Veilchen blühen.

Bei dieser Gelegenheit las ich im Meßbuch die Stellen zum heutigen Tag. Die alten Hymnen und Antiphonen sind hinreißend schön. »Adorna thàlamum tuum, Sion, et suscipe Regem Christum: amplectere Mariam, quae est coelestis porta...«

»Schmücke dein Brautgemach, Sion, Christus den König nimm auf. Umarme Maria, sie ist die Pforte des Himmels...«

Die Frau als Pforte des Himmels. Ja, aber nur als Jungfrau. Und wenn nun die leibliche Jungfräulichkeit gar nicht gemeint ist? Wenn da die Idee der geistigen Frau auftaucht und dahinter die Idee von der Vergeistigung der Materie? Wenn es hieße: die geistige Frau oder besser: das, was die Chinesen Yin nennen, ist die Pforte zum Himmel? Daß im christlichen Kult so oft die Bilder vom Liebesakt vorkommen (Zitate aus dem Hohen Lied), scheint doch nicht zur Verdammung des Sexus und der Frau zu passen...

Onassis. Er ist tot, ich weiß, aber erst seit ich den Film über ihn sah, trauere ich um diesen großartigen, superreichen, wüsten, vulgären, hundeeinsamen Inselgriechen, diesen Geldmächtigen, den die politisch Mächtigen benutzten, während er seinerseits sie schamlos benutzte; dieser Großhändler, der mit riesigen Schiffen handelte, als seien es Heringe, dieser gewalttätige Wilde, dieser Naturbursche, der sich jenseits jeder Moral und Konvention austobte, der alles bekam, was er wollte, auch die nicht lange trauernde Witwe des ermordeten US-Präsidenten John Kennedy, Jacqueline, die als Ehefrau zu besitzen eine Weile Onassis' Ehrgeiz befriedigte, nicht aber sein Verlangen, nicht einmal das körperliche, denn sie, ihrerseits ehrgeizig und geldbesessen, kapriziös, eiskalt und offenbar beschränkten Geistes, ertrug diesen Wilden nicht, obwohl er ihr die Welt zu Füßen legte. Sie ließ ihn einfach stehen und suchte einen andern, einen Amerikaner, einen Harmlosen, der nicht zum Fürchten leidenschaftlich war in allem, was er tat. Diese Jacqueline, in der Wirklichkeit dem wilden Griechen nicht gewachsen, war's auch im Film nicht. Wer hätte aber auch neben diesem Onassis bestehen können, den Anthony Quinn nicht eigentlich spielte, sondern lebte. Eine unheimliche Leistung: diesen Onassis sympathisch zu machen, ohne ihm etwas von seiner wüsten gefährlichen fragwürdigen Größe zu nehmen.

Es gibt Szenen in Filmen, die ich nie vergesse: dazu gehört die Schlußszene: das Fest ist vorüber, es ist Nacht, Jacqueline ist endgültig abgeflogen, die Callas ist tot, der Komplize ist tot, die Gäste haben die Szene verlassen, Onassis ist allein vor einer alten Taverne am Meer, und er tanzt. Er tanzt einen der alten Inseltänze. Aber er tanzt ihn allein. Er ist betrunken, aber nicht sehr. Er ist nur müde. Sterbensmüde. Immer langsamer dreht er sich, und dieses Langsamer-Werden ist herzabschnürend traurig. Wie ein Kreisel, der abläuft. Man begreift, warum einem dieser Großgangster nie unsympathisch war: weil er ein ur-einsamer Hund war. Alles konnte er sich kaufen, ergaunern, einwechseln, an sich reißen, nur war's nie das, was er so brennend ersehnte: Erfüllung, Liebe. Die moderne Version der kretischen Geschichte vom König Midas, dem sich alles in Gold verwandelte, was er berührte, auch der Apfel, den er essen wollte, und so verhungerte er. Armer Onassis.

Scena italianissima. Samstagabend. Ich bringe Herbert Rosendorfer mit meinem Auto zum Bus nach Frascati und will dann wieder heim. Aber die Piazza ist verstopft von Autos. Großes Chaos. Warum geht's denn nicht weiter in der Kurve? Weil da ein Auto steht, alle vier Türen weit offen. Ein Unglück? Keineswegs. Vier Burschen plaudern. Da kommt ein Polizist. Aha, denkt man, jetzt wird Ordnung gemacht. Aber nein. Der Polizist steht da und schaut träumerisch dem Treiben zu. Ich sage: »Warum regeln Sie den Verkehr nicht? Ist das nicht Ihre Aufgabe? Warum verbieten Sie den Burschen da nicht, in der Kurve zu stehen?« Der Polizist, sehr jung, im gleichen Alter wie jene Burschen und aus demselben Ort, zuckt die Achseln: »Die gehen doch nicht weg. Die hören nicht auf mich.« Verkehrstechnisch skandalös, gewiß, aber ich kann nicht anders als lachen. Die Szene ist so menschlich, so aus dem vortechnischen Zeitalter stammend, wo jedermann noch Muße hatte. Aus jener Zeit stammt auch die italienische Untugend, gerade auf schmalen Gehsteigen, am liebsten an den Ecken, zu einem Schwatz stehenzubleiben, als haben solche Ecken wie Wegkreuzungen magische Anziehungskräfte. (Haben sie ja auch wirklich!)

»Geh zu Maria!« Keine fromme Papst-Parole für das Marienjahr. Sondern: der fünfmal wiederholte beschwörende Auftrag des (Post-)Boten an Alexander, die Hauptperson des Films ›Das Opfer‹ des (vor kurzer Zeit verstorbenen) russischen Regisseurs Tarkowski. Die Ausgangsszene: ein Mann, Schauspieler, hält einen viel zu wortreichen intellektuellen Monolog im Wald; sein Kind spielt und hört nicht zu und geht dann, einen vorher mit dem Vater gepflanzten Baum zu gießen. Ein Radfahrer, der Postbote, kommt und umkreist ihn, immer radfahrend, und sagt »Geh zu Maria«.

Dann lernen wir die Familie des Mannes kennen, die neurotisch-hysterisch ist, weil die Weltkatastrophe angesagt ist und bereits ihre Vorzeichen schickt mit Sturm und Erdbeben. Alexander ist verzweifelt, fällt auf die Knie und betet das Vaterunser und bietet sich selbst an zur Rettung der Erde. Aber er bedarf dazu der Hilfe jener Maria, einer Magd, die »jenseits des Wassers wohnt«. Er geht zu ihr, um dann die zweite Hälfte des Auftrags »Geh zu Maria und leg dich zu ihr« auszuführen. Er versteht den Auftrag auf seine (männliche) Weise, nämlich als Aufforderung zum Beischlaf. Maria weist ihn zurück: er, wieder ganz manngerecht in seiner vermeintlichen sexuellen Niederlage, zieht den Revolver, um sich zu töten. Maria bettet seinen Kopf in ihren Schoß und wiederholt fünfmal (entsprechend dem fünfmaligen Auftrag – wer will, kann an die fünf Gesetze des Rosenkranzes denken): »Alles wird gut«. Dann umarmt sie ihn. Was zunächst als Beischlafszene unter einem weißen Bettuch erscheinen kann, erweist sich als lebendes Bild, als eine »Pietà«. »Schutzmantel-Madonna«, denkt man. Während der ganzen Filmhandlung immer wieder eingeblendet ein Bild Leonardo da Vincis: die Anbetung der Könige. Die Madonna ist hell angestrahlt; auf die Männer, welche Könige sind auf der Erdenebene, fällt nur der Abglanz des Lichts, das von der himmlischen Frau ausgeht. »Geh zu Maria!« Und ihre tröstende Antwort: »Alles wird gut.«

Wer ist denn diese Figur namens Maria? Sie ist, im Film, zunächst eine konkrete Frau, die aber als Gegenüber der andern Frauengestalten eine stille Präsenz außerhalb der

Familie ist und doch zu ihr gehörig, und im Vergleich zu den neurotischen Frauen der Familie eine große Überlegene. So erscheint sie nicht als »eine« Frau, sondern als DIE Frau. Auf der Erdenebene ist sie die Magd, auf der andern Ebene jene Frau, die wir Madonna nennen. Sie ist beides zusammen: der weibliche Pol des Seins, der Anima-Teil, und damit der weibliche Aspekt des Göttlichen, der Gottheit. Mit Goethes Wort: das Ewig-Weibliche.

»Geh zu Maria« heißt: wende dich an dieses Ewig-Weibliche, welches Liebe, Barmherzigkeit, Friede ist. Vollziehe die Vereinigung mit dem Weiblichen, mit deiner eigenen Anima und mit dem weiblichen Aspekt des Göttlichen; erkenne die Kosmische Mutter.

Das Jahr 1987 ist (vom Papst) zum Jahr der Madonna erklärt worden. Das Jahr 1985 war von den Frauen zum internationalen Jahr der Frau erklärt worden. Warum diese Trennung des Untrennbaren? Wieso der Aufruf an die Menschheit »Geh zu Maria!« und zugleich die symptomatische, die signifikante Weigerung der Kirche, ihre Stellung zur konkreten Frau zu wandeln? Warum einerseits die »Vergottung« der Madonna und gleichzeitig die Ablehnung der Frau als Priesterin? Wir kennen längst die Ursache: in der Männerkirche ist die Frau als Sex-Figur tabu. Altes gnostisches Erbe, also Haeresie: hier der Licht-Geist, der schöpferische Geist, das Männlich-Zeugende, die Gottähnlichkeit des Mannes; dort die Materie, das ungeistig Dumpfe, das Unbewußte, das aus der dunkeln Tiefe Drohende. Das Christentum übernahm nicht die schöne chinesische harmonische Polarität Yin-Yang (Weiblich-Männlich), sondern die iranische dualistisch-gnostisch-manichäische Weltsicht vom Feind-Gegensatz Materie-Geist, die zu jener unheilvollen Identifizierung von Mann und Geist, von Frau und Ungeist führte. Unter diesem Zeichen leben wir noch heute: wir Frauen haben einen untilgbaren Makel: unser Frausein. (Blut-Tabu!) Ach über die unaufgeklärten Kirchen-Knaben, die sich vor der Frau fürchten, die sie nicht begehren dürfen! Ich schrieb schon 1968 eine Arbeit mit dem Titel ›Unterentwickeltes Land Frau‹ mit einer Auswahl authentischer Stellen von Kirchenvätern und Kirchenlehrern aus 2000 Jahren (bis in unsre Gegenwart, o ja), in der wir Frauen buchstäblich verteufelt werden als Ursache von Sünde und Misere auf unserer Erde: Evas Apfel; Evas Verführung Adams; daß Adam schwach wurde, verzeiht er uns bis heute nicht – er verzeiht nicht, daß nicht er, sondern Eva, als Erste »wissen wollte« und also Geist zeigte, weil sie Geist war! (Dieses Buch erscheint im Herbst 1987 neu und nur wenig verändert, denn: was hat sich schon groß verändert für die Frau in zwei Jahrzehnten!?)

Als im 2. Vatikanischen Konzil Papst Paul VI ein neues Mariendogma verkünden wollte, erhob sich ein großes Geschrei: genügt nicht schon das Dogma Pius'XII von der leiblichen Aufnahme Mariens in den »Himmel«? Soll es jetzt zum Dogma werden, daß Maria »Mittlerin« ist zwischen Mensch und Gott und daß ohne sie nichts geht? Kein Dogma, nein, nie mehr ein Dogma, kein Glaubenszwang, kein sine-qua-non; aber warum nicht annehmen, daß der Mann Alexander der Magd Maria bedarf, um gerettet zu werden? Warum nicht glauben, daß der Mann mitsamt der Männerkirche die Erde nicht rettet, sondern daß die Menschheit der Frau, des Weiblichen, der Anima bedarf, damit im letzten Augenblick »alles gut wird«, wie die Maria im Film sagt? Ja, warum nicht.

Frauenbewegung, Friedensbewegung, Umweltschutz: Signale der Hinwendung zum Weiblichen. Letzte Zuflucht zu Maria, die am »andern Ufer des Sees« lebt als die kosmische Ur-Mutter, die Schutzmantelfrau. Warum nicht die Gottheit an ihre weibliche Hälfte erinnern, warum nicht das Weibliche in Gott aufrufen, damit es uns im letzten Augenblick auffange und rette? »Geh zu Maria... Und alles wird gut.« Kirche: erinnere dich daran, daß man dich Mutter nennt! Und bedenke, daß du nicht die Madonna verehren und die Frau verachten kannst, denn wir Frauen SIND die kosmische Anima, derer du so sehr bedarfst.

Nachtrag zum Film. Ich vergaß: der Titel heißt ›Das Opfer‹. Was dieses Opfer eigentlich ist, kann man erst vom Schluß her verstehen: Alexander bietet sich »Gott« als Opfer an. Worin besteht es? Daß er seinen Beruf als Schauspieler aufgibt? Daß er sein Haus anzündet? Daß man ihn für verrückt erklärt und im Krankenwagen abführt? Heißt das nicht, daß er seine Persönlichkeit aufgibt? Ist dies das Opfer? Soll gesagt werden, daß alle, die »sich opfern«, als Wahnsinnige gelten und entweder erschossen oder gekreuzigt werden oder in Irrenhäuser kommen? Soll es eine Illustration sein zu dem biblischen Satz: Wer sein Ich verliert, der wird es gewinnen?

Ich schreibe dies vier Wochen später. Was für ein Film ist das, der mich derart lange beschäftigt!

Gorbatschow. Das große Interview italienischer Kommunisten mit ihm in der Unità genau gelesen. (Ich übersetze aus dem Italienischen.)

Die wichtigsten Sätze:

Er zitiert Lenin: »Es gibt keinen andern Weg zum Sozialismus als den, der durch die Demokratie führt, (also) durch die politische Freiheit.« Er fährt fort: »Ich füge hinzu, daß es keinen andern Weg gibt, als den der Vertiefung der Demokratie. Die Demokratie ist ein Wert in sich, weil durch sie der Weg führt zur vielseitigen Entwicklung jeder Persönlichkeit, ihrer Verantwortlichkeit und ihrer zivilen Aktivität. Die Demokratie ist real, wenn sie auf dem sozialen Eigentum und der Abwesenheit von Ausbeutung basiert, wenn sie die Bewegung aller intellektuellen und moralischen Kräfte fördert und wenn sie dem Sozialismus moderne Formen gibt. Das ist die Garantie für die ›perestrojka‹.«

»Im sozialen Bereich und in allen andern Bereichen kämpfen wir gegen das Negative wie Korruption, Habsucht, nicht durch Arbeit erworbenen Besitz... Gewisse Privilegien dürfen und müssen existieren: wer mehr leistet für die Gemeinschaft, hat mehr Erleichterungen. Aber diese Privilegien gibt der Staat. Sie sich selber zu verschaffen ohne Übereinstimmung mit dem Sozialismus, ist nicht erlaubt... Besonderes Augenmerk wenden wir den besonderen Interessen der Jugend zu...« (Ich denke bei diesem Satz an den Vorfall an der Berliner Mauer im Juni 87.)

Immer wieder die Betonung der Demokratie. »Reale Demokratie heißt: gleiche Rechte für alle (aller in der UdSSR zusammengeschlossenen Völker), Garantie für Arbeit, kostenloses Schulwesen, für alle grundsätzlich möglicher Zugang zu mittleren und höheren Schulen, kostenlose medizinische Fürsorge, Assistenz für die Alten, Wohnungen für alle... Das alles ist als Programm nicht neu, aber wir müssen die Realisierung dieser Grundsätze vorantreiben; neue bewegliche Führungskräfte waren und sind nötig...«

Ob es denn Widerstand gebe gegen den neuen Führungskurs? »Widerstand: nein. Aber Schwierigkeiten bei der Durchführung, das wohl. Es gibt eben auch verhärtete Gewohnheiten, es gibt die Bürokratie, es gibt die Angst vor Neuem und vor der Eigenverantwortlichkeit. Aber es gibt dagegen den festen Willen des Volkes, wie er sich in Konferenzen, Gesprächen, Briefen (?) kundtut, nicht stehenzubleiben, weiterzugehen.«

»Im Zentrum aller Politik steht der Mensch, seine EigenInitiative, seine Bereitschaft mitzuarbeiten beim weiteren Aufbau des Sozialismus, damit er zum wahren Herrn seines eigenen Landes wird. Die Betonung (Erhebung) des menschlichen Faktors ist streng gebunden an die weitere Demokratisierung auf allen Sektoren des Zusammenlebens. Ohne Demokratie keine Teilnahme an der Verwaltung der Produktion, ohne Demokratie keine soziale Gerechtigkeit, ohne Demokratie keinerlei Teilnahme an den Problemen der gesamten Gesellschaft. Aber Disziplin und Ordnung sind nötig, sie werden von den Arbeitern selbst gefordert; sie wollen Selbst-Verantwortlichkeit und Selbst-Disziplin.«

Er begrüßt es, daß ihn in seinem Kampf gegen das alte russische Laster des Alkoholismus die Frauen unterstützen: sie wollen für die Familie, für den Betrieb und den ganzen Distrikt das Alkoholverbot einführen. Es helfe nichts, sagt er, den Alkohol-Konsum und -Verkauf zu verbieten, wenn heimlich Schnaps gebraut wird; da helfe nur Selbstdisziplin, und da baue er auf die Frauen. (Über die Frauen kam sonst nichts vor in diesem Interview, aber danach hatten die italienischen Interviewer auch nicht gefragt, sonderbarerweise.)

Er antwortet offen auf alle Fragen, er läßt zu, daß auch die heißesten Eisen angefaßt werden: Kambodscha, Afghanistan. Wir lernen durch seine Antworten, diese Probleme weniger westlich-einseitig zu sehen. Daß die Sowjet-Union mit China einen Vertrag schloß, nicht als erste Atomwaffen zu gebrauchen, wußte ich nicht.

Alles in allem: Dieser Mann ist unüberbietbar sachlich und nüchtern, doch ist seine Nüchternheit durchstrahlt von einer großen Wärme. »Die russische Seele«, die breite, große und sensible, ist zu spüren. Wenn wir ihm ein Charisma zuschreiben und das »ex oriente lux« auf ihn beziehen, so will er von solchem Personenkult nichts wissen. Er versteht sich nicht als messianischer Friedensfürst, (obgleich er die Rolle des Friedensstifters entschieden übernahm), sondern als Arbeiter im Dienst des Sozialismus und des Weltfriedens. Er ist gewiß eine außerordentliche Persönlichkeit. »Voilà un homme«.

Sehr interessant sind die Aufschlüsse, die wir über seine

Person bekommen. Er lehnt zwar ab, über sich zu reden, vor allem über sein Privatleben. »Solche Fragen stellt man bei uns nicht«, sagt er dem Interviewer. Aber gerade im Nicht-Reden-Wollen über sich erfahren wir das Wesentliche.

Er weiß, daß er in der Welt beliebt ist, aber er lehnt es ab, die Perestroijka auf seine Person gestellt zu sehen. Alles, was er an Neuem bringe, sei, so sagt er, kein Genieblitz, sondern Frucht einer langen Entwicklung im Volk selbst. Er habe lange genug an der Peripherie gearbeitet, um das Leben und die wahren Bedürfnisse des Volks, der Arbeiter zu kennen; dort habe er Politik gelernt.

Ein Privatleben habe er nicht, keiner aus der politischen Führungsschicht habe Zeit für »Privatleben«. Seine Interessen? »Es ist meine Schwäche, daß ich mich immer für zu vieles interessiert habe« (Er studierte Jurisprudenz, dann wollte er Physik studieren, auch Mathematik interessierte ihn, doch ebenso Geschichte und Literatur.) Er sagt: »Man kann sagen, daß jene, die sich auf ein bestimmtes Gebiet konzentrieren, mehr zuwege bringen. Aber mir sind jene Personen sympathischer, die ein weites Interessenfeld haben.«

Finnland. Helsinki. Mit C. A. von Willebrand (Leiter der Deutsch-Finnischen Gesellschaft) die erste Begegnung mit dieser Stadt. Da also ist die Finnlandia-Halle. Oft gesehen auf Fotos und im Fernsehen. Hier wurde die KSZE-Akte unterzeichnet: Konferenz für Sicherheit und Zusammenarbeit in Europa. Hier haben sich Breschnew und der US-Präsident Ford die Hände geschüttelt, Gromyko und Henry Kissinger, Helmut Schmidt und Kadar, Honecker und Trudeau, und da war auch noch Olof Palme. Ja, und alle waren sich einig darüber, daß die Menschenrechte geschützt werden müssen, wo auch immer. Und dann flogen sie heim, jeder in sein Land, und alles war vergessen, von den Betroffenen aber nicht. Da war doch einmal eine Hoffnung? Das war doch ein Ansatz zu etwas, das verwirklicht werden muß? Oder nicht? Voriges Jahr war hier die Zehnjahre-Feier der KSZE. Da wehten wieder die Flaggen aller beteiligten Nationen. Heute wehen keine dort, und würden sie wehen, müßten sie auf Halbmast hängen. Und nicht nur wegen Olof Palmes Ermordung.

Mit v. W. am Hafen. Die eingefrorenen Schiffe. Die großen Eisbrecher, die hier gebaut werden, stecken jetzt selber untätig im Eis. Der Anblick erheitert mich. Warum brechen sie sich nicht selber aus dem Eis? Sie haben keinen Auftrag, und sie gehören nicht sich selber, sie gehören der Sowjetunion, die sie bestellte. Einige gehören auch der BRD; die braucht sie aber nicht. Für mich haben solche Erscheinungen Symbolwert, ohwohl mich natürlich auch die verzweigten Wege von Wirtschaftsabkommen interessieren. Aber zweitrangig.

Tiefer Eindruck: die Temppelianko-Kirche. Ist das eine Kirche? Scheint eher eine Art von großem Eskimo-Iglu zu sein, aber nicht aus Eis, sondern aus Felsgestein. Eine flache Kuppel über einer niedrigen Rundmauer aus grob behauenen Natursteinen. Man tritt von der Straße unmittelbar, ohne Niveau-Unterschied, in einen Kirchenbau, der viel größer ist, als er von außen erscheint. Jetzt sieht man: die Kirche ist in den Naturfels gehauen. Ausgesprengt. Mitten in der Stadt. Die Wände blieben unbehauen. Sie glänzen nicht von künstlichem Schliff, sondern von sanft rieselnden Wassern, die aus naturbelassenen Felsenspalten rinnen. Man fühlt sich im Innern eines Berges. Eine heidnische Kultstätte im Schoß der Erde. Darüber die Kuppel, die von außen gesehen flach, von innen aber unendlich hoch erscheint, obwohl ich das endliche Maß der Höhe erfahre: 13 Meter. Der Blick verliert sich in einer Höhe, die unauslotbar erscheint. Wie hat der Architekt dieses Kunststück fertiggebracht? Die Kuppel besteht aus Kupferbändern. 22 Kilometer Kupferband aneinandergelegt. Spiralig viel-

leicht. Jedenfalls ist so die Wirkung auf mich. Eine unendliche Spirale, die den Blick nach oben zieht, dorthin, wo
man DAS Geheimnis finden kann. Lebte ich in Helsinki,
hierher käme ich immer wieder. Ein Ort, in dem sich Magie
und Mystik verbunden haben.

Auch legt man die Hand an Felsen
und gräbt die Berge von Grund aus um.
Man bricht Stollen durch die Felsen
Und alles, was kostbar ist, sieht das Auge.

(Hiob 28)

So steht's im Kirchenführer. Das war die Leitvorstellung
des Architekten. Man sieht der Kirche ihre Geschichte nicht
an: 1906 der Plan, 1932 ein Architekten-Wettbewerb, 1939
Beginn der Sprengarbeiten, die Unterbrechung durch den
»Winterkrieg«, 1961 Wiederaufnahme der Arbeit, aus fi-
nanziellen Gründen »Abstriche«, das heißt Verkleinerun-
gen, 1969 wurde der Bau beendet. Nein: vollendet, das
Wort paßt besser, denn der Bau ist etwas Vollendetes.
Während ich so dastehe unter der Mitte der Kuppel, über-
kommt mich großer Friede. Ich erlebe das Verweilen im stil-
len Kern des Zyklons. Sähe ich von Finnland nichts weiter
als diese Felsenkirche, hätte mir die Reise Gewinn gebracht.
Auf diese Kirche paßt wunderbar der Satz, den C. A. von
Willebrand in der Diskussion nach meinem Vortrag über
›Die Aufgabe der Musik in der Gesellschaft von heute‹
zitiert: »Zuletzt wirft immer die Kunst den Schein der
Kunst ab.« Das schrieb Thomas Mann.

Wie man doch karmisch an fremdes Gruppen-
Schicksal gebunden ist. Wie hätte ich denken können, daß
ich, nach meiner Arbeit am Sinti-Buch, hier »Zigeuner«
treffen würde. Im Zug Helsinki-Turku eine Frau in einer
prächtigen Volkstracht, die ich für karelisch halte. Sie
scheint den übrigen Fahrgästen nicht aufzufallen. Die Frau
ist mit Gold behängt: riesige schwere Ohrringe, eine kost-

bare Brosche auf der Brust, goldne klirrende Armreifen, goldne dicke Fingerringe. Das Gesicht einer älteren Zigeunerin. Ein schönes, ausdrucksvolles Gesicht. Rabenschwarze Haare. Ich bitte Frau von Willebrand, die mich begleitet, sie in Finnisch anzusprechen. Ja, es ist eine Zigeunerin. Wieso bei einer Zugfahrt das kostbare Gewand? Sie ist für eine Beerdigung gekleidet: in Helsinki starb Elli Hagert. Wer ist Elli Hagert? Eine Zigeunerin. Vielmehr: die Zigeuner-Königin. »Kommen Sie morgen um elf auf den Zentralfriedhof und hernach ins Haus.« In welches Haus? Frau von W. weiß es nicht. Wir werden sehen. Tags darauf also finden wir uns auf dem verschneiten Friedhof ein. Zahlreiche Trauergäste, nicht nur Zigeuner (Roma). Viele Pressefotografen und Journalisten. Berge von Kränzen und Blumensträußen. Ich lege auch einen Strauß nieder. Ich denke: Wer du auch bist, du Tote, du bist eine von denen, die wir ausrotten wollten als »Rassisch-Minderwertige«. 500 000 Roma und Sinti in deutschen KZs gefoltert, vergast, verbrannt. Während ich meinen Strauß zu den übrigen lege, sage ich laut: »Ich bin eine Deutsche, die, um das Unrecht an Euch zu sühnen, für die deutschen Sinti politisch arbeitet.«
Man drückt mir die Hand. Später lädt man uns ein, in ihrem Bus mitzufahren. Frau v. W. unterhält sich mit einer der Zigeunerinnen, und es stellt sich heraus, daß sie gemeinsame Freunde haben. Ich denke: Hier in Finnland sind die Zigeuner also voll integriert. Der Eindruck verstärkt sich »im Haus«: in dem großen Saal, in dem das Totenmahl gefeiert wird. Es gibt dort auch Gadje (Nicht-Zigeuner) und einige Geistliche, und eine Gruppe der Heilsarmee, die am Grab Blasmusik gespielt hat.
Aber ich täusche mich: die Roma sind in Finnland keineswegs alle voll integriert. Nur die Reichen. O ja. Elli Hagert, die »Zigeunerin-Königin«, war eine sehr reiche Frau, ihre ganze Sippe ist reich. Als Reiche sind sie integriert. Nur darum. Aber als Deutsche in Finnland ein Grundstück

suchten und es ihnen zu unglaublich niedrigem Preis angeboten wurde, erfuhren sie, daß kein Finne das Grundstück
haben will, denn in jener Gegend leben Zigeuner. So ist das
also. Erinnert mich an Chicago und den sehr reichen Herrn
Hans, den schwarzen Chefredakteur der Zeitschrift
›Ebony‹: die Schwarzen sind voll integriert in die US-Ge-
sellschaft, wenn sie reiche Schwarze sind. Die Armen aus
Haarlem, die nicht die Kraft und nicht das Glück haben auf-
zusteigen, die bleiben diskriminierte Außenseiter.
Das Schema, das in der ganzen Welt gilt. Gebrauche deine
Ellbogen, deine List, deine Beziehungen, dann wirst du
reich und bist kein Schwarzer, kein Indio, kein Jude und
kein Zigeuner, sondern ehrenwertes Vollmitglied der Gesellschaft.
Ich denke das, am Festmahl teilnehmend. Die Musik der
Zigeuner, schwermütige, finnisch-zigeunerliche Volksmu-
sik, paßt gut in meine Betrachtung.

Auf dem Flug von Rowaniemi nach Ivalo. Unter
mir nichts als Weiß-Schwarz: weißer Schnee und schwarze
Waldstreifen. Alle Gewässer gefroren, das Eis überschneit.
Gestern in Oulu bin ich mit dem Auto übers Meer gefahren. Das Eis ist, sagt man mir beruhigend, siebzig Zentime-
ter dick. Wir fahren auf einer Straße, die keine ist, obwohl
sogar Lastwagen darauf fahren. Aber die oberste Schicht
hat Sprünge und beginnt zu schmelzen. Keine Angst: darunter ist immer noch ein halber Meter festes Eis. Wir fahren auf eine Landzunge und von dort zur äußersten Spitze.
Ein einsamer Leuchtturm, ein paar Fischerhütten. Man
fischt in Eislöchern. Vor der Küste merkwürdige Wälle,
grünblau, wie aus Scherben von dickem Flaschenglas ange-
häuftes Eis: gefrorene Meereswellen. Hat etwas von einem
Märchenschloß an sich. Ist aber ein wenig unheimlich. Gläserne kalte Verlassenheit. Hier Leuchtturmwächter sein?
Wer hält das aus.

Aber Oulu selbst ist keine Stadt außerhalb der Welt. Eine Stadt mit einer sehr schönen großen Bibliothek. Nicht einmal·hunderttausend Einwohner, aber im Jahr zwei Millionen Bücher-Ausleihen. Auf jeden Bewohner also kommen jährlich zwanzig Bücher. Im größeren Rovaniemi natürlich sind's noch mehr. Dort gibt's die schönste öffentliche Bibliothek, die ich je sah. Ein Alvar-Aalto-Bau? Nein, das nicht, aber in seinem Stil gebaut: mit viel hellem Holz. Funktionalität und Behaglichkeit aufs Natürlichste verbunden. Finnland liest, Finnland hört Musik. Was sonst soll man tun, wenn im langen Winter die Sonne drei Monate nicht scheint und es tagsüber nachtdunkel ist. Finnland hat zur Zeit (neben Ungarn, was erstaunen kann) die höchste Selbstmordziffer. Das »Kaamos«: das lange Dunkel, die lange Kälte, der Mangel an Sonnen-Energie, der Wintertod der Natur, die weiten Entfernungen zwischen Orten und Gehöften, der Volkscharakter: der Finne kann nicht reden, er kann sich nicht öffnen, er hilft sich mit Trinken, er säuft, und wenn auch das nicht mehr hilft, bringt er sich schweigend um. In seinem Nationalepos ›Kálewala‹ ist die Rede von dem »Land ohne Worte«.

Wovon leben denn die Finnen und Lappen? Von Rentierzucht und Holzbearbeitung, natürlich, und von Fischerei. Und vom Tourismus.

Rovaniemi liegt schon jenseits des nördlichen Polarkreises. Was schaut man dort an außer einer Rentierfarm? Acht Kilometer weiter im Norden die »Werkstatt des Weihnachtsmannes«. Im Prospekt steht: »Das finnische Lappland wurde offiziell zum Weihnachtsland ernannt... Es hat etwas Geheimnisvolles...« Von wem ernannt? Und »offiziell«? Und was ist da geheimnisvoll? Einige große Blockhäuser, zugegeben schön außen und innen. Aber sonst? Ein Warenhaus-Komplex. Geschäft an Geschäft. Alle für den Tourismus. Freilich: die angebotenen Dinge sind kein Schund, und man kann die zehn oder zwölf Werkstätten sehen, in denen vor unsern Augen gearbeitet wird: Pelzwaren, Ledertaschen, Schuhe, Schmuck, Spielzeug. Der Tourist bekommt versichert, die Waren stehen »unter ständiger Qualitätskontrolle«. Das ist glaubhaft. Man kann von allen Teilen der Welt aus seine Weihnachtsgeschenke dort bestellen. Auch an Ostern. Im Augenblick ist Lappland voller Oster-Touristen. Es könnte jetzt aber genau so Weihnachten sein, denn hier ist noch tiefer Winter. Die Touristen kommen zum Skilaufen. Bis aus Kalifornien.

Gestern als Gast bei einer Pressekonferenz. Der Roman einer finnischen Autorin wird vorgestellt und diskutiert. Er ist problematisch, findet man. Das Problem ist ein echtes, in vieler Hinsicht: an der Oberfläche eine Liebesgeschichte zwischen einem deutschen Offizier und einer jungen Lappländerin während des Zweiten Weltkrieges. Wie kommt ein deutscher Offizier 1941 nach Lappland, warum durfte die Frau ihn zuerst ungestraft lieben, warum wurde er dann abgeschoben, wohin, warum durfte die Frau ihm nicht folgen, obwohl sie ein Kind von ihm erwartete, warum war sie dann geächtet in ihrer lappländischen Heimat und warum wurde sie schließlich dann doch wieder aufgenommen? Unter dieser menschlichen Liebesgeschichte läuft eine andere Geschichte, nämlich eine historisch-politische, eine Form von finnischer Vergangenheitsbewältigung: Finnland hatte sich im 2. Weltkrieg mit Hitler-Deutschland verbündet. Eine Vernunft-Ehe: Finnland fürchtete, von der angrenzenden Sowjetunion aufgefressen zu werden. Wer konnte das verhindern helfen? Hitler. Die finnische Regierung rief Hitlers Soldaten ins Land, und Lappland blieb finnisch, und Finnland blieb frei, ein blockfreier, neutraler Staat. Hitler sei Dank. Aber man hat doch ein schlechtes Gewissen: Um dem »Oberteufel« Stalin zu entgehen, verbündete man sich mit dem, der sich ebenfalls als Teufel erwies. Und das bedrückt die Finnen denn doch, wenngleich sie wissen, daß sie ohne dieses Bündnis heute sowjetisch wären wie Estland und Lettland. So hat man denn in Lappland ein gespaltenes Verhältnis zu allem Deutschen. Aber man ist dankbar. Man erfragt auf einer Pressekonferenz meine Meinung. Ich sage: »Ich verstehe Euch. Mussolini hatte die Wahl, mit oder gegen Hitler zu kämpfen, beides mußte schlecht ausgehen, aber mit Hitler sich gut zu stellen (zähneknirschend), bedeutete: überleben.« Nach der Konferenz treffe ich einige Frauen. Ich sage, mir scheine, daß die finnische Moral ziemlich hoch sei. Man lächelt. Es gebe keine Prostitution, nein, das nicht, jedenfalls nicht offen, aber es gebe bestimmte Lokale, wo sich Männer und Frauen treffen können in offener Absicht. Keine Prostitution also, sondern ein Übereinkommen zu beiderseitigem Vergnügen ohne Bezahlung. Verfall der alten bäuerlichen Moral in den neuen Industrie-Städten. Wie überall. Der Einfluß der Religion? Finnland ist durchweg evangelisch-lutherisch, von Schweden her missioniert. Der Protestantismus kam mit den Soldaten und Kaufleuten ins Land. Religion: eine Marketenderin, die mit den Soldatenheeren zieht und mit den Händlern. Wie überall. In Varianten. Und ist sie keine Stütze der Moral? Nein. Aber es gebe eine Sekte, die deren Schutz zum Ziel hat. Diese Sekte wurde in der Mitte des 19. Jahrhunderts gegründet von einem Schweden, Laestadius. Ein lutherischer Geistlicher, der den Kampf aufnahm gegen den skandinavischen Alkoholismus und seine Folgen. Aber er wollte mehr: die Rückkehr zu einem spirituellen Christentum. Eine Art Pfingstbewegung. Von den fünf Millionen Finnen gehören immerhin zweihunderttausend dazu. Im großen Lexikon für Theologie und Kirche steht darüber nichts.

Ivalo. Hier habe ich keine Lesung, hierher kam ich nur, weil der Klang des Namens mich faszinierte. Am Flugplatz werde ich abgeholt vom orthodoxen Geistlichen. Russisch-orthodox? Nein, er untersteht Konstantinopel. Ein unerwartet in die Tiefe führendes Abendgespräch über Politik und Religion.

Am nächsten Tag (dem Gründonnerstag) nimmt er mich mit noch weiter in den Norden, in die Dreiländerecke Sowjet-Union, Norwegen, Finnland. Ein schwedischer Arzt fährt mit; er ist Lutheraner und trägt sich schon lange mit dem Gedanken, zur orthodoxen Kirche überzutreten.

Wir fahren zwischen Schneewällen auf einer Straße, die streckenweise noch vereist ist. Der Geistliche fährt vorsichtig, denn im Jahr zuvor rannte ihm ein großer Elch ins Auto und stürzte es um, und dem Geistlichen wurde das Bein gebrochen. Wir fahren und fahren, das Land wird immer einsamer, immer karger, die Fichten werden immer spärlicher, immer niedriger, ihre Äste immer kürzer, die Bäume halten sie dicht am Stamm; Frierende, die ihre Arme eng an den Körper pressen. Die Bäume hier haben schlimme Stürme zu erleben und schwere Schneelasten zu tragen. Die Abenddämmerung dauert lang, das blaßgelbe Licht bleibt wie gefroren über dem leeren weißen Land, auf das die schwarzen Fichten lange blaue Schatten werfen.

Kein Dorf mehr, ab und zu ein einsames Gehöft. Rentierfarmen. Der große Inari-See eine weiße Eisfläche. Jenseits der Grenze liegt Murmansk, der Klang bleibt im Ohr, da war Krieg, da liegen viele Tote. Auch Deutsche. Daß man sich immer noch und immer wieder erinnern muß.

Am Inarisee wohnen die Reste der samländischen Minderheit. Davon erzählt mir niemand, aber ich weiß es ohnehin seit Jahren, als man las, wie sehr und wie lange sich die Samländer gegen den Bau eines Wasserkraftwerkes in Nordnorwegen wehrten. Die Energie, wie sich herausstellte, brauchte man nicht. Die Umwelt war zerstört. In Finnland wird Land, das samländische Heimaterde war, von der NATO zerstört beim Bau von Abschußrampen. Und auch in der Sowjet-Union. Überall, wo Samländer wohnen (verteilt auf vier Staaten), unterdrückt man ihre Proteste und erschwert ihnen das Überleben. Die Samländer waren Nomaden. Sie zogen mit ihren Rentierherden von Weideplatz zu Weideplatz. Ende des 19. Jahrhunderts wurden sie zur Seßhaftigkeit gezwungen. Und gezwungen auch, die Sprache der Nation zu sprechen, in deren Grenzen sie lebten. Die eigene Sprache wurde ihnen verboten, zumindest in den Schulen.

Erinnert mich an Korea, das die Japaner ab 1908 kolonisierten und der Bevölkerung die koreanischen Namen und die koreanische Sprache verboten. Allgemein benützte Taktik bei der Ausrottung des Nationalbewußtseins eines Volkes. Die samländische Jugend, ihrer Sprache beraubt, kann meist weder Samländisch noch auch richtig Finnisch, oder Schwedisch, oder Norwegisch, oder Russisch, wo immer die Samländer leben müssen. Damit sind ihre Aufstiegsmöglichkeiten beschnitten, und damit verelendet ein Volk. Die Sprache also: nicht nur ein Verständigungsmittel, sondern das Wesen selbst. Nimmt man einem Volk die eigene Sprache, verliert es seine Identität.

Ich hörte, daß die Samen heute beginnen, um ihr Minderheitenrecht zu kämpfen. In den finnischen Schulen kann (nicht muß) auch Samländisch gelernt werden, und die Samen dürfen ihren eigenen Namen vor den finnischen setzen. Ein Schritt vorwärts. Aber die Aufstiegschancen sind weiterhin gering. Erinnert mich an das Schicksal der »Zigeuner« (Sinti und Roma).

Unterdrückung von Minderheiten; im Grunde Unterdrückung schwacher Minderheiten durch stärkere Minderheiten.

Was für ein böses Geschöpf ist der Mensch, wenn er Macht hat.

Auf der Nordfahrt fiel mir nicht auf, was ich jetzt bei der Rückfahrt sehe im Schneelicht: so viel Kahlschlag! Daß die finnische Regierung das erlaubt? Habe ich nicht gehört, daß, laut Gesetz, für jeden gefällten Baum ein neuer gepflanzt werden muß? Theorie. Die Praxis sieht anders aus: man schlägt die Wälder ab und verkauft das Holz ins Ausland, nach Schweden, dort wird es verarbeitet, und dorthin gehen die lappländischen Männer als Gastarbeiter. Von rund 200 000 Lappländern arbeiten etwa vierzigtausend im Ausland, in Südschweden, wie überhaupt Skandinaviens Süden industrialisiert und reich ist, während der Norden »Entwicklungsgebiet«, das heißt arm ist. Auch die finnische Wasserkraft wird nicht im eigenen Land genützt, sondern in Schweden. Aber ist nicht die finnische Arbeiterpartei sehr stark? Doch, aber nicht stark genug, um das Süd-Nord-Gefälle auszugleichen.

Daß ich doch nirgendwo einen ungetrübten Genuß haben darf.

Es ist Abend, als wir endlich in Sevettijavos ankommen. Ein paar Höfe, eine kleine Holzkirche, ein tief verschneiter Friedhof mit einem frischen Grabhügel: ein junger Rentierzüchter, der an Krebs starb. So stirbt man selbst hier an Krebs? Hier, wo es keine Industrie, keine Vergiftung von Wasser und Luft, keinen Streß gibt und gesunde Arbeit im Freien. Was also ist Krebs wirklich?

Gründonnerstags-Feier in der kleinen Holzkirche. Vierzehn Personen, darunter die junge Witwe mit zwei kleinen Kindern, die fröhlich ungezogen im Kirchlein herumtollen, niemand wehrts ihnen, jeder hat Mitleid mit den Waisen.

Die schönen Stimmen des Geistlichen und des Vorsängers. Und die vielen Kerzen. Der Duft des Weihrauchs. Und vor den Fenstern die Schneenacht. Wie Weihnachten. Aber es ist Ostern. Nach dem Gottesdienst stellt sich mir eine jüngere Frau vor, sie spricht Deutsch, sie hat in Deutschland eine Kunstschule besucht, sie ist Malerin, sie lebt hier allein, ganz allein. Sie hat einen Freund in Schweden, der jeweils im Sommer kommt für einige Monate. Aber in den langen Wintermonaten, was tut sie da so allein? Sie malt Ikonen, nichts als Ikonen. Wenn alle Schweden und Lappländer in Winterschlaf verfallen und am Sonnenmangel kranken, hat sie ihre beste Zeit. Was für einen inneren Reichtum muß sie haben, um so leben zu können. Sioteka Vuovi heißt sie. Ich möchte sie wiedersehen.

Drei Begegnungen in Helsinki. Weit draußen in den Wäldern ein schönes helles Holzhaus. Hier wohnt der Graphiker Pentti Kaskipuro, der seine Graphiken selber macht von Anfang bis Ende: er zeichnet, schneidet, druckt auf der Handpresse. Seine Objekte sind ganz gewöhnliche Dinge: ein halber Laib Brot, liegende Waldpilze, ein geköpftes Ei, eine durchgeschnittene Kartoffel, ein Rettich, eine aufgesprungene Samenkapsel, ein paar aufgehängte Fische, ein Stück Industrielandschaft, ein toter Vogel, ein zugebundener Sack, ein Tisch mit drei Sesseln ohne Menschen, ein Wäldchen mit hohen kahlen Bäumen, ein einsamer Sessel, selten ein Mensch. Keine Farben, nirgendwo. Es gibt Graphiken Schwarz auf Weiß, und andre, Weiß auf Schwarz.

Was ist das Geheimnis Kaskipuros? Was macht mich frieren beim Anschauen, was ist da so unheimlich, so furchteinflößend? Es sind doch harmlose Gegenstände, die er darstellt, oder etwa nicht? Gibt es harmlose und nicht-harmlose Gegenstände? Es gibt nur harmlose Maler und andre. Alles liegt im Auge dessen, der etwas anschaut. Kaskipuro sieht das Gefährliche, das er in sich trägt, in allem.

Das Erschreckende: er, obwohl erst etwa fünfzig, ist fast blind. Er trägt ungemein dicke, sogar doppelte Augengläser. Er hat den »Star«. Er muß noch sechs oder mehr Monate warten bis zur Operation. Was tun in dieser Nacht? Er ist stark, er wird alles überstehen.

Bei der Bildhauerin Eila Hiltunen. Ich hatte im Park schon das riesige Denkmal für den Komponisten Jan Sibelius gesehen: eine Art Orgel aus Hunderten von Stahl-»Pfeifen«.

Und jetzt die Bildhauerin in ihrem Atelier: eine schmale kleine Zigeunerfigur zwischen gewaltigen Skulpturen, die sie ohne Hilfe selber schafft, das heißt, sie hämmert und schleift selbst, und vom Metallstaub hat sie schließlich sich ein schweres Asthma geholt. Alle paar Stunden muß sie künstlich sich beatmen. Was für eine leidenschaftliche, arbeitsbesessene Person. Sie kann nur von sich selber reden, sie hört nicht zu, sie will, sie kann gar nichts hören, was nicht sie und ihre Arbeit betrifft. Verständlich. Sie ist international berühmt. Aufträge aus und in aller Welt. Riesige Metallfiguren, bezeichnend die Titel: Crescendo, Drohung der Formen, Mystische Faszination der Macht, Lebensflamme; und selbst ein kleiner Wald von Sonnenblumen erweckt im Beschauer Angst, denn die Sonnenblumen haben Blütenblätter wie Krallen, bereit, sich um ein Opfer zu schließen. Keine Blumen, sondern Fang-Fallen für Lebendiges. Selbst ein Kleeblatt wird unter ihren Händen zur spitzigen Drohung. Die Figur »Orchidee mit Kind« (196 zu 160) ist zum Fürchten: eine ihr Kind verschlingende elementar böse Mutter.

Die Nähe dieser Frau erdrückt und ängstigt mich. Aber sie ist eine Meisterin und zu bewundern. Jedoch atme ich auf, als ich wieder auf der Straße bin. Was hat die Frau erlebt, daß sie in solch monumentaler Metallwut sich austobt? Sie spricht böse von »den Männern«. In der Tat hat sie viele Feinde, viele Neider. Sie ist allzu berühmt, um nicht angefeindet zu werden.

Die schönste der drei Begegnungen: die mit dem Maler Viànoja. Ich kenne seine Bilder aus dem Buch der Eurographica, das mir der Verleger und Kunsthändler Pieraccini schickte, der Finne gewordene Italiener; er begleitet mich bei den Künstlerbesuchen.

Viànojas Atelier: dürftig, als sei der Maler ein armer Anfänger oder ein Vergessener. Nichts von beidem: er ist ein Berühmter. Aber ihm ist das gleichgültig, der Ruhm und das Geld. Er hat ein Haus am Meer und eine Familie, aber er lebt meist allein in der Stadt.

Da steht er, klein, mit einem verschlossen freundlichen, geduldigen Bauerngesicht, scheinbar abwesenden Blicks, tatsächlich aber (wie es sich zeigt) hellwach beobachtend. Zunächst schweigt er und läßt mich die Ölbilder anschauen, von denen ich einige kenne und viele zu kennen glaubte, weil ich die oft wiederkehrenden dargestellten Gegenstände erkenne: eine bäuerliche Standuhr, ein Haus im Schnee in der Dämmerung, ein Blick aus dem Fenster auf eine Wiesenlandschaft, ein einfacher Tisch mit einer Blumenvase, ein Bootssteg mit einer Krähe auf dem Geländer, und diese Zimmerflucht: ein Raum mit einer offenen Tür zu einem zweiten Raum mit einer offenen Tür zu einem dritten Raum, der statt einer Tür ein Fenster hat, durch das man ins Weite schaut. Illusion unendlichen Weiterganges, immer weiter, immer mit dem Blick in Ferne, Freiheit, Licht.

Zwei Ölbilder besonders stark: dasselbe Sujet, aber eines in kräftigen Farben, das andre in sehr hellen und zarten. Auf beiden neben der Tür ein Mädchen, einmal kräftig, einmal geisterhaft zart. Dieses fasziniert mich. Ich sage zu P.: Das möchte ich kaufen. P. sagt es Viànoja und übersetzt mir die Antwort: Nein, das sei unverkäuflich. Ich kehre immer wieder zu diesem Bild zurück. Dieses Mädchen auf der Schwelle, vor einer Zimmerflucht, die einen zwingt, sie sich ins Unendliche fortgesetzt zu denken, vielmehr zu fühlen. Plötzlich fragt mich Viànoja, ob ich an Reinkarnation glaube. So eine Frage aus heiterem Himmel. Ich sage ja, das tu ich. Wir reden über anderes. Und wieder aus heiterem Himmel sagt er (P. übersetzt): Dieses Mädchen ist mir erschienen in meinem Haus am Meer. Wieso erschienen? Das Mädchen ist in diesem Meerhaus gestorben, vielmehr: es ist ermordet worden, oder es hat sich umgebracht, nun geht es um. Nochmal die Frage, ob ich an Reinkarnation glaube. Wie er mich dabei anschaut, macht, daß mir ein kühler

Schauer über den Rücken läuft. Dann reden wir wieder über anderes. Plötzlich sagt er: Sie können das Bild haben.

P. wird es mir bringen, wenn er hierher kommt.

Viànoja verkauft ungern Bilder. Vermutlich weil er sie für unfertig hält, auch wenn sie dem Beschauer technisch vollendet scheinen. Er malt sehr lange an jedem Bild. Er meint, das, was er malt, nie genau genug gesehen zu haben, nie bis zu seinem eigentlichen Wesen durchgedrungen zu sein. Einige seiner Bilder zeigen dieses still besessene Bemühen um das, was ich die Vergeistigung der Materie nennen möchte. Man kann sehen, wie ihm unter den Händen das, was zuerst kompakte, kräftig gefärbte Materie ist, immer durchscheinender wird. Ich sage: »Herr Viànoja, Sie entmaterialisieren das, was Sie malen. Sie sind eigentlich ein Platoniker, der darum ringt, mit den Mitteln der Malerei die Idee Ihrer Gegenstände darzustellen, und Sie leiden an einem Zwiespalt: Sie suchen die Idee, lieben aber leidenschaftlich die Materie.« V. fühlt sich verstanden. Eine Freundschaft ist geschlossen. Wir werden uns wiedersehen.

September: Jetzt steht das Bild auf einer Staffelei in meinem Haus. Jeder, der es sieht, bleibt wie gebannt stehen. Franco, Maurer, sagt: Da überläufts mich kalt. (Mi fa un brivido).

›Kalevala‹. Wie kann man von Finnland reden, ohne von seinem großen National-Epos ›Kalevala‹ zu reden. Ich habe Mühe mit nordischen Mythen; ich bin viel zu mittelmeerisch, um die nordische Welt wirklich zu verstehen. Aber ich verstehe doch die große Leistung des Finnen Elias Lennrot, der im 19. Jahrhundert die Sammlung mündlich überlieferter Sagen, Mythen, Lieder zu einem geschlossenen Vers-Epos verbunden hat, das schön ist auch in der deutschen Übersetzung, die den Vers-Charakter mit

allen Rhythmus-Variationen und sogar den Stabreim ohne
Vergewaltigung wiedergibt.

Lange hat mein Lied in Kälte, lang in Finsternis
gelegen,
Lös das Lied ich aus der Kälte, hol ich aus dem Frost
die Verse...
Und noch andre Worte gibt es, zugelernte
Zauberkniffe,
von dem Rain am Weg gerissen, abgeknickt von
Heidekräutern,
ausgerauft aus Reisighaufen, abgezwickt von frischen
Zweigen,
abgestreift von Gräserspitzen, abgepflückt vom
Viehzaumpfade,
Als ich war beim Herdehüten, war, als Kind noch,
auf der Weide...

Schön ist das. Interessant übrigens die im ›Kalevala‹ er-
zählte Schöpfungsgeschichte: nicht ein Mann schuf Himmel und Erde, sondern eine Frau, eine »schwangere Jungfrau«, eine Luftgeistin, die nicht gebären kann, bis eine
Tauchente ihr Nest zwischen ihren Knien baut und dort
sechs goldene Eier legt und ein eisernes. Sechs verschlingt
der Schlick, das siebte teilt sich, aus der untern Hälfte wird
die Erde, aus der obern der Himmel, aus dem Eigelb die
Sonne, aus dem Eiweiß der Mond. Erst dann gebiert die
Jungfrau den Sohn: es ist Väinämöin, der große Sänger.

Brief eines argentinischen Freundes. Er ist ein
Dichter. Er lebt seit vielen Jahren im Exil. Warum kehrt er
nicht zurück, jetzt, da Argentinien doch einen andern Präsidenten hat, einen, der kein Militär-Diktator ist? Ja warum
warum. Unter der Militärdiktatur wurde er eingesperrt wegen seines Kampfes gegen die Regierung; man hat seine
beiden Kinder gefoltert und ermordet. Jene Mörder wurden

von Alfonsín begnadigt (wenn auch unter starkem Druck, freilich, das wohl.) Bestraft wurden etwa ein Dutzend der schärfsten Folterer, für die andern gab es die Amnestie. Ein Dutzend, im Austausch zu Tausenden von uniformierten Mördern. Die Begnadigten bilden heute wieder einen Teil des Militärs. Achtzig Prozent der Richter, welche Rebellen wie J. verurteilt haben, sind wieder im Amt.

Wie bekannt uns das vorkommt: die Nazi-Richter, die Nazi-Ärzte, die Nazi-Professoren – nach 1945 kurze Zeit eingesperrt (oder nicht einmal das, nur aus dem Amt entlassen) und dann gleich wieder in die früheren hohen Stellen. Braun für Schwarz eingetauscht. Aber jene argentinischen Rebellen von damals, die gegen die Regierung kämpften, wurden 1985 von neuem verurteilt. Unter Militär-Druck natürlich.

J. kann nicht in seine Heimat zurück. Er hat zu viele Feinde. Solche, die heute wieder mächtig sind.

Wiener Symposium über Nordkorea, April 1986. Thema: Die Dschudsche-Ideologie. 1980 habe ich zum ersten Mal davon gehört und mich seither fortlaufend damit befaßt. Dschudsche heißt: Freiheit von Fremdem, sei es politischer, ideologischer, wirtschaftlicher, kultureller Natur. Nordkoreas Form von Sozialismus: unabhängig von der Sowjetunion, unabhängig von China, unabhängig vom Westen. Blockfreiheit, Neutralität, Friede. In all diesen Jahren dachte ich an diese wünschenswerte Alternative zu den Blockbindungen NATO und Warschauer Pakt. Aber nie war mir wirklich klar, was für eine Anziehungskraft diese Idee und das Vorbild der Blockfreiheit für die Völker der Dritten Welt hat und nicht nur für sie, sondern für alle Völker, die es satt haben, von einem großen Bruder gegängelt zu werden. (Nur die Deutschen, hüben und drüben, fügen sich brav. O wir Deutschen...)

Zu dem Wiener Symposium kamen rund 140 Delegierte aus rund 70 Ländern, aus Europa, Afrika, Süd- und Mittelamerika und Süd-Ost-Asien, Angehörige unterdrückter Völker und Angehörige von Unterdrücker-Völkern. Universitätslehrer, Politiker, Schriftsteller, Journalisten, Juristen, lauter Leute von geistigem Rang, fähig zu Analysen, aber auch fähig zur Hoffnung wider alle Verzweiflung. Ihre Hoffnung ist gerichtet auf die Dschudsche-Idee. Wie hat denn Nordkorea seine Unabhängigkeit erreicht? Wie schaffte es den Aufbau aus dem Nichts, nach den zwei Kriegen? Wie sieht denn sein Sozialismus aus? Wie hält es Frieden mit China und der Sowjetunion, obwohl es einen ganz andern Weg geht und den Internationalismus des Sowjet-Kommunismus offen ablehnt? Wieso ist Nordkorea ein friedliches, relativ glückliches Land? Ist es möglich, daß dieses Land wirklich seiner Ideologie treu blieb und noch nach vierzig Jahren nicht korrumpiert ist und keine Trennung in Reiche und Arme, Privilegierte und Unterdrückte kennt? Wieso braucht es keine KZ's? Wieso...

Diese Fragen werden auf dem Symposium nicht mehr gestellt, denn alle Delegierten waren bereits zu Studien in Nordkorea gewesen und hatten sich an Ort und Stelle die Antworten erarbeitet. Jetzt sprechen sie darüber, wie man diesen nordkoreanischen »Sozialismus mit dem menschlichen Gesicht« auf Länder der Dritten Welt übertragen kann.

Wie kann man eine Politik machen, bei welcher tatsächlich »der Mensch im Mittelpunkt steht« (dies der Kernsatz der Dschudsche-Ideologie) und nicht Partei-Interesse, nicht Besitz und Macht einiger Privilegierter, nicht die Hegemonie über andre Völker. Wie bringt man ein Volk dazu, daß es ohne Zwang ehtischen Grundsätzen folgt, die nicht aus »der Religion« stammen, aber durchaus übereinstimmen mit der christlichen Ethik: »Du sollst deinen Nächsten lieben wie dich selbst.« Nordkorea kennt dieses Gebot nicht, aber es lebt danach. Die höchste Tugend heißt nicht Nächstenliebe, sondern, aus dem Wortschatz des chinesischen Konfuzianismus übertragen: Ehrfurcht, Treue, Güte, Charakter, Hilfsbereitschaft, Bewußtsein der Gleichheit aller. Im Politischen angewandt bedeutet es: Toleranz, Gewaltverzicht, Friede.

Hätte diese Ideologie ein westlicher Politiker erfunden, proklamiert und dreißig Jahre lang mit Erfolg praktiziert, man hätte ihm den Friedens-Nobelpreis gegeben. Die Delegierten aus Ländern der Dritten Welt verleihen ihn durch Akklamation dem Präsidenten Nordkoreas.

Warum nur nimmt die BRD davon keine Kenntnis? Warum muß sie gegen Nordkorea hetzen? Warum steht beispielsweise Italien positiv zu Nordkorea? Warum hat die Schweiz eine nordkoreanische Botschaft in Bern? Warum...

Unter den vielen Kongreß-Reden eine, die mich besonders fasziniert: der Redner ist ein schwarzer Universitätsprofessor aus Nigeria, der die Konfliktsituation der Länder der Dritten Welt gegenüber der übrigen Welt unter einem psychologischen Aspekt sieht: dem der Vater-Kind-Beziehung. Die Länder der Dritten Welt sahen bis jetzt in denen der Ersten und Zweiten den Großen Vater, der von ihnen Unterwerfung forderte, kraft seiner naturwissenschaftlich-technischen Überlegenheit. Die braunen, roten, gelben, schwarzen Kinder bewunderten den Großen Vater, aber im Erwachsen-Werden fingen sie an, das Spiel zu durchschauen und den Vater zu hassen. Eine zwischen Haß und Bewunderung schwankende Haltung. Jetzt beginnen einige zu revoltieren. Mit den Waffen in der Hand. Eine fragwürdige Befreiung, sagt der Redner, der für Gewaltlosigkeit ist. Jaja, sage ich zu meinem Nachbarn am Tisch, ja, wenns so leicht geht wie auf den Philippinen, wo die antikommunistische katholische Kirche mitspielte, Hand in Hand mit den antikommunistischen USA-Kolonisatoren, die beide nur den Marcos verjagen, aber sonst alles beim Alten lassen wollen. Schon in Südkorea gehts so nicht.

Ein andrer Afrikaner erklärt analysierend den »Personen-kult« in Nordkorea mit dem Versagen der Religion. Das Volk will einen »Vater«. Da die Religionen dem Volk »Gott« nicht nahebrachten, wählte es sich selber seinen Vater.

Ein andrer sagt, das Großartige, das wirklich Neue sei, daß Kim Il Sung das Problem »Eigentum« optimal gelöst habe: es gibt kein Privat-Eigentum, das Geld spielt keine Rolle im Denken und Leben, es gibt kein Streben nach Besitz und darum keinen Neid, keine Habgier, keinen Raubmord; in dieser Frage haben die ausdrücklich besitz-schützenden Re-ligionen (ihrem Gründer scharf entgegen) versagt; ihre Reden sind anders als ihre Taten.

Ein andrer farbiger Teilnehmer zitiert das Evangelium: »An ihren Früchten werdet Ihr sie erkennen.« Nordkorea be-weist die Richtigkeit der Dschudsche-Ideologie mit seiner praktischen Entwicklung.

Ein Afrikaner sagt: »Wir in Afrika haben einen Klassen-kampf und zerfleischen uns selbst. Wir haben keinen Füh-rer, wie ihn Nordkorea hat. Wir haben keine einigende Idee, keine Ideologie, nach der wir uns richten könnten. Wir sind Verwirrte und darum Schwache. Wir müssen die Dschud-sche-Ideologie verstehen und anwenden lernen. Sie nur kann uns Selbstbewußtsein und Kraft geben.«

Zu diesem Wiener Seminar kamen österreichische Politiker und Minister. Obwohl wir am Ende todmüde waren von den vielen Reden in drei Sprachen, waren wir alle gestärkt im gemeinsamen Glauben an einen neuen Weg, der freilich von jedem Volk für sich gefunden werden muß.

Albanienreise. Einladung der Deutsch-Albani-schen Gesellschaft. »Albanien, das verschlossene Land«, und »Albanien, das letzte Geheimnis Europas«. Albanien, das einzige Land der Welt, das den Atheismus in der Verfassung hat. Albanien, das für sich in Anspruch nimmt, als einziges sozialistisches Land der Welt den Kommunismus rein bewahrt zu haben, das heißt, der Linie Marx–Lenin streng gefolgt zu sein. Albanien, das keinen einzigen Verbündeten hat, weder im Westen noch auch im Osten. Albanien, das wir Deutschen in wüster Eintracht mit den Italienern im 2. Weltkrieg überfallen und weithin zerstört haben. Will ich in dieses Land reisen? Eigentlich nicht. Oder doch? Eins der kleinen Länder, die sich tapfer wehren gegen Übermächte. Erinnert an Nord-Korea. Und an Kuba.

Zwischen 1959 und 1964 wohnte ich in Rom an der Piazza Albania (Betonung auf dem i), mit einem Reiterdenkmal. Mein erzener Nachbar, der Kriegsheld, interessierte mich nicht. Ich wußte nicht einmal, wie er hieß, wer er war, wann er gelebt hatte. Es hat schon seine Bedeutung, daß ein katholischer Theologe (Karl Rahner) es war, der mich aufklärte: Der Mann da oben heißt Skanderbeg, er ist der große albanische Freiheitsheld, der im 15. Jahrhundert einen Aufstand machte gegen die islamischen Türken, die Besatzer und Unterdrücker seines Vaterlands, und bei diesem Aufstand half ihm der römische Papst, denn Skanderbeg war katholisch und wie der Papst anti-islamisch. Freilich wurde Skanderbeg besiegt, und Albanien blieb osmanisch-islamisch für vierhundert Jahre, bis zur Niederlage der Türken im 2. Weltkrieg. Bis zum Sieg der kommunistisch-marxistischen Revolution. Bis der Partisan und nachmalige Staatschef Enver Hoxa seinen kleinen, aber unabhängig kommunistischen Staat gegründet hatte, wozu auch gehörte, daß die drei verschiedenen Religionen in diesem Volk (damals etwa zwei Millionen) unter eine einzige Flagge gebracht wurden: die kommunistisch-atheistische. Es gab nicht nur den durch die türkischen Kolonial- und Feudalherren eingebrachten Islam, zu dem Dreiviertel des Volks sich bekannte; es gab auch das Christentum, jedoch geteilt in das griechisch-orthodoxe und das römisch-katholische, dies als kleinste Minderheit, aber einflußreich. Enver Hoxa setzte in die Staatsverfassung einen Paragraphen, den kein andrer Staat der Erde kennt: Albanien ist ein atheistischer Staat. Erst 1967 kam die Ausführungsbestimmung: das Verbot jeder öffentlichen Religions-Ausübung.

Warum erst 1967?

Ich hatte bei meiner zweiten Albanienreise in Durres ein Gespräch mit Lehrern. Es waren jene, die seinerzeit als Studenten den Vorschlag gemacht hatten, Religion überhaupt auszuschalten aus Staat und Gesellschaft. Wozu Religion? fragten die Lehrer, die jene Studenten gewesen waren. Wozu? Religion ist antikommunistisch, Religion gehört zur bürgerlichen, vorrevolutionären Zeit; Religion trennte unser Volk in drei Gruppen, die sich befeindet hatten; Religion ist nicht Religion, sondern Politik; Religion kam immer mit fremden Herren ins Land; im Namen der Religion wurden wir versklavt und unsrer Identität beraubt; im Namen der Religion wollte man uns zu Verbündeten fremder Mächte machen. War es nicht immer und überall so? Die katholischen Spanier in Latein-Amerika: sie kamen als Eroberer, als Räuber; das heutige Elend dort ist die Folge der Ausbeutung und Versklavung. Wie wars mit den christlichen Franken und ihren Massenmorden im heidnischen Germanien? Und wie wars mit den Religionskriegen in Deutschland: Christ gegen Christ! Und wie ists mit der innigen Verbindung der USA und der katholischen Kirche auf den Philippinen? Und ist der Kampf der christlichen Kirchen des Westens gegen den Kommunismus wirklich der Sorge um die Religion entsprungen? Und... und: Wir hier fallen auf diese Lügen nicht mehr herein; wir brauchen keine Kirchen, sagen die Albaner.

Erinnert mich an mein Gespräch vor einigen Jahren in Pyoengjang mit dem Helfer des evangelischen Pastors, der nicht mit andern Christen vor dem nordkoreanischen Kommunismus geflohen war. Er ist weiterhin gläubiger Christ. Unbehelligt in diesem Land, in dem Religionsfreiheit verfassungsmäßig garantiert ist. Er hat drei jetzt erwachsene Kinder. Meine Frage: ob die Kinder auch in seinem Sinne gläubig sind. Nein; sie sagen: Vater, wir verstehen dich; du warst arm und von den Japanern und den Feudalherren unterdrückt; du hast Trost gebraucht; den gab dir dein Christentum; aber wir, wir sind unter Kim Il Sung frei und glücklich; was soll uns Religion?

Nicht nur in atheistischen Ländern, sondern auch in westlich-christlichen höre ich die Frage: Wozu Religion? Mein Plan, über die »gottlosen Länder« zu schreiben, nimmt einige Form an. Meine Erfahrung mit der Sowjetunion liegt zu weit zurück, als daß ich darüber heute etwas sagen kann. Und Kuba kenne ich noch nicht, nur durch Fidel Castros Buch ›Mein Glaube‹, sein Gespräch mit einem brasilianischen Dominikaner-Pater.

»Die gottlosen Länder«: ein provokatorischer Titel. Ich will zeigen, daß wir umdenken müssen.

Diese Gedanken, schon vorher gehegt, werden mir drängend lebendig in der alten schönen byzantinischen Kirche von Berat. Wie wird mir denn da vor der großen Ikonenwand mit den spätbyzantinischen Heiligenbildern auf Goldgrund? Ist es sentimentales Heimweh, was mich den Duft nach griechischem Weihrauch und Honigwachskerzen entbehren läßt? Diese Kirche, wie viele ausgespart beim Bildersturm, ist schön restauriert, aber es ist keine Kirche. Oder doch? Meine Antenne fürs Sakrale nimmt den Duft einer Anwesenheit wahr, die von niemand vertrieben werden kann. Jahrhundertalter Glaube hat sich eingenistet in Holz und Stein. Das habe ich auch in Nordkorea erlebt: da sind die alten buddhistischen Klöster staatliches Kulturgut und die wenigen Mönche Museumswächter. Und doch: auch da die Anwesenheit geheimnisvoller Kräfte. Diese

Kräfte sind vorher da, ehe Menschen sie aufspüren und ihre Kultstätten dort errichten.

Meine Frage an einen albanischen Kollegen: Kann man Religion ausrotten? Seine Antwort: Man kann die öffentliche Ausübung von Religion verbieten, aber niemand ist so töricht, zu verbieten, daß jemand seine Ikonen-Ecke hat und dort betet, wenn er meint, er brauche das.

Meine Frage: Braucht es jemand, da Ihr doch einen neuen Menschentyp geschaffen habt?

Man rottet bürgerliche Gewohnheiten nicht so leicht aus.

Ich denke an die Sowjetunion, wo nicht nur Sagorsk immer voller Wallfahrer ist, sondern wo die junge Generation die Geschichte des Revolutionärs Jesus neu entdeckt hat. Ich denke an Nordkorea, wo man wieder beginnt, sich für den Buddhismus zu interessieren, »aus kulturhistorischen Gründen«, und wo man die von mir keineswegs geheim eingebrachte Bibel (in Koreanisch, aus Südkorea) interessiert liest, obwohl ich nicht im Leisesten an so etwas wie »Missionierung« denke; o nein, dort schon gar nicht, wo man das christliche Ethos so streng und schön praktiziert. (Höchste Staatsbürger-Tugend: Güte, Hilfsbereitschaft, Liebe.)

Und Fidel Castro: warum läßt er seine Kommunisten in die Kirche gehen? Ist das keine Gefahr für den sozialistischen Staat? Und warum gehen die Kommunisten in die Kirche? Warum fordert Nordkoreas Staatspräsident einen ehemals in die USA emigrierten Geistlichen auf, bei seinem Besuch in der alten Heimat vor dem Essen ein Gebet zu sprechen? Warum...

So einfach ist die Sache mit der Religion nicht. Nur: was ist Religion wirklich? Und wer oder was ist Gott? »Nicht jeder, der sagt ›Herr Herr‹, ist gerettet...« In der Nacht nach dem Besuch in Berat schlafe ich wenig und nicht nur, weil der Fensterladen klappert. Ich denke und denke und denke: warum, Ihr Religiösen in Albanien, habt Ihr Euch so blindwütig dem sozialistischen Aufbau entgegengestellt? Wärs nicht anders gegangen? Wäre die Synthese nicht gelungen, wenn beide Partner sich auf ihren Kern geeinigt hätten: Liebe zum Land, Menschenliebe, Opfer fürs Ganze, Verzicht auf Eigentum und »Konsum«. Wäre eine »Befreiungstheologie« nicht mit einem »Befreiungs-Sozialismus« zu verbinden?

Plötzlich packt mich ein großer Zorn. Warum, Ihr Christen, habt Ihr Euch getrennt in Ost- und Westkirche? Warum? Hat das christliche Volk hier wie dort je begriffen, was Ihr Theologen da so blutig ausgekämpft habt? Eine theologische Spekulation um ein Wort: filioque. Nämlich: der Heilige Geist, dritte Person in der Gottheit, ging hervor aus dem Vater und dem Sohn: »filioque«. Wer von uns verstehts, und wen gehts was an? Das Wort wurde plötzlich ins Credo eingeführt, nachdem es vorher hieß: per filium. Durch den Sohn. Nun, und? Dieses Wörtchen filioque war der Zündstoff für die Trennung von Ost- und Westkirche, und selbst Theologen, welche die Sache nicht bestritten, lehnten sich auf gegen die nachträgliche Einführung ins Credo. Aus formaljuristischen Gründen. Ist es zu glauben, daß die Sache, im 8. Jahrhundert begonnen, noch heute Streitpunkt ist? Vor allem die Russisch-Orthodoxen sperren sich. Und dabei hatten die Theologen auf dem Konzil von Florenz 1439 sich schon geeinigt: das Wort sei legitim eingefügt. Kaum waren die Russisch-Orthodoxen wieder zu Hause, schworen sie ihrer eigenen Zustimmung ab. Und so blieb es. Wer kanns verstehen außer ausgepichten Theologen? »Die haben Sorgen!«

Und die Mystiker, die verstehen können, worum es geht, sind schon auf jener Seite der Erkenntnis, dort, wo die rationale Theologie überwunden ist. Und warum gehen Christen nicht gemeinsam zu Tische, um das Brot der Liebe zu essen, Eucharistie genannt? Ja warum. Weils der Papst verbietet. Darum. Das filioque von heute heißt: »sein« oder »bedeuten«. Das IST der Leib Christi. Nein: es BEDEUTET ihn nur. Die beiden Wörtchen trennen uns! Ist es nicht absurd?

Mein Nachtzorn geht weiter: was ist denn mit uns westlichen Christen? Protestanten, Katholiken, Anglikaner, Zwinglianer, Calvinisten, Methodisten, Altkatholiken... Ihre Fehden, ihre blutigen Kriege. Und weiter: die Moslem, seit dem 7. Jahrhundert zerstritten: Sunniten und Schiiten, Iran und Irak verfeindet, im Namen Allahs einander mordend... Ja, was ist Religion, wenn sie zu Kriegen führt statt zu Brüderlichkeit und Weltfrieden? Ist da der nordkoreanische und albanische Sozialismus nicht das Bessere, der christlichen Ethik praktisch Nähere? (Diese Frage muß man stellen dürfen.)

Eben fand ich in einem der Albanischen Hefte ein Gedicht des albanischen Dichters Naim Frasheń, Ende des 19. Jahrhunderts geschrieben; es könnte von heute sein:

Wir glauben an den Herrn, der wahrhaft ist,
denn alles, was wir sehen, ist er selbst,
und der Mensch ist uns Tempel,
dort finden wir auch die Gottheit.
Engel nennt man das gute Selbst
und der Teufel ist die niederträchtige Tat...
In unserm Herzen finden wir den Herrn
Sein Haus ist unser Herz.
Heraus in die Öffentlichkeit zu kommen
Ist der Wunsch des Herrn
Er schuf den Menschen
und ist dort selbst.
Ein Mensch, der sein Selbst erkennt,
der weiß auch, was die Gottheit ist.

Die albanischen Frauen. Ein langes Gespräch mit Lardie Leba und Leonora Garzo, den Leiterinnen der Frauenorganisation. Sie sprechen Französisch und Italienisch. Sie sind Akademikerinnen wie ein großer Teil der

Frauen Albaniens. Die ersten Albaner mit akademischen Titeln waren Frauen. Sie waren Partisaninnen gewesen (rund sechstausend von ihnen) und wurden nach dem Krieg als erste zum Studium geschickt, während die Männer noch die härteste Aufbauarbeit leisteten. Als Partisaninnen hatten sie mit aller Selbstverständlichkeit ihre Gleichberechtigung erhalten, und da Enver Hoxa samt der Partei betont auf ihrer Seite war, machte sie ihnen niemand streitig. Wenigstens nicht offiziell und nicht offen. Aber Männer sind Männer, und albanische Männer hatten während der vierhundert Jahre islamischer Türkenherrschaft gelernt, daß die Frau eine Ware ist wie eine Kuh, daß sie geschlagen werden darf, wenn sie nicht gehorcht, daß sie als Analphabetin gefügiger ist und in der Gesellschaft als ein Nichts gilt. Und nun war das mit einem Mal ganz anders: die Frauen studierten, sie lernten rasch, sie bekamen wichtige Posten in den politischen Kadern, an wissenschaftlichen Instituten, im Zentralkomitée, in der Regierung. Nach rund vierhundert Jahren Sklaverei im Patriarchat ist die Frau frei: frei von Unwissenheit, frei von der Verschleierung, frei vom Verbot, das Haus ohne Begleitung eines Mannes zu verlassen, frei für jede Karriere. Bei meinem Seminar mit den Germanistik-Studenten der Universität Tirana frage ich, wie es denn heute praktisch mit der Gleichberechtigung steht. Ein Student sagt eifrig: Natürlich sind unsre Frauen absolut gleichberechtigt. Ich sehe zwei Studentinnen lächeln. Worüber? Darüber, daß diese Gleichberechtigung durchaus nicht so »natürlich«, so selbstverständlich ist: sie muß immerzu neu erkämpft werden. Und wie, frage ich, ist es denn praktisch in der Familie? Mann und Frau gehen zur Arbeit, die Kinder sind im Kindergarten oder in der Schule und in der Tagesschule (man hat mindestens drei Kinder, Albanien braucht Menschen), nachmittags kommen Mann und Frau heim, der Mann geht einkaufen und kocht (das war immer so, auch in vorrevolutionärer Zeit; eine islamische Frau durfte sich nicht öffentlich zeigen), er erzieht die Kinder; die Frau wäscht, putzt, näht... Und wer bestimmt über das Haushaltsgeld? Beide. Und wer über Fragen der Kinder-Erziehung? Beide. Und gibt es Scheidungen? O ja. Und wer bekommt dann die Kinder? Je nachdem. Mehr erfahre ich darüber nicht, als daß »der Staat dafür sorge«.

Ich treffe die Arbeiterinnen in der Textilfabrik bei Tirana. Tausend Frauen, auch die Leiterinnen und die oberste Direktorin. Die Frauen sehen gesund aus und sind unbefangen. Es gibt eine Werksbücherei. Viele Bände, sichtlich gelesen. Victor Hugo, Gorki, Tolstoi, Shakespeare, Schiller... Einiges in Französisch und Englisch. Schwere Literatur. Wer liest die denn? Wer? Unsere Arbeiterinnen. Wann? Am Abend zu Hause. Aber so schwierige Bücher? Wieso nicht, alle unsre Arbeiterinnen haben mittlere Reife. Wir haben, sagt die Direktorin, viel nachzuholen, was Kultur angeht, bis wir auf europäischem Niveau sind; während der Türkenzeit waren wir ja Analphabeten, und das ist erst rund vierzig Jahre her.

Ich will eines Abends in Tirana in die Oper gehen: das Stück eines modernen albanischen Komponisten. Das Theater ist so gut wie leer. Wieso? Ich habe in keinem sozialistischen Land leere Säle gesehen. Aber hier in Tirana? Müßt Ihr denn nicht? Müssen? Aber nein. Und warum geht Ihr nicht freiwillig hin? Weil uns das Stück nicht gefällt. Soviel Freiheit habt Ihr? Wie denn nicht? Wir wissen doch selber, was gute Kunst ist, was nicht; hier entscheidet das Volk; wir müssen zeigen, was wir wollen, was nicht. Das Stück ist allzu simpel nationalistisch, wenn auch gut aufgeführt. Die Albaner sind sehr musikalisch und haben großartige Stimmen. Übrigens war einer der größten Schauspieler Europas, Alexander Moissi, Albaner.

Mein Besuch am Grab Enver Hoxas (Hodscha gesprochen). Es liegt auf einem Hügel nahe bei Tirana. Ich erwarte ein großes Monument. Es gibt so eines, aber es stellt nicht Enver Hoxa dar, sondern eine Frau mit erhobenem Arm und wehenden Gewändern: »Mutter Albanien«. Enver Hoxas Grab ist ergreifend einfach: eine liegende Steinplatte mit seinem Namen und Geburts- und Todesjahr. Zwei Soldaten halten Ehrenwache. Hin und wieder kommen Leute, legen Blumensträußchen auf den Stein und verweilen still. Kein Personenkult. Nur Dankbarkeit, Verehrung, stumme Liebe. Enver Hoxa, ein ungewöhnlicher Mann. Zu früh gestorben. Jeder Nachfolger muß sich an ihm messen. Nicht einfach. In der albanischen Botschaft in Rom hängt das große Bild Enver Hoxas noch zwei Jahre nach seinem Tod am Ehrenplatz, und viel kleiner an der andern Wand das Bild des Nachfolgers, Ramiz Alia.

Wie streng führt er, als Hoxas Nachfolger, sein Volk? Die Leute scheinen ruhig, furchtlos, zufrieden, eher heiter.

Meine Frage: wird der beginnende Tourismus nicht Bedürfnisse wecken, die zu Korruption führen? Ist es eigentlich gut, daß die Albaner das italienische Fernsehen anschauen mit Gewalt- und Pornofilmen? Ich würde das verbieten. Nicht nur in Albanien würde ich solche Filme verbieten, wenn ich könnte.

Die große katholische Albanerin: Mutter Teresa. Sie ist Jugoslawin nur vom Paß her, aber von der Abstammung her Albanerin, echte Cipetara. Und sie ist katholisch, Ordensfrau sogar. Vor mir liegt die Reproduktion eines albanischen Gemäldes, es heißt Mutter. Eine junge Frau mit dem Säugling an der Brust, über den Knien schußbereit das Gewehr. Eine Partisanin. Durchaus denkbar, daß Teresa so eine Frau gewesen wäre, hätte sie ihr Schicksal nicht auf einen andern Weg gerufen. Die wachsamen Augen der Partisanin, das scharfgeschnittene Gesicht, der entschlossene Mund, die Unbedingtheit, die Bereitschaft zum Selbstopfer für Großes, das treue Festhalten am gewählten Glauben, der Stolz, und die Wärme in den Augen, das ist die albanische Frau.

Ich habe auch auf der zweiten Albanienreise nicht die Rede auf sie gebracht. Es ist schon schwierig für die atheistischen Albaner, daß diese große Tochter des Landes, dieses Urbild einer albanischen Mutter, liiert ist mit dem Erzfeind, dem römischen Papst. Wenn der im italienischen Fernsehen am Bildschirm erscheint, wird von einer Zentrale aus abgeschaltet, sagt man mir.

Dezember 1986: eben bekam ich den Bericht vom 9. albanischen Parteitag. Darin ist viel die Rede von dem Wunsch, die guten Beziehungen, die Albanien mit seinen Nachbarn aufgenommen hat, weiter auszubauen. Freilich: »Wir sind für friedliche Ko-Existenz, aber nicht für ideologische Ko-Existenz. Als Kommunisten sind wir gegen das bürgerliche, kapitalistische System. Doch dies darf nicht zu einem Hindernis für normale staatliche Beziehungen werden.«

Beim Aufräumen von Papieren finde ich ein Einzelblatt aus einer fotokopierten englischen Arbeit über die Juden in Albanien. Die Seite beginnt erst mit 1685. Da war der türkisch-venetianische Krieg (1683–1686), bei dem die ›Heilige Liga‹ gegründet wurde: das Militärbündnis zwischen Österreich, Polen und Venedig mit Unterstützung von Papst Innozenz XI. Dies nebenbei. (»Heilige« Liga!!!)

Nun: damals floh ein Teil der albanischen Juden nach Berat, die andern wurden eingesperrt oder expatriiert. Bei dem Befreiungsaufstand der Albaner 1911 wurden die Juden beschuldigt, mit den Unterdrückern kollaboriert zu haben. Was mit ihnen geschah, steht nicht da. Nach dem 1. Weltkrieg gab es 204 Juden in Albanien. Sie hatten keine Organisation, keine Rabbiner, keine Synagogen, keine Schulen. Aber garantiert war ihnen die Religionsfreiheit. Das blieb so, und deshalb suchten ab 1935 deutsche und österreichische Juden Zuflucht in Albanien. Dort wurden sie offiziell beschützt. Auch als die Italiener 1939 im 2. Weltkrieg Albanien annektierten, blieben die Juden unbehelligt, und als die

Nazideutschen 1943 einmarschierten, wurden die Juden von den Albanern versteckt und beschützt. Aber die Deutschen verlangten die Auslieferung, und so wurden viele Juden gefunden und deportiert. Sie wurden in Jugoslawien und in Bergen-Belsen umgebracht. Die im Land verbliebenen Juden (40 Namen sind bekannt) hatten teilgenommen am Partisanenkampf gegen die Faschisten. Heute sind die Juden so vollkommen in die Bevölkerung integriert wie die Zigeuner, die ebenfalls beschützt worden sind. Natürlich ist den Juden genauso wie den Moslem und den Christen die öffentliche Ausübung ihrer Religion verboten, doch, so lese ich auf der Rückseite des Blattes, es sei den Juden erlaubt, ihr Passah-Fest zu feiern in beschränktem Maß. Der Bericht stammt von 1971.

Was mich reut. Nach der Lesung in St. Bonifaz in München eine Diskussion. Ich bin müde nach der Hamburgreise und gar nicht gut in Form. Es geht um die leidige Vergangenheits-Bewältigung in der Literatur. Ich habe meine Geschichte ›Hinkela‹ gelesen (die Frau eines SA-Mannes versteckt ein Judenkind, wird entdeckt, verurteilt, mit dem Jungen deportiert und stirbt bei einem Luftangriff unter Gewehrschüssen kurz vor Auschwitz). In der Diskussion steht ein alter Herr auf und beginnt aufgeregt, und wird immer aufgeregter, zu reden. Es geht ihm, jetzt kommts heraus, um den »Schmachfrieden von Versailles«. Das Wort aus der Nazi-Sprache bringt mich in Rage. Ich antworte zornig. Ich ertrage aggressiven Deutsch-Nationalismus nicht. Ich sage: »Ja, und wer hat den 1. Weltkrieg begonnen, dem dieser Schmachfriede folgte?« Meine Rede geht schon unter im Abklatschen der Zuhörer, die den Mann auch nicht hören wollen.
Hernach tats mir leid. Es war falsch, daß ich ihn nicht weiterreden ließ. Freilich: er hätte eine Rede gehalten, schäu-

menden Mundes, eine wild politische, eine peinliche. Aber
ich hätte ihm doch wenigstens für eine Weile zuhören müssen. Vielleicht hatte er nie sonst eine Gelegenheit, öffentlich zu sagen, was seit Jahrzehnten an ihm frißt. Ich wüßte
gern, wer er ist, dann könnte ich ihm schreiben und mich
entschuldigen. Noch nach Monaten quält mich diese
Szene.

        Schuscha. Seit Ingeborg tot und Michael fortge-
zogen ist, betrete ich ihr Haus in Genzano nicht mehr. Frau
D., Mieterin, berichtet mir: Da, wo die Hündin Schuscha
begraben ist, wächst weder Gras noch eine Blume; man hat
mehrmals Grassamen gestreut und Blumen gepflanzt;
nichts gedeiht, während dicht daneben, auf Ali Babas Grab,
das schönste Gras wächst.
Ali Baba, der liebe schöne Dalmatinerhund, vor Jahren an
einer Krankheit gestorben. Schuscha, die Ingeborg aus dem
Hunde-Asyl holte, mußte getötet werden, weil sie, immer
schon heimtückisch, nach Ingeborgs Tod gefährlich bösartig
wurde und selbst die Familienmitglieder biß. Man mußte
den Tierarzt rufen. Er gab ihr eine Spritze. Die tödliche Do-
sis. Jeder Hund stirbt daran sofort. Nicht aber Schuscha. Sie
wehrte sich. Eine zweite Spritze. Auch sie wirkte nicht. Erst
die dritte erlöste sie und die Umstehenden. Sie wurde begraben im Garten neben Ali Baba.
Warum wächst nichts auf ihrem Grab?
Eine Erklärung: das starke Gift der drei Todesspritzen hat
die Erde vergiftet. Banale Erklärung. Keine Erklärung.
Es ist anders: Schuscha wurde ermordet von Menschen-
hand, und ihr Herr stand daneben und rettete sie nicht. Im
Gegenteil: er war es, der den Mord wollte. Hatte Schuscha
nicht recht, daß sie den Menschen von Grund aus miß-
traute? Paßte die letzte tiefe Enttäuschung nicht genau in
die Schicksalsfigur dieses armen Hundes? Tinka, der zweite

Findelhund, ein Hündlein, trauerte nach Ingeborgs Tod kurze Zeit, dann schloß sie sich entschieden den neuen Herren an. Mit so einem Charakterchen lebt man freilich leichter.

Tschernobyl. Am 25. April Lesung im Tübinger Theater. Schlecht gelesen, mühsam, sonderbar blockiert. Am 26. in Zürich ebenso, am 27. in Basel verstärkt. Ich fühlte mich krank und doch nicht. Fremdes spukte in mir und war ungreifbar, ich hatte blaue Lippen. Da ich Erdbeben, auch ferne, vorausfühle, dachte ich, das wärs, aber das war es nicht: am 27. nachts hörte ich die Nachricht vom Unglück in Tschernobyl. Auf welchen Wegen kommt solches Vorwissen zustande? Wenn man aufhört, sich die Zeit als eine Linie vorzustellen, bei der etwas vorher und etwas nachher kommt, versteht man Phänomene wie Telepathie. Zeit ist Gleich-Zeit, Gleichzeitigkeit. Alles ist immer da, alles kann immer gewußt werden, Vergangenheit und Zukunft. Wir sind nur das Zusammenschauen nicht gewöhnt. Nur besonders sensible und auf dieses Wissen eingeübte Leute vermögen räumlich und zeitlich Fernes als Gegenwart zu erleben. Es kann natürlich sein, daß ich kein PSI-Erlebnis hatte, sondern ganz natürlich die Radioaktivität spürte als leibliche Belastung.
Ob ich Angst hatte, als das ukrainische Ereignis bekannt wurde? Angst vor dem Fall Tschernobyl und den Folgen? So nicht. Nicht vor dem Fall Tschernobyl. Das ist ja nur einer von vielen ähnlichen, die passierten und die man uns verheimlicht oder verharmlost hat. Schon lange können wir wissen (wenn wirs nicht verdrängen), daß in der Nähe von Kernkraftwerken in England und in den USA Krebskrankheiten sich unheimlich vermehren, bei Kindern besonders, die an Leukämie sterben. Ja, ja, man weiß es, aber die Zivilisation fordert eben Opfer. Als ich in Indonesien war, er-

zählte man mir, daß man bis vor kurzem beim Bau von Brücken ein Kind (oder einige Kinder) lebend einmauerte: Opfer an die Götter. Davor schaudert uns, nicht wahr? Wir opfern viele tausend Kinder beim Bau von Atomkraftwerken, wir opfern sie einem Götzen, der technischer Fortschritt heißt. Was für Teufel sind wir doch. Und wie töricht. Wir opfern ja uns selbst.

Hatte ich also Angst? Ja: vor unsrer Hybris. Angst hatte ich, als ich las, daß die Amerikaner ihre neue bemannte Weltraumrakete Challenger nannten: Herausforderer. Wen forderten sie heraus? Die challenge wurde beantwortet mit der Vernichtung der Rakete und dem Tod von sieben Menschen. Angst ganz andrer Art hatte ich, als ich hörte, daß die BRD von der Sowjetunion einen hohen Schadenersatz forderte für die Verseuchung von Gras und Milch. Wenn alle Völker, denen wir mit unsern Waffen (auch Giftwaffen) im Krieg oder durch Unterstützung von fremden Kriegen durch Waffenlieferungen helfen, Schadenersatz in aller Höhe von uns verlangen würden? Wenn wir alles Leid, das wir über andre Völker direkt und indirekt brachten, mit Geld bezahlen müßten? Ich schäme mich der Schäbigkeit unsrer Regierung. Hier ist doch nur Mitgefühl am Platz, denn die Arbeiter, die in Tschernobyl starben oder doch erkrankten, sind Menschen und unsre Brüder. Wie verdorben ist unser politisches Denken. Davor, und vor den Folgen, habe ich Angst.

Mir tats leid um Gorbatschow. Der hatte keine Schuld, aber man weiß ja, wie politische Verteufelung funktioniert. Was für ein gefundenes Fressen ist der Fall Tschernobyl für die antisowjetische, antisozialistische Presse. Und nützlich den USA als Ablenkung von den schweren inneren Problemen.

Nochmals die Frage nach meiner Angst. Für mich also: nein; so einfach nicht. Aber als ich, einige Tage nach dem Bekanntwerden des Falls, durch meinen Garten ging und mein Hund, wie alle Hunde tun, Gras fressen wollte zur Darmreinigung, rief ich: »Nein, friß kein Gras, es ist giftig!« Das war wie im Märchen von Brüderchen und Schwesterchen: »Trink nicht aus dem Bach, sonst wirst du ein Reh.«

Wenns nur das wäre, ein Reh werden. Friß kein Gras, sonst frißt du Gift!

Meine Rosen anschauend, die dieses Jahr auffallend reich blühen (radioaktive Wirkung?), dachte ich: Wißt Ihr Schönen, daß Ihr radiumverseucht seid? Wie lange werdet ihr widerstehen?

Und einige Tage später in Rom: wie anders schaute ich die Menschen an, die tausend Unbekannten: Ihr Todgeweihten, Ihr tragt den Krebs in euch, Ihr und eure Kinder. Wir alle. Wir alle im selben schwarzen Schiff, das zur Toteninsel schwimmt.

Ich habe die Menschen nie vorher so stark geliebt.

Weitergedacht über die Ursache meiner Trauer beim Gedanken an den Tod nicht der Menschen (das ist ein andres Kapitel), sondern der Rosen, der Bäume, all der geliebten Dinge dieser Erde, die unser Schicksal teilen. Wie wird das sein: eine Erde ohne Leben? Oder doch große Landstriche, ganze Kontinente, eine Steinwüste? Oder nicht einmal mehr das: unser Planet ein toter Stern, eins der schwarzen Löcher im Kosmos, das sich als Stern nur mehr dadurch zu erkennen gibt, daß X-Strahlen auf ein unsichtbares Hindernis prallen und in ihrer Richtung abbiegen.

Aber wer beobachtet das denn noch? Wo sind dann wir, die Menschen?

Eine törichte Frage. Ich stelle sie nicht für mich. Denn für mich sieht das so aus:

Es gibt kein Zu-Nichts-Werden von etwas, das ist. Es gibt nur Verwandlung vom Leben in Tod, von Tod in Leben. Auch tote Sterne sind nicht Nichts, sondern Etwas, und jedes Etwas hat die Tendenz zur Wandlung; ein toter Planet

beginnt eines Tages wieder zu leben. (Sagen die Astrophysi-
ker). Ja, aber wir Menschen, wo sind wir inzwischen? Tot,
nicht-tot auf dem toten, nicht-toten Stern?

Ich stelle mir das anders vor und habe gute Gründe dafür,
die widerlegbar sind, was mich aber nicht davon abbringt,
zu wissen, was ich weiß.

Nämlich: »Im Anfang war das Wort«; der logos, die Fülle
des Seins und also die Fülle des Seienden. Noch gab es keine
Materie, sondern nur »Geist«, und der Geist war die Schöpferkraft; nicht aus dem Nichts schuf der Schöpfer, sondern
aus der Fülle (was dasselbe ist). Die Fülle enthielt die Ideen
aller Formen, in denen sich der Geist manifestieren kann.
»Und Gott sprach: es werde... Es werde Licht, es werde
Gras, es werden Vögel...«. Und das Vor-Gedachte WURDE,
das heißt: jede Geist-Gestalt bekam eine Entsprechung in
der Materie. Das Eigentliche jeder materiellen Erscheinung
ist die Idee von ihr. Ideen aber, als Geist, sind unzerstörbar.
Zerstörung ist scheinbar: nur die materielle Form ist nicht
mehr da; die Idee von ihr bleibt. »Himmel und Erde werden
vergehen, aber meine Worte werden nicht vergehen«
(Matth. 24,35). »Meine Worte«: Gottes Ideen, die »alles
neu machen«. Was passiert, passiert nicht dem Eigentlich-
Wirklichen. So wird es denn immer die Rose geben, die
Grasmücke, die Nachtigall, die Birke und was sonst wir lieben, denn: was Geist ist, das ist Schöpferkraft, und die ist
nicht nur in dem Wesen, das wir Gott nennen oder Welt-
geist oder Brahman, sondern auch in seinem »Ebenbild«,
dem Menschen. Der Mensch kann »ex nihilo«, aus seiner
Phantasie, sich seine Welt neu erschaffen, denn er trägt sie
in sich, als Idee.

Warum also den Verlust der materiellen Erscheinung fürchten. Ist nicht in der Bibel die Rede vom »neuen Himmel«
und der »neuen Erde«? Der verwandelte Mensch wird in der
verwandelten Welt leben.

Wie ist das aber mit der Verwandlung?

Aus der Physik weiß man: alles ist Welle, alles ist Schwingung. Durch Veränderung der Schwingungszahl verändert sich die Materie. Aber wie ists dann mit dem Menschen, der doch nicht nur Materie ist?

Die seltsame Stelle im Evangelium bei Matthäus 24 über die »Wiederkunft Christi«: Sonnenfinsternis, das Fallen der Sterne vom Himmel, der Posaunenschall... Dieser Posaunenschall, der »die Toten erweckt«: der mit seinen Schwingungen alles auf neue Schwingungszahlen bringt...

Und dazu die Prophezeihung, daß nicht alles und nicht alle vernichtet werden: »Dann werden zwei auf dem Felde sein; der eine wird hinweggenommen, der andre zurückgelassen; zwei werden mahlen in der Mühle; der eine wird hinweggenommen, der andere zurückgelassen...« Hinweggenommen? Nicht mehr sichtbar sein? Verwandelt? Welcher wird verwandelt und gerettet? Jener, der bereit ist zur Verwandlung; jener, dessen materielle Existenz offen ist für den Geist. Der geistige Mensch. Der Mensch, für den der Geist unendlich viel wichtiger ist als die Materie. Der Mensch, der glaubt, hofft, liebt.

Die »Auferstehung« des Jeschua: er, wiewohl als Mensch in der Materie, war doch »ganz Geist«, ganz frei vom Hängen an Materiellem; daher die rasche Umwandlung seines getöteten Leibes in den Auferstehungsleib, unser eigenes Schicksal vorwegnehmend, vorlebend. »Wenn er nicht auferstanden ist, dann ist all unser Glaube Torheit.« So Paulus.

Alles in allem: »Drangsale werden kommen« (Matth. 24), und sie werden ganz plötzlich kommen, aber sie werden nicht totale Vernichtung bringen, sondern die große Wandlung. Man kann das auch im Alten Testament beim Propheten Ezechiel lesen und in der ›Offenbarung‹: »Und der erste Himmel und die erste Erde sind vergangen... In die neue Stadt wird nichts Unreines eingehen...« »Die Toten werden das Wort des Höchsten hören: er wird die Gebeine mit Fleisch umkleiden und ihnen neuen Lebensgeist einblasen:«

Bei Ezechiel steht auch noch dies: »Das Ende kommt über die vier Ränder der Erde... Ihr Silber werfen sie auf die Gassen, und ihr Gold gilt ihnen als Unrat. Ihr Silber und Gold vermag sie nicht zu retten...«

Ist nicht alles völlig klar? Ists nicht ganz einfach zu denken, so wie alles große Wahre ganz einfach ist, von jedem zu verstehen?

Gleicher Lohn für alle. (Evangelium des Matthäus, 20,1–15). Eine groteske Geschichte, die jeder Politiker absurd finden muß, wenn er überhaupt im Evangelium liest. Als ich ›Mirjam‹ schrieb, habe ich diese Geschichte ausgespart. Ich machte mir nicht die Mühe, mich mit ihr auseinanderzusetzen. Ein Laientheologe gab mir später den Anstoß, über sie nachzudenken, so wie er es tat.

Die Geschichte (eines der Gleichnisse Jeschuas, die sich dem analysierenden Verstand so entziehen, wie es die Sprüche der Zen-Meister tun):

Ein Weinbergbesitzer engagiert am Morgen Arbeiter; der Tagelohn wird abgesprochen: ein Dinar (dafür konnte ein Arbeiter eine mehrköpfige Familie versorgen, schreibt mir der Theologe). Ein paar Stunden später engagiert der Weinbergbesitzer andre Arbeiter; der Tagelohn: ein Dinar. Wieder einige Stunden später, und so bis zum Abend: ein Dinar Lohn. Was für eine himmelschreiende soziale Ungerechtigkeit: die einen haben den ganzen Tag in der Hitze gearbeitet für einen Dinar, die letzten eine Stunde in der Abendkühle; für einen Dinar. Wer kann's verstehen? Muß nicht jeder Arbeiter nach seiner Leistung bezahlt werden? Aber war der Lohn nicht mit jedem abgesprochen worden? Ihr Murren ist ungerecht: sie selbst haben sich einverstanden erklärt. Oder, so frage ich heute, waren sie gezwungenermaßen einverstanden, weil sie sonst keine Arbeit bekommen hätten? War der eine Dinar für einen ganzen Tag nicht besser als gar keiner?

Ja, aber durfte der Weinbergbesitzer ein solches Abkommen überhaupt treffen? Mußte er nicht gerechter sein? Hätte er nicht einen Tarif-Vertrag machen müssen? Für eine Stunde Arbeit soundsoviel Lohn.

Aber die Geschichte spielt nicht in einem Sozialstaat mit Gewerkschaften. Sie ist ein Gleichnis auf höherer Ebene. Soll nicht einfach gesagt werden, daß der Mensch nicht mehr arbeiten soll, als er für seine Familie braucht? Wozu der Leistungswahn? Wozu die Überforderung? Wozu der Zwang, immer mehr zu verdienen? Ist die Bewertung eines Menschen nach seiner Arbeitsleistung nicht un-mensch-lich? Erinnert mich an das, was ich in den USA mehrmals gehört habe: How much is he worth? Wieviel ist er wert? Und die Antwort: Drei Millionen Dollar (oder wieviel auch immer er auf seinem Bankkonto hat). Ist die Geschichte Jeschuas nicht eine offene revolutionäre Rede gegen das kapitalistische Prinzip, ach, und leider auch das sozialistischer Staaten, den Menschen nicht nach seinem Sein, sondern nach seiner »Leistung« zu beurteilen.

War Jeschua nicht ein unnützes Glied seines Staates? Sein Gewerbe brachte nichts ein als das tägliche Brot.

Ein anstößiges Leben für brave, fleißige, sich abarbeitende Bürger.

Was für eine revolutionäre Soziallehre läßt sich daraus ableiten!

Gleicher Lohn für alle.

Oder wenigstens: Abschaffung der großen Unterschiede. Wenigstens.

Klerikales Unverständnis. Maria und Josef, Film von Jean-Luc Godard. Mit A. in München angeschaut. A. ist Ordensfrau. Sie war genau so tief beeindruckt von die-

sem Film wie ich. Warum nun die wilde Polemik gegen diesen Film? Obszön sei er und blasphemisch, eine Beleidigung
der Gestalt der »Gottesmutter«. Ja wie denn? Ein hoch-spi-
ritueller Film ist das. Der großartige Versuch, das Geheimnis der Zeugung Jeschuas (Jesu) durch den Geist darzustellen. Die Illustration und Interpretation des katholischen
Dogmas von der Geburt des Menschensohnes aus der Jungfrau. Der Schlüssel zum Verstehen des Films wird uns gegeben mit dem Bild von der »Ur-Explosion«, vom plötzlichen
Aufflammen des Urfeuers, das vorher nicht da war, von der
Schöpfung »ex nihilo«, aber dieses Nichts ist DAS WORT.
»Im Anfang war das Wort, und das Wort war bei Gott, und
Gott war das Wort«. So im Johannes-Evangelium. Das
Wort. Die Idee. Die Ur-Macht des Geistes. Und so wie die
Welt aus dem »Nichts« entstand einzig durch das Wort »Es
werde!«, so entstand im Leib einer unberührten Jungfrau
der Leib dessen, der in seiner irdischen Erscheinung »Jesus
von Nazareth« war. Was ist daran häretisch, bitte?
Aber das ist ja gar nicht der wahre Grund für die Verteufelung. Sondern? Daß der Geschmack der sexuell miß-erzo-
genen Kleriker und ähnlicher Bürger sich beleidigt fühlt
durch die Darstellung des nackten Bauchs der schwangeren
Jungfrau, der genau so aussieht wie der Bauch jeder
schwangeren Frau und wie der Bauch all jener, welche künf-
tige Kleriker und Moralisten trugen, neun Monate lang.
Genau so sah Maria aus, die Miriam aus Nazareth, als sie
vom Geist empfangen hatte. Es wundert mich, daß nicht
alle nackten Brüste der das Jesuskind stillenden Madonnen
übermalt werden und daß Figuren mit schön vorgewölbten
schwangeren Bäuchen der gotischen Madonnen nicht verbrannt wurden, wie es geschah mit jenen »häretischen«
Darstellungen der Trinität im Leib der Schutzmantelma-
donna. Ist dieser nackte Bauch im Film etwas grundsätzlich
anderes? Ich sehe keinen Unterschied, auch keinen in der
story: dem Evangelium Lucas 1,26 bis 38: zwei Menschen,

Maria und Josef, sind verlobt und haben sich noch nicht umarmt, und das Mädchen, virgo intacta, findet sich schwanger, der Verlobte glaubt sich hintergangen und will das Verlöbnis lösen, aber schließlich sagt ihm ein göttlicher Bote, ein Engel, wie es sich wirklich verhält, und da nimmt er das schwangere Mädchen zu sich. Im Film wird das auf der Szene des heutigen Lebens dargestellt. Und da gibt es nun jene Szene, welche die törichten Kleriker aufschreien ließ: Maria zeigt ihrem Verlobten den nackten schwangeren Bauch, er möchte ihn gerne berühren, aber etwas hält ihn davon ab, so verharrt er lange in einer Haltung, welche die der ehrfürchtigen Anbetung ist. Der hohe Leib der Frau ist anbetungswürdig, denn er ist der Tabernakel, in dem der Leib dessen wächst, der in seiner irdischen Seins-Weise Jeschua heißt: Jesus von Nazareth. Der Leib, der das Heilige trägt. So keusch und fromm war die Szene, daß ich den Atem anhielt und zum ersten Mal in meinem Leben das Geheimnis der Inkarnation des Gottes SAH.

Und das soll obszön sein? Ach, diese unausrottbare Angst der Kleriker und klerikal Gesinnten vor dem »Fleisch«, wenn es weiblich ist. Wie, bitte, stellen Sie, Herr Kardinal, Herr Papst, die Fleischwerdung des Gottes sich vor? War dazu kein Bauch und kein Schoß nötig? Ist ein nackter schwangerer Bauch nicht die Offenbarung des Lebens-Geheimnisses?

Nebenfrage: wenn man keinen nackten Bauch zeigen darf, dann darf man auch keinen nackten Mann zeigen. Wird uns Frauen nicht in aller Selbstverständlichkeit zugemutet, den nackten toten Leib eines Mannes anbetend anzuschauen? Der schmale Lendenschurz, gewiß, aber auch Godard zeigt nicht das Geschlecht seiner Maria. Nun also?

Dieser Film, Stein des Anstoßes für Toren, Offenbarung für andre: er ist das Bekenntnis zum Primat des Geistes über die Materie. Aber die Materie wird nicht verteufelt: sie ist schön! Immer wieder zwischen den Szenen Bilder von der

wortlosen Schönheit der Erde, von der Fruchtbarkeit, vom
keimträchtigen Wasser, von der zeugenden Sonne. Reales
und Symbolisches immer zum Geschehen passend eingeblendet. Ein nüchterner Rausch der Freude über die Inkarnation des Göttlichen in der Materie.
Und das soll Blasphemie sein, das soll Obszönität sein?

Kein Zufall, auch wenns einer wäre. Sigrid F.
schickt mir ihr Foto vom Grab Heinrich Bölls. Das Bild
kommt am 16. Juli. Bölls Sterbetag.
Ich schaue das Bild an: ein niederes, kräftiges Steinkreuz,
darauf nichts als der Name, wie von Kinderhand geschrieben, und, sicher von Kinderhand gemalt, über dem Namen
eine goldgelbe Sonne, auf dem linken Kreuzesarm eine rote,
auf dem rechten eine schwarze, was wohl der Mond sein
soll. Unter dem Namen eine Zahl: 1985. Vermutlich haben
seine Enkel das gemalt und geschrieben. Wer hat die Kiesel-
steine auf die Kreuzesarme gelegt? Ein jüdischer Brauch:
jeder Besucher legt einen Stein aufs Grabmal. Jüdische
Freunde Bölls? Vielleicht Lev Kopelew? Freunde auf jeden
Fall. Das Grab scheint ohne Nachbarn. Es liegt so allein da.
Efeu wuchert schon darauf. Aber was ist das, was da am
Kreuz lehnt? Ein Blasinstrument, eine Posaune? Sieht so
aus. Was immer es ist: es verleitet zu einer heiteren Vorstellung: einer der Engel, die am »Jüngsten Tag« die Posaune blasen müssen, hat sie hier abgestellt. »Blas' du,
Heiner«, sagte er, »weck deine Mitmenschen auf, wie du's
immer versucht hast; aber deine Posaune war zu schwach,
um von den tauben Ohren in Bonn und andernorts gehört
zu werden; da brauchts schon so eine, wie ich sie habe.
Schlaf noch eine Weile, ich wecke dich, wenn's Zeit ist, und
dann stoß' in diese Posaune, daß die Mauern von Jericho
einstürzen. Du wirst dann unsere Unterstützung haben.«

Links, was ist das? Eine westdeutsche reaktionäre Zeitung nennt Tonio Pflaum »unverbesserlich naiv«. Wieso? Weil er, der deutsche Arzt, kranken Menschen in Nicaragua half. Weil er sein Leben einsetzte, wohl wissend, daß er in einem »linken« Staat arbeitete. Nun, und? »Links«, ein Wort aus dem Wörterbuch der Demagogen. Was ist »links«? Links ist: beharrlich an neue Möglichkeiten des Zusammenlebens der Menschen glauben; solche, die unverträglich sind mit der kapitalistischen Gesellschaftsform, d. h. mit dem ausschließlichen Geld-Besitz-Denken, mit dem brutalen Konkurrenzkampf (von der Schule an!), mit Neid und Haß und Presse-Lügen.

Jesus, der Unverbesserliche. Jesus, der blauäugige Träumer. »Die Kinder dieser Welt sind schlauer als die Kinder des Lichts.« Stimmt. Aber daß die Erde nicht schon im Alten Testament zerstört wurde, verdankten die Menschen von damals den wenigen »Gerechten«. Wenn auch nur zehn, nur acht, nur drei Gerechte in Sodom sind, verschone ich die Stadt, sagte Jehova. All die Brüder und Schwestern Tonio Pflaums sind die Gerechten von heute, um derenwillen die Erde weiterlebt. (Ich predige natürlich den tauben Ohren der Regierenden.)

Unsere Sehnsucht. Meine Ferienlektüre in Nordkorea, an der mandschurischen Grenze in der äußerst klaren Luft auf 1300 m Höhe: Hegels ›Vorlesungen über die Philosophie der Geschichte‹. Einiges daraus notiert: Der Sündenfall ist die Entzweiung des Menschen in Natur und Geist; die Sehnsucht richtet sich auf die Versöhnung des Entzweiten.

Vorderhand bleibt das Gefühl des Schmerzes über die Entzweiung. Der Mensch muß einsehen lernen, daß er in sich selbst das Getrennte und Entzweite ist, woraus all sein Unglück kommt. Der Sündenfall (eben jene »Entzweiung«) ist aber der ewige Mythos des Menschen, wodurch er Mensch wird. (Die »Natur«, so denke ich weiter, kennt diesen Schmerz nicht, er ist einzig dem Menschen bekannt – und ihm wesentlich.)

Hegel deutet das Wort Gottes, das er nach dem Sündenfall spricht, »Jetzt ist der Mensch geworden wie unsereins«, als den großen Vorausgriff auf die Erlösung, auf den Christus. Ich denke weiter: durch die Entzweiung entstand die Dialektik, durch sie entstand der Schmerz, durch ihn die Sehnsucht, und hier treffe ich auf Hegels Wort von der »unendlichen Energie der Sehnsucht«. »Der unendliche Verlust« (nämlich der paradiesischen Einheit von Natur und Geist) »wird nur durch seine Unendlichkeit ausgeglichen und dadurch unendlicher Gewinn«.

Das Wort von der unendlichen Energie der Sehnsucht ist DAS Hoffnungswort für uns, die tödlich Gefährdeten.

Ja – Nein? Jemand schickt mir den Entwurf zu einem Denkmal, das bei Bitburg errichtet werden soll. Der Entwurf: ein 2 Meter langer Sockel, auf den montiert zwei gleiche Steinkreuze, durch die jeweils verlängerten inneren Arme verbunden. Auf dem einen Kreuz steht Ja, auf dem andern Nein. Wozu aber ja, wozu nein? Unter dem Ja steht: zur atomaren Nachrüstung. Unter dem Nein: zur atomaren Nachrüstung. Auf dem Querbalken, der beide Kreuze verbindet, steht: In nomine patris et filii et spiritus sancti. Auf dem Sockel steht: Mysterium voluntatis dei.

Ich versuche zu begreifen, was diese Leute meinen. Können sie wirklich meinen, daß es immer der Wille Gottes ist, was geschieht? Ob du ja sagst zu Rüstung und Krieg oder ob du nein sagst: »Deus lo vult«. Gott will es: der Schlachtruf der christlichen Kreuzfahrer im frühen Mittelalter. Gott will es, daß Ihr Christen das »Heilige Land« erobert und die Heiden niedermetzelt. Gott will, daß im spätern Mittelalter die priesterlichen Inquisitatoren »Häretiker« und »Hexen« umbrachten. Gott will den Sieg der Waffen, die von den Priestern seiner Kirche gesegnet wurden. Gott will die Vernichtung der atheistischen Kommunisten. Gott will... Was will Gott? Wer weiß das? Wer ist dieser Gott, von dem man wissen kann, was er will? Was für blasphemische Aussagen über das, was Gott ist. »Du sollst den Namen Gottes nicht mißbrauchen.« Hundertmal gesagt im Alten Testament. Erstes Gebot auf der Gesetzestafel des Moses. Nenne »Gott« nicht, denn schon mit seiner Nennung setzest du ihm Grenzen. Und nun gar soll »Gott« die Rüstung wollen oder auch nicht wollen? Oder es ist ihm gleichgültig, was wir Menschen tun, wir Gesindel, wir Ameisenvölkchen? Hat der »Gott« Genannte vielleicht dieser Kugel, Erde genannt, nur den Anstoß gegeben, und nun rollt sie einfach weiter? Krieg oder nicht, Rüstung ja, Rüstung nein – die Kugel rollt.

Ist's so gemeint?

»Mysterium voluntatis Dei.«

Ja. Schon. Aber es gehört zu diesem Mysterium, daß der Mensch ein Kind der Freiheit ist. Wer da ja und wer da nein sagt zu Rüstung und Krieg, das ist der Mensch, nicht »Gott«.

›Mirjam‹ zu wenig modern, zu wenig häretisch. Was intellektuelle Leser (meist Theologen!!) an meinem Roman »Mirjam« kritisieren: daß ich im letzten Teil zu nah am Johannes-Evangelium blieb. In simplen Worten: daß ich von der leiblichen Auferstehung Jeschuas sprach, während es doch genügt hätte zu zeigen, daß er »anwesend« war im Geist der Seinen.

Und warum hat *mir* das nicht genügt? Genügt es mir denn wirklich nicht, seine geistige Anwesenheit zu fühlen und seine Weiterwirkung zu erfahren? Den Buddhisten genügt es doch auch, daß der Buddha Gotama noch nach 3000 Jahren »anwesend« ist, ohne daß er leiblich auferstanden wäre. Und den Moslem genügts doch auch, daß Mohamed »geistig« lebt. Und mir genügt doch, daß »meine Heiligen« (von Platon und Pythagoras bis zu Teilhard de Chardin und Sri Aurobindo) weiterwirken.

Warum also hänge ich am Dogma von der leiblichen Auferstehung?

Warum? Weil es mich brennend interessiert. Darum! Weil ich von der Atomphysik gelernt habe, daß Materie nichts eindeutig Bestimmbares ist, sondern sowohl Teilchen als Welle.

Das Wesen der Materie ist Bewegung (ihre Schwingung), und diese Bewegung ist unaufhörliche Verwandlung, unaufhörliche Änderung ihrer Schwingungszahl. Die Verwandlung läßt nicht zu, daß man etwas Materielles als ein für alle Mal Da-Seiendes und So-Seiendes sehen kann. Wenn ich DENKE, verwandle ich Teilchen meiner Gehirn-Substanz, also Materie, in Energie, und diese Energie arbeitet als Bewußtsein, und Bewußtsein ist Geist. Ich sende Geist-Wellen aus, und sie können eine Veränderung der Materie in den Gehirnen meiner Leser bewirken. Längst ist mir klar, daß Materie Manifestation von Geist ist und sich unaufhörlich in unseren denkenden Gehirnen zu einer neuen Art des Seins verwandelt. Und was wird nach dem Sterben des Menschen aus dem Menschen? In der Atomphysik spricht man davon, daß Materie-Teilchen sowohl zerstörbar wie unzerstörbar sind. Wer sich nie mit Atomphysik und nie mit fernöstlicher Philosophie beschäftigt hat, kann das nicht verstehen, weil wir gewöhnt sind, nur im Entweder-Oder zu denken; das Sowohl-Als-Auch erscheint uns als schlechthin absurd.

Worauf ich ziele: der materielle Leib des Rabbi Jeschua war natürlich sterblich. Aber da der Materie immanent die Verwandlung ist, so konnte sich sein materieller Leib in einen »Geistleib« verwandeln, für den es keine Grenzen gab: er konnte durch geschlossene Türen eintreten (das kann unser Bewußtsein auch! Es tritt sogar in die Seelen andrer ein, sie analysierend, sie hypnotisierend!)

Wo ist da ein Denkproblem?

Was mit der »Auferstehung« des Rabbi gezeigt werden soll, ist unser eigenes Schicksal nach unserm Sterben: kein Tod, sondern Verwandlung. Anders gesagt: Befreiung unseres Geistleibs aus dem materiellen Leib; Aufwachen eines neuen Bewußtseins, das weder Zeit noch Raum noch Kausalität untersteht.

Das ist es, was mich, entgegen allen pseudo-modern-theologischen Einwänden, festhalten läßt an der Auferstehung des Rabbi Jeschua. Er hat uns vorgelebt, was wir alle erwarten dürfen.

DDR-Reise.

Meditation. In der katholischen Kirche in Halle ein Kruzifix: das Eisenkreuz ist schwer verbogen, ich weiß nicht, ob vom Bildhauer absichtlich oder so vorgefunden, durch einen Brand bei der Bombardierung verschmolzen, gleichviel. Was zählt, ist der Eindruck, daß der Christos, der daran hängt, es verbogen hat bei seiner verzweifelten Anstrengung, sich vom Kreuz zu lösen. Die rechte Hand, die mit einem Stacheldraht angeheftet war, hat er bereits losgerissen, er streckt sie dem Beschauer entgegen. Der Körper erinnert an jene, die von der Atombombe in Hiroshima deformiert wurden: wie mit Krebsgeschwüren bedeckt oder von Lepra zerfressen. Warum aber will dieser Christus sich mit solcher Gewalt von seinem Kreuz lösen? Will er endlich als lebender Mensch unter Menschen leben, statt toter, das heißt unverbindlicher Kultgegenstand zu sein? Oder hat er es satt, zu leiden für eine Menschheit, der sein Tod gleichgültig ist oder die ihn allenfalls für eine Legende hält? Oder ist dieser sein Leib das corpus mysticum: der Eine Leib, der ER ist zusammen mit der von ihm geliebten Menschheit, und der Christos will die Menschheit von ihrem Kreuz befreien, von all ihrer Misere?

Leipzig: Dimitroff-Museum. Wer von den heute Lebenden (außer Historikern und alten Kommunisten) weiß noch etwas von jenem Monster-Prozeß am 4. November 1933 im Reichstagsgebäude Berlin? Ich erinnere mich. Ich schrieb damals in einem (noch vorhandenen, in meiner Autobiographie in Faksimile abgedruckten) Brief an einen Freund:
»4. März 1933 ... Ich habe so starken Verdacht, daß der Brand in Berlin eine Mache der NSDAP-Regierung ist. Hoffentlich liest den Brief niemand, sonst ist's um mich geschehen!!! Ich glaube nicht, daß die Kommunisten mit so einer kindischen Tat beginnen, von der sie doch sicher sind, daß sie auf ihre Kosten gebucht wird und sehr viele Anhänger wegtreibt. Und gerade vor der Wahl. Ich traue dem NS gar nichts Gutes bzw. alles Schlechte zu. Sie wissen, wie man die Macht bekommt.«
Am 4. November desselben Jahres dann der Prozeß. Ich höre 1985 im Dimitroff-Museum die Tonaufnahme von der Auseinandersetzung zwischen dem angeklagten Kommunisten Georgi Dimitroff und Göring, der damals Ministerpräsident und preußischer Innenminister war. Ich zitiere daraus wörtlich:
Göring: ... Es war ein politisches Verbrechen, und im selben Augenblick war es für mich klar und ist es heute ebenso klar, daß Ihre Partei die Verbrecher gewesen sind.
Dimitroff: ... Ich habe gesagt, Herr Präsident, daß die Untersuchung bei der Polizei und nachher auch die richterliche Untersuchung vorsätzlich durch eine solche politische Einstellung beeinflußt ist...

Präsident (zu Dimitroff): Sie haben lediglich Fragen zu stellen.

Dimitroff: Ist Ihnen bekannt, daß die Sowjetunion (mit dieser verbrecherischen Weltanschauung) in diplomatischen, politischen und wirtschaftlichen Beziehungen mit Deutschland ist und daß durch die sowjetischen wirtschaftlichen Bestellungen Hunderttausende deutscher Arbeiter Arbeit bekommen haben...

Göring: Hören Sie mal, jetzt will ich Ihnen sagen, was dem deutschen Volk bekannt ist. Bekannt ist dem deutschen Volk, daß Sie sich hier unverschämt benehmen und hierher gelaufen kommen, den Reichstag anstecken und dann hier mit dem deutschen Volk solche Frechheiten sich erlauben... Sie sind in meinen Augen ein Gauner, der längst an den Galgen gehört.

Dimitroff: Ich stelle Fragen.

Präsident: Ich entziehe Ihnen das Wort.

Dimitroff: Haben Sie Angst vor meinen Fragen, Herr Präsident, Herr Ministerpräsident?

Göring: Sie werden Angst haben, wenn ich Sie erwische, wenn Sie hier aus dem Gericht raus sind, Sie Gauner Sie!

Präsident: Dimitroff wird auf drei weitere Tage ausgeschlossen.

Was für Fragen Dimitroffs waren denn so gefährlich?

Vor allem diese, die sich auf Görings Rede bezog, in der er sagte, es sei ihm gleichgültig, was man in Rußland macht, ihm gehe es nur um die deutschen Kommunisten und die »ausländischen kommunistischen Gauner, die hierher kommen, um den Reichstag anzustecken«, worauf Dimitroff sinngemäß entgegnete, wie denn das zusammengehe: die deutschen Kommunisten zu diskriminieren, aber die kommunistische Sowjetunion zu ignorieren, die doch die nämliche, von Göring als verbrecherisch bezeichnete Weltanschauung habe.

Dimitroff mußte schließlich aufgrund eines handfesten Ali-

bis freigesprochen werden. Statt seiner wurde ein kleiner
Holländer, Van der Lubbe, als Brandstifter überführt. Als
Zweiundzwanzigjährige war ich fest überzeugt, daß die
Nazis den Brand gelegt haben. Inzwischen versucht man
mir das auszureden. Es sind Zweifel aufgekommen. Ich
kann nicht beweisen, daß die Zweifler Unrecht haben,
und sie können nicht beweisen, daß das junge Mädchen,
das ich war, unrecht hatte. Immerhin (ich lese nach) hatte
bei der Reichstagswahl die KPD im November 1932 noch
100 Sitze gegen 196 der NSDAP und 121 der SPD. Damals hätte ein Zusammengehen der Linken noch das
Schlimmste verhüten können. Das alte deutsche Übel: die
Unfähigkeit, über der Partei (pars: der Teil) das Ganze zu
sehen.

Einer für viele. Gespräch mit einem sächsisch-
freundlichen Taxifahrer in der DDR.
Waren Sie schon mal im Westen?
Nein, nie.
Möchten Sie nicht lieber dort leben?
Ganz dort leben – nein.
Warum nicht?
Hier hat man seine Sicherheit, seinen Arbeitsplatz, sein si-
cheres Einkommen, die billige Wohnung, alles, was man
braucht, eben sein ganzes Gewohntes. Drüben, da weiß
man nicht, wies gehen wird. Aber rüber möcht ich doch
mal, nur so ein paar Wochen. Das möcht man schon dürfen.
Ich, ich käm bestimmt wieder zurück. Ich laß doch das alles
hier nicht im Stich. Also, das müßt man dürfen, mal raus
müßt man dürfen, da wär alles gleich leichter.
Dies ist die Meinung aller DDR-Bürger, mit denen ich
sprach und die nicht gerade ängstliche Funktionäre sind.
Ich sehe jedoch nicht, warum nicht auch normale Funktionäre wünschen dürften, reisen zu können. Ich erinnere

mich an das Gespräch mit einer sowjetischen Kollegin in Moskau: Sie haben es gut, L. R., Sie dürfen reisen, wohin Sie wollen.

Und Sie, meine Liebe, haben alles Schöne im eigenen Land, von Sibirien bis zum Schwarzen Meer, genügt das nicht?

Ach, ich will ja gar nicht reisen, ich bin alt, nur ins Ausland reisen *dürfen* möchte ich.

DAS ist es. DAS, was Privilegierte haben: sie dürfen hinaus, denn der Staat weiß: die kommen wieder. Je weniger spürbar die Ketten, desto sicherer die Bindung.

Mein lang geplanter Brief an Honecker: Lassen Sie Ihre Leute ein bißchen lockerer, lassen Sie sie ab und zu über die Westgrenze, lassen Sie sie die Erfahrung aller Negativa im Westen machen.

Ein heiteres Blatt. Cittadinanza onoraria. Mein italienischer Wohnort Rocca di Papa hat beschlossen, mir das Ehrenbürger-Recht zu verleihen, nicht weil ich schon runde 22 Jahre hier wohne, sondern weil Leute aus dem Gemeinderat plötzlich begriffen, daß diese Deutsche »etwas Besonderes« sei und ihre Anwesenheit die Gemeinde ehre. 22 Jahre lang war ich eine der vielen Frauen aus dem Mittelstand, die mit zwei Tragtaschen einkaufen gehen und nicht immer das Teuerste kaufen. Jetzt aber, jetzt bin ich wer. Das ist lustig. Mehr als lustig: es freut mich. Es freut mich umso mehr, als niemals eine deutsche Gemeinde mich zur Ehrenbürgerin machte, weder München noch meine Geburtsstadt Landsberg-Pitzling. In der BRD muß ich froh sein, wenn man meine so enorm staats-sicherheits-gefährdenden Bücher nicht für immer aus den öffentlichen Bibliotheken verschwinden läßt, wie es 1977 versuchsweise geschah und wie es 1985 – oder wars 86? – bei Fulda vergeblich beschlossen wurde. Froh muß ich auch sein, wenn man mich nicht einsperrt (wie es Filbinger wollte 1977). Reden darf ich auch nicht, wo und was ich will in meiner alten Heimat, nicht 1977 in Gerlingen, nicht 1986 in Regensburg. Jetzt habe ich eine Heimat anderswo. Ich lebe nicht im Exil. Ich bin hier rechtens daheim. Das ist ein gutes Gefühl, und ich bin meiner Gemeinde und dem Schicksal dankbar dafür. Es verpflichtet mich auch zu mancher Anstrengung, zum Beispiel eine Städte-Partnerschaft zu gründen mit einer deutschen Stadt.

Das Fest war entzückend und die Gästeliste erheiternd: der Bürgermeister (hübsch und jung), die Gemeinderäte, Vertreter aller Parteien von den Christdemokraten bis zu den Grünen und den Kommunisten, dazu vier Carabinieri mit ihrem Maresciallo (nicht zu unsrer Bewachung, sondern zum Mitfeiern), einige Luftwaffenoffiziere mit ihrem Geistlichen von der militärischen Station auf dem Monte Cavo, zwei deutsche Klosterfrauen, Lehrer und Lehrerinnen mit ihren Schulkindern, die Blumensträuße überreichten, deutsche und italienische Journalisten, mein freudestrahlender Hausmeister-Gärtner Attilio, der deutsche Gesandte an unsrer Botschaft in Rom: mein alter Freund Dr. Minwegen und seine Frau, viele Unbekannte, und natürlich Giorgio Marlin, der Vertreter für den deutsch-italienischen Tourismus in Latium, der es für seine Ehrensache hält, mich hier »gebührend bekannt zu machen«.

Viele Reden, kurz und herzlich (wie redegewandt die Italiener sind!). Und meine unfeierliche Dankrede, beginnend mit einem langen suchenden Blick über den Gemeinderat: »Signori e Signore... Aber wo sind denn die Signore? Keine einzige Frau im Rat?« Bestürzung, Geständnis: »Wir schlafen noch hier in unserm Bergstädtchen.« Man erwartet von mir Impulse.

Nach der Feierstunde das Festmahl im Hotel Angelotto, hoch oben, mit dem schönsten Blick über den See und über die weite römische Campagna bis zum Meer. Auf dem Tisch neben dem rotweißgrünen Fähnchen Italiens das weißblaue, nicht das schwarzrotgoldene, o nein; weißblau, denn das ist die Fahne Rocca die Papa's, und weißblau auch die Zuckerverzierung der riesigen Torte, die ich anschneiden mußte, geführt von der Hand des Bürgermeisters, wie es Brauch ist bei Hochzeiten, so auch bei der meinen mit Rocca di Papa. Weißblau, die Farbe meiner oberbayrischen Heimat. Zufall? Keineswegs.

Als ich vor rund 24 Jahren ein Grundstück kaufte in dieser Gemeinde, ahnte ich nicht, was ich jetzt weiß: daß meine Wahl gerade dieses Ortes eine achthundertjährige Geschichte hat: die Gründer des Orts nämlich sind Oberbayern. Sie waren als Soldaten mit ihrem König Ludwig dem Bayern im 14. Jahrhundert nach Rom gezogen, als der sich dort zum Kaiser krönen ließ, allerdings nicht vom Papst. So nebenbei hatte der Neugekrönte einen Kampf gegen einen italienischen Adeligen, der sich in dem alten Castell auf dem Gipfel des Berges verschanzt hatte. Der Bayer siegte, blieb aber vorsichtshalber noch drei Monate da oben, ehe er heimzog. Die drei Monate jedoch genügten, um ein Schicksal zu entscheiden: einem Teil der Soldaten gefiel es gut da oben auf dem Berg, der sie an ihre Heimatberge erinnerte, und außerdem wollten sie frei sein. Sie zogen die Kriegsgewänder aus, machten Arbeitskleider daraus (so ist füglich anzunehmen), bauten Hütten dicht unterhalb des Castells (der Ortsteil heißt heute noch quartiere bavarese, bayrisches Viertel), errichteten, wie es sich gehört, der Patrona Bavariae ein Kirchlein, zogen die weißblaue Fahne auf und begannen zu arbeiten, wie sie es von daheim her gewöhnt waren: als Holzfäller und Köhler. Wald gabs genug. Reich wurden sie damit nicht, aber auch das waren sie gewöhnt. Reiche Heiraten gabs auch nicht, denn reich waren nur die Adeligen und Kleriker. So nahmen sie sich arme fleißige Mägde und gründeten den italienischen Zweig des »starken Stammes«, wie die oberbayrische Schriftstellerin Marieluise Fleißer ihre und meine Ahnen nannte. Die italienischen Oberbayern galten als fleißig, stolz, freiheitsliebend und aufsässig. »Aufsässigkeit« nannten es die feudal-klerikalen Herren, als sich die Roccheggiani gegen sie empörten. Mit vollem Recht: die Fürsten Colonna hatten im 15. Jahrhundert erklärt, das Gebiet von Rocca di Papa gehöre ihnen, mitsamt den Bewohnern. Das hieß, die freiheitsliebenden Oberbayern wurden Leibeigene, Sklaven, die selbst nichts besaßen und Frondienste zu leisten und hohe Abgaben zu zahlen hatten. Da hätten sie es in der alten Heimat weit besser gehabt, aber ein Zurück gabs nun nicht, sie waren verkauft. Zu einer alten Chronik gibt es den Brief einer Frau aus dem 15. Jahrhundert, die ihren Grundherren anfleht, ihr die Abgabe zu erlassen, da sie mit ihren Kindern am Verhungern sei. Der Brief bewirkte nichts. Das Elend stieg, es wurde unerträglich. Endlich griffen die Roccheggiani zur Selbsthilfe. Das Ereignis könnte einen Schiller zu einem Tell inspirieren, nur hatten die braven armen Roccheggiani eben keinen Tell, sondern handelten ohne klaren Kopf, darum verlief der Aufstand ein wenig tragikomisch. Immerhin: alle europäischen Zeitungen machten den Aufstand zur Schlagzeile: »Ein großes politisches Ereignis«. Was war denn da geschehen im Jahr 1855? Die Roccheggiani hielten geheime Beratungen ab in ihren dichten Kastanienwäldern und bereiteten den Aufstand vor. Der 1. Mai 1855 war der Stichtag. Alles war gut vorbereitet: In der Nacht vom 30. April zum 1. Mai stellten sie auf der Piazza della Barcaccia einen hohen Baum auf, den oberbayrischen Maibaum, den Pariser Freiheitsbaum, hängten an seine Spitze eine rote Jakobiner-Mütze, rissen überall das Wappen des Vatikanstaats ab und ersetzten es durch die Inschrift »Dio e popolo«, Gott und das Volk (das war geradezu protestantisch-lutherisch), alle Kirchenglocken läuteten, und die Roccheggiani demonstrierten mit dem Ruf »Die Wälder sind unser, das Land ist unser«, und dann erklärten sie Rocca la Papa als freie Republik. Das Datum war gut ge-

wählt: die Erinnerung an die heimatliche Walpurgisnacht und die Maifeier und zugleich die Vorwegnahme des »Tages der Arbeit«. Großartig das alles. Nur hatten die Leute einen Fehler begangen: sie drohten mit Gewalttaten, ja mit Mord, falls (FALLS!) die Herren Unterdrücker nicht sofort flüchteten. Sie wollten keine Gewalttat, sie hofften, die Drohung wirke. Tatsächlich geschah nichts Böses, außer daß unsre Oberbayern sich vor Übermut fürchterlich besoffen und wilde Tänze aufführten (Schuhplattler vielleicht). Den römischen Herren schien das Ganze einerseits eine »pazzia«, eine Verrücktheit, andrerseits ein gefährlicher Aufstand, der sofort unterdrückt werden müsse. So kamen denn alsbald aus Rom fürstlich-päpstliche Soldaten und sperrten siebzehn der Anführer ein unter der Anklage, sie haben den »Tod der Colonna« geplant, was doch nur leere Drohung war. (Mit dem Revolution-Machen haben die Oberbayern kein Glück, wie sich 1919 zeigte!). Die Roccheggiani mußten noch einige Jahrzehnte warten, bis sie freie Republikaner waren mitsamt allen Italienern. Anarchisten aber sind sie geblieben. Da trifft sich die oberbayrische Dickschädeligkeit mit dem italienischen Individualismus, und das ist keine schlechte Mischung, aber eine unbequeme.
Die Geschichte des Aufstands erfuhr ich erst als Ehrenbürgerin. Sie freut mich. Jetzt bleibt mir noch die Arbeit, den roccheggianischen Dialekt nach oberbayrischen Wörtern zu durchsuchen und die Einwohnerliste nach oberbayrischen Namen, deren bekanntester »Trinka« ist. Ob er mit dem Verb trinken etwas zu tun hat, bleibt zu erforschen.

China Dezember 86. Die Studenten rebellieren. Die Regierung läßt sie zunächst gewähren. Vermutlich ist sie hilflos, oder aber sie sieht die Revolte als ein Moment an der Gesamt-Erneuerung Chinas. Bis es ihr zu viel und zu ernst wird. Da beginnt sie zuzuschlagen. Falsch. Die Studenten wollen mehr Demokratie, mehr Freiheit. Gut so. Ist es aber wirklich Taiwan, das die Studenten aufhetzte? Muß immer eine Fremdmacht schuld sein?

Erinnert ans alte China, da gab es im 3. Jahrhundert vor Chr. einen Kaiser Ch'in, der recht viel Ähnlichkeit mit unserm Hitler hatte: er redete von der »tausendjährigen Dynastie« und ließ alle Bücher verbrennen, die nicht politisch brauchbar waren. Kaum war er tot, rebellierte das Volk gegen die alten Gesetze und das alte Militär und die alte Bürokratie. Als Liu Pang (der dann Kaiser Hau Kào Tsu wurde) in die Hauptstadt einzog, berief er sofort eine Versammlung der Ältesten ein und verkündete das Ende der langen Unterdrückung durch viel zu harte Gesetze, durch Bespitzelung, Denunziation und Zwang zum Kriegsdienst. Mit dem neuen Kaiser kam eine neue Kaiserin (gelobt sei ihr Name! Sie hieß Tou), sie war sehr gebildet und durch die Werke des Philosophen Lao-Tse erzogen. »Je mehr Einschränkungen und Verbote es im Reich gibt, desto ärmer wird das Volk. Je mehr scharfe Geräte (Waffen) die Leute haben, desto mehr Verwirrung ist im Land. Je mehr Gesetze und Vorschriften erlassen werden, desto mehr Räuber und Diebe gibt es.«

Dies nicht nur den bekannten totalitären Staaten gesagt, sondern auch unsrer angeblich freien bundesdeutschen Demokratie.

Kleines Weihnachtsmärchen. Auf dem Markt in Frascati. Als ich mein Auto auf der großen Piazza abstelle, sehe ich auf der andern Straßenseite einen weißbärtigen Alten stehen, zwei Plastiktragtaschen neben sich. Ich gehe einkaufen. Als ich zurückkomme, steht der Alte immer noch da. Vermutlich wartet er, daß jemand ihn mitnimmt. Ein Anhalter. Aber wer nimmt so einen mit? Einen Landstreicher. Oder etwas Ähnliches. Ich gehe zur Post, ich komme zurück, der Alte steht immer noch da. Ich mache die vorgeschriebene Fahr-Runde um die Piazza. Der Alte steht da. Er gibt kein Anhalterzeichen. Aber ich halte. Er zögert. Ich erwarte einen schmutzigen, übelriechenden Alten. Macht nichts, wenn's so ist. Er will in Richtung Artena, das ist die meine nicht, ich kann ihn an der großen Kreuzung absetzen. Aber was ist denn mit dem Alten? Er ist ja gar nicht schmutzig, er stinkt gar nicht. Ich könnte schwören: als er einstieg, war er ein Landstreicher. Wer ist er jetzt? Sein Vollbart ist sauber weiß, seine Jacke ist sauber. Keine Spur von Schmutz und Gestank. Und er spricht ein schönes Italienisch. Ich setze ihn nicht ab an der Kreuzung. Ich sage ihm, daß ich ihn nach Hause bringe. Er lächelt, als habe er das ja schon gewußt. Wir kommen ins Gespräch: er war Zeichenlehrer, und jetzt, mit seinen 74 Jahren, malt er, und zwar immer Bäume, seine große Liebe. Ich sage, ich sei 75, und ich schreibe Romane. Wir sagen uns das, als sei es das Allerselbstverständlichste, daß eine alte Schriftstellerin einen alten Maler am Straßenrand aufliest und mitnimmt. Es gibt einen Augenblick, in dem wir uns anschauen, und der Alte hat plötzlich etwas in seinem Blick, das mich berührt, dann sagt er: »Jaja, es gibt Begegnungen.« Er steigt aus. Er sagt nicht »danke fürs Mitnehmen«, er lächelt nur und geht, trotz der schweren Taschen, leichtfüßig davon wie ein Junger. Ich schaue ihm eine Weile nach. Er hinterläßt ein inständiges Glücksgefühl in mir, das noch jetzt, am Tag danach, anhält.

        Olof Palme ermordet. Um mein Entsetzen in den Griff zu bekommen, schicke ich ein Beileidstelegramm an die Sozialistische Partei in Stockholm.
Da ist mehr zerstört worden als das Leben eines bedeutenden Mannes: da ist der Glaube eines neutralen friedlichen Volkes an seine eigene Unverwundbarkeit ermordet worden. Jetzt teilt auch Schweden das Schicksal der terrorisier-

ten Völker. Wer hatte ein Interesse daran, Olof Palme umzubringen? Oder, besser gefragt: Wer hat ein Interesse daran, Schweden zu verunsichern und den Terror in ein neutrales sozialistisches Land zu bringen? Oder ist es anders gelaufen? Ich stelle mir einen jungen Schweden vor, der inmitten der schwedischen schläfrigen Ruhe explodiert, um bewußt Signal zu blasen: »Wacht auf, Mitbürger, satte Schläfer!« Möglich. Schwedische Hypothese: ein Farbiger sei es gewesen, ein Asylant, ein Araber... Nein, nein: nicht alle schwarzen Taten werden von »Schwarzen« begangen; nicht alle Terrorwege beginnen in Libyen oder Jordanien oder Syrien. Sie beginnen überall, wo Unterdrückung Rebellion erzeugt; wo Gewalt Gewalt provoziert. Aber worauf zielt der Gegenterror? Welche Zielvorstellung gibt es da? Die Drahtzieher müssen einen langen Atem haben, wenn sie glauben, daß Gewalt eines Tages den Sieg bringt. Was für eine Art von Sieg? Was für eine Welt soll da geschaffen werden?

1987

Die deutsche Ehre. Bei der Post ein Brief des sehr alten, aber unglaublich revolutionären Heidelberger Theologen Alfons Beil. Ein ebenso scharfer wie kluger Brief über die »Vergangenheits-Bewältigung« nicht durch die alten Nazis, sondern durch die Historiker der neuen Rechten, die von der »Auschwitz-Lüge« reden. Können sie so unwissenschaftlich die Geschichte fälschen? Können sie leugnen, daß in unsern KZ's (die es ja noch zu sehen gibt mitsamt den Verbrennungsöfen!) Millionen von Menschen umgebracht worden sind?

Das können sie nicht. Aber sie versuchen, die Sache zu rechtfertigen, und darin, so schreibt A. Beil, »kann man sie in etwa verstehen«. Die Deutschen haben den 1. Weltkrieg begonnen, aber das wird wegdiskutiert; das Wort von der Kriegsschuldlüge trieb die deutschen Patrioten und Nationalisten in Hitlers Arme. Als auch der 2. Weltkrieg, der nun wirklich nachweislich von Deutschland ausging, nicht die Wiederherstellung der »deutschen Ehre« brachte, verloren die Deutschen ihre Identität.

Das Nichtstun lernen. Nichts-Tun wollen. Ist schon falsch, dieses »Wollen«, aber wie sonst? Ich sage mir: So, jetzt tust du einmal NICHTS. Aber wie tut man »Nichts«?
Eine Erfahrung, so einfach, daß sie keine zu sein scheint.
Ich habe zu viel gearbeitet in den letzten Jahren. Keine Erholung. Auch die jährlichen drei Wochen oben an der mandschurischen und chinesischen Grenze Nordkoreas sind keine reine Erholung: viele Gespräche mit Politikern, Informationen sammeln, aufschreiben, darüber nachdenken: alles eher Anspannung als Entspannung. Und dieses

Jahr die Skandinavienreise, dann Hamburg, dann Berlin-Jubiläum (West), dann DDR, internationaler Schriftsteller-Kongreß, der Literaturpreis, daheim die Briefberge... Alles schien gut zu gehen. Dann plötzliche die Antwort, der Gegenschlag: schwere Müdigkeit, Magenschmerzen, Verspannungen, tiefste Unlust zu jeder Art Arbeit, ja zum Dasein. Eine Krankheit mit Namen Erschöpfung. Mit den Augen der ostasiatischen Medizin gesehen: der Verlust der Mitte durch den Verlust des Ausgleichs von Yang und Yin.

Endlich also geb ich nach: keine Arbeit, keine Anstrengung mehr, das Nichtstun lernen. Aber was tut man, wenn man NICHTS tut? Man tut immer ETWAS. Was also tun? Müde herumliegen, sich nur aufraffen, die politischen Nachrichten im Fernsehen anzuschauen und zu hören. Wenigstens das, doch auch das mit Ekel, nur als unumgängliche Pflichtübung. Und sonst? Welke Rosen schneiden, mit dem Hund durch den Garten gehen viele Male, Blumengießen. War denn der Tag auszufüllen auf solche Weise? Wie geht denn das? Sonst: um fünf, spätestens sechs Uhr auf, Schwimmen, Gymnastik, um sieben Uhr am Schreibtisch, Arbeit bis Mittag, nachmittags Post, Besucher, Lesen... Allmählich hört die Maschinerie in meinem Kopf auf, die Räder drehen sich immer langsamer, ich interessiere mich für nichts mehr, ich schlafe, ohne zu schlafen. Mein Ich schläft ein. Oder vielmehr: es begibt sich irgendwohin. »Abgestiegen zur Hölle...« Eines Tages kommt es zurück, sehr leise, sehr langsam, wie betäubt noch, aber es hat die Magenschmerzen irgendwo abgelegt, es kommt mit einem Anflug von Appetit auf Essen und Trinken. Das zuerst. Und dann mit dem Appetit auf Schauen und Hören: ich ertrage wieder Musik, leichtere nur, Dvořák, Sibelius; dann beginne ich den Garten zu sehen, als wärs ein neuer; dieses Erstaunen: da ist eine Rose! Da ist ein Büschel Gras! Da ist ein grüngoldner Rosenkäfer! Der Freudenschreck: die Erde ist da,

und sie ist schön! Und ich bin wieder da! Inmitten all des Lebens bin ich wieder da. Ich spüre, wie eine neue Kraft in mir aufsteigt, wie der Saft im Baum. Mein Ich ist wieder-gekehrt von einem Ort, an dem es gestärkt wurde. Mehr noch: an dem es neue Erkenntnisse bekam, mit denen es mich jetzt überschüttet. Alles, was ich je wußte, ist jetzt da, gesammelt, auf einen hohen leuchtenden Punkt gerich-tet. Was ich je wußte, das wird jetzt Evidenz. Besonders dies: im Augenblick leben. Das ist das »NU« des Meister Ekkehart. Das NU, in dem ALLES ist, alle Zeit. Im Hier und Jetzt: Alles. Horizontale und Vertikale in Raum und Zeit, sie gelten nicht mehr. Das Leben ist ein Punkt mit nicht meßbarer, weil unendlicher Ausdehnung. Ein Atemzug, und ich besitze Alles. Ein Ausatmen: ich lasse es wieder. Einatmen: es kehrt zurück. Das Universum liegt in meiner Hand, es ist ein leichter Ball aus fließendem Licht. Das Licht fließt. Alles fließt. Alles wandelt sich unaufhörlich. Was immer bleibt, das ist »das Leben«. Oder: »der Geist«. Plötzlich will ich alles tun, alles zugleich: Klavierspielen, Briefe schreiben, Besuche haben, reisen, stillsitzen, lesen, schauen...
Wirklich: wo war mein Ich (meine »Seele«) in diesen Wo-chen gewesen, wo man es mit soviel köstlicher Wegzehrung versorgt hat?
Krank sein, um gesund zu werden; schlafen, um aufzuwa-chen; weinen, um heiter zu werden; nichts wissen, um zu wissen; sterben, um zu leben.

»Magdalena«, Mirjam. Jemand schickt mir die Karte mit dem Bild Schongauers aus dem Unterlinden-Mu-seum Colmar: Maria Magdalena vor dem Auferstandenen. Ein berühmtes Bild. Es gefällt mir gar nicht. Die beiden, der eben Auferstandene und jene, die ihn liebt, schauen allzu dekorativ-zufrieden aus. Stimmt ja gar nicht, diese freundliche Vorstellung. Magdalena (meine Mirjam) war halbtot vor Schrecken bei dem jähen Umschlag: eben war er noch tot, der Geliebte, der Meister, und jetzt lebt er! Sie muß gemalt werden als eine beinah Wahnsinnige. Und Jeschua darf doch nicht als kompakte freundliche Leiblichkeit dargestellt werden. Das stimmt einfach nicht. Er befand sich in jenem Augenblick im Prozeß der Verwandlung von Materie in Geist-Energie. »Rühre mich nicht an«, sagte er. Man mußte ihn malen als eine Gestalt aus Licht, noch konsequenter als Grünewald ihn malt, wie er eben aus dem Grab emporsteigt. Diese Bilder sind theologisch allesamt falsch. Sie fangen das göttlich Ungeheuerliche des Ereignisses nicht ein.

Musik. Hätte ich gewußt, in welches Abenteuer ich mich einließ, als ich heute morgen eine ganz simple Aufräum-Arbeit begann, schon längst fällig: das Ordnen meiner Musik-Bänder, von denen viele ohne Titel und sogar ohne Hülle herumlagen, so daß ich sie abspielen mußte, um zu wissen, was für eine Musik das ist. Meist genügten einige Takte, damit ich Stück und Komponisten erkannte. Aber da war eines, das ich nicht sofort erkannte, weil ich nämlich meine eigene Stimme nie als die meine erkenne. So hörte ich also zunächst ein Stück von Strawinskys ›Petruschka‹, und dann eine Stimme, die sagte, ihr sei sozusagen unter der Hand ihre Musik-Auswahl zu einem Querschnitt durch die europäische Musikgeschichte geworden, und sie beginne mit der ältesten überlieferten Musik, nämlich mit zwei Gesängen aus der griechischen Antike, wie man sie zu rekonstruieren versuchte nach den Instrumenten, die man auf antik-griechischen Vasen abgebildet sieht: Flöte, Lyra und Kytara. Da erinnerte ich mich: das ist ja meine eigene Sendung im Bayrischen Rundfunk, in der Reihe ›Musik meiner Wahl‹, eine Neunzig-Minuten-Sendung. Ich hatte sie vergessen, und nun höre ich sie wie die einer mir fremden Person, die eine Auswahl getroffen hat, die auch ich ungefähr so getroffen hätte, und ich höre mit kritischem Abstand den Kommentar als einen fremden, und bin erstaunt darüber, daß er gut ist und von Musikverstand zeugt. Schöne Stücke hat sie ausgewählt: nach den frühen griechischen Bruchstücken das Kyrie aus der Messe der Hildegard von Bingen, dann das aus der Pariser Messe von Guillaume de Machault, Monteverdis ›Orfeo‹, zwei Stücke aus Orffs ›Antigonae‹ und einen Satz aus dem großen Orchesterstück ›Exemplum‹ von Isang Yun, ein Stück von Ligeti, ›Atmosphère‹, und zuletzt Schuberts C-Dur-Quintett.

Ich wollte eigentlich arbeiten. Nun sitze ich da und höre und höre. Aber das ist kein bloßes Hören. Das ist ein Wiedererleben bestimmter bedeutender Augenblicke meines Lebens, zu denen diese Musikstücke unablösbar gehören. Da steigt Vergessen-Geglaubtes auf aus überwachsenen Gräbern und ist nicht tot, sondern lebt, und zieht an der Hand mit sich Erinnerung um Erinnerung, blasse Bilder, die sich zusehends beleben, und wenn ichs ausspinnen würde, ergäbe sich ein noch ungeschriebener Teil meiner Autobiographie.

Die Pariser Messe des Guillaume de Machault (um 1350 geschrieben) hörte ich mit meinem ersten Ehemann zusammen, einem der frühen Ausgräber solch alter vergessener Schätze. Wir liebten diese strenge, spröde, keusche, kultische Musik, die so schön zu unserm frühen Zustand der Liebe gehörte. Armer Horst-Günther, 1943 gefallen in Rußland, wofür?

Ich höre weiter: das ist Monteverdis ›Orfeo‹, erstmals kennengelernt durch meinen Ehemann Carl Orff, der ihn neu bearbeitete, aber ich kannte die Urform auch. Ich wählte die Szene, die ich hundertmal gehört habe, diese unüberbietbar tragisch-dramatische Szene, wenn die Botin zu Orfeo

(Orpheus) kommt und ihm von den Reizen seiner geliebten Euridice singt und er, plötzlich ahnungsvoll erschreckend, aber nicht das Schlimmste erratend, einen erstickten bangen Seufzer ausstößt: Ahimé! (Ach) und die Botin weitersingt, denn sie hat sich ihres Auftrags zu entledigen, bis sie schließlich nicht umhin kann, das Schreckliche zu sagen: Euridice è morta. Sie ist tot. Dann die Pause. Das Herz des Orfeo bleibt stehen und das des Hörers auch. Das Leben stockt. Und dann das zweite Ahimé des Orfeo, verhalten, wie aus einem steinernen Mund, zu größerer Klage reicht die Kraft nicht aus, aber eben dieser eine Weh-Laut trifft den Hörer ins Herz, und er begreift mit jähem Schrecken, was Schicksal, Schmerz und Tod sind.

Dann Vivaldi, ›Der Winter‹, aus den ›Vier Jahreszeiten‹. Das ist ein schrecklich-schönes Stück, da klirren Eiszapfen, da fällt Eisregen in spitzen Nadeln, die sich einem in die ungeschützte Haut bohren, da ist es so kalt, daß man am warmen Sommertag sich einen Wollschal umlegen möchte, im vergeblichen Versuch, sich vor dieser Kälte aus dem vereisten Kosmos zu schützen und vor dem Frost, der einem aus dem eigenen Herzen kommt. Ein dämonisches Stück. Auch dies gehört zu einer bestimmten Zeit meines Lebens, als ich vor Schmerz um einen Verlust oder vielmehr Verzicht für immer zu erstarren meinte oder vielmehr zu sterben wünschte. Ein erst verletzendes, dann anästhetisierendes Stück, dessen Kälte Wunden schließt und das Herz vereisen läßt, bis es fühllos ist, anders ertrüge es den Schmerz nicht.

Danach aus Orffs ›Antigonae‹ jene beiden Stücke, die ich am meisten liebe: Heimons Lied, in dem er den Tyrannen Kreon davon überzeugen will, daß sein Starrsinn gegenüber Antigonae schlecht sei: (In der Übersetzung des Sophokles durch Hölderlin)

Sieh, wie am Regenbache, der vorbeistürzt,
Die Bäume all ausweichen; all denen

Erwärmet ihr Gezweig; die aber entgegenstreben,
Sind gleich hin...
Gib nach, da wo der Geist ist...
Der hohe junge schwebende Tenor, und dazu die sonderbar
tropfende Musik: die Regentropfen am Weidenzweig, und
die Worte, die sanft auf das verhärtete Herz des Kreon fallen, Regentropfen, Tränentropfen. Wer da hart bleiben
kann. Kreon kann es, und nicht einmal der Chor bewegt ihn
zur Umkehr.
»Geist der Liebe... der Friedensgeist... der fast auch Un-
sterblicher Herz zerbricht... Und nie zuschanden wird es,
das Mächtigbittende am Augenlide der hochzeitlichen
Jungfrau, im Anbeginne dem Werden großer Verständi-
gungen gesellt. Unkriegerisch spielt nämlich die göttliche
Schönheit mit.«
Wenn schon die Männer des Chors unter Tränen singen,
wie soll ich nicht weinen. Aber ich weine auch um den,
der die Musik zu diesen Worten schrieb, die Musik gleich
groß den Worten, er, der einmal mein Mann war, sieben
Jahre lang waren wir beisammen, (die magische Sieben-
zahl), dunkle Jahre, deren Gewicht wir beide nicht gewachsen waren. Gegen die karmische Tragödie, wer
kommt gegen die auf? Jetzt aber ist er mir nah, der Ge-
fährte von damals, und ich weine um Antigonae, um
Hölderlin, um ihn. Was habe ich da aus dem Grabesdun-
kel heraufbeschworen.
Aber das Band mit meiner fremden Stimme geht unerbittlich weiter. Noch einmal Tränen, doch Tränen andrer Art:
um die jungen Toten am 20. Mai 1980, zu Hunderten hinge-
mordet, zu Tod gewalzt von Panzern, in Südkorea, als sie
das Ende der Militärdiktatur forderten, denen Isang Yun in
seinem Orchesterstück ›Exemplum‹ ein Denkmal gesetzt
hat. ›Exemplum‹, Exempel, Beispiel, die niedergeschlagene
Jugend Südkoreas stellvertretend für alle hingeschlachtete
Jugend vieler Länder unsrer Erde... Was höre ich mich

eben vom Bandgerät her sagen (meine Stimme ist hörbar verschleiert vor Trauer und Empörung, sie ist eine Beschwörung, wie einer auf Knien Liegenden): »Bitte, liebe Hörer, schalten Sie jetzt nicht ab, auch wenn Ihnen diese Musik nicht gefällt oder nicht paßt. Was Sie hören, bezieht sich auf ein politisches Ereignis von 1980, wo Hunderte von Studenten, die Freiheit für ihr Land forderten, hingeschlachtet wurden. Sie hören den Straßenkampf und dann die Todesstille und dann die wortlose Klage einer koreanischen Mutter, stellvertretend für Millionen Mütter, deren Kinder in Diktaturen ermordet wurden...«

Jetzt bin ich zutiefst verstört. Was für ein Sonntagmorgen. Dahin der innere Friede, die Freude an der Arbeit. Nichts mehr als unpersönliche Leiden über die heil-los gewordene Welt. Die Fähigkeit zu trauern, ich habe sie in fast unerträglichem Maße.

Ich hoffe, das nächste Stück, Ligetis wunderschöne ›Atmosphère‹, möge seinen bunten Ton-Zauber-Schleier darüber breiten. Aber auch dieser Schleier reißt, denn auch Ligetis, des Ungarn, Wunden sind nicht vernarbt, und der schöne Klang-Teppich zeigt schwarze Flecken, Tränenflecken, Blutflecken.

Vielleicht aber tröstet Schuberts C-Dur-Quintett, opus 163. Ich wollte ja meine Hörer nicht verschreckt entlassen (warum aber eigentlich nicht?). Ich weiß nicht, was ich sagte: das Band ist zuende, ehe ich rede. Was habe ich wohl gesagt? Was habe ich sagen können? Vielleicht dies: Erwarten Sie keinen gefälligen Schubert, keinen, der Ihnen leicht eingeht. Was Sie hören werden, ist sehr dunkel, es ist entstanden kurz vor Schuberts Tod, da hat er schon andre Klänge gehört, da hat er die Weltangst erfahren, die Todesangst. (Ich höre eben die Platte: Wenn das Seitenthema kommt, in Es-Dur, das ist schlechthin herzzerreißend in seiner süßen Todestraurigkeit, und es wird auch bald widerrufen durch die Takte, die zum harten C-Dur-Dreiklang füh-

ren). Aber jetzt: der nächste Satz, sehr langsam, ganz verhalten, diese lang angehaltenen Akkorde, mit angehaltenem
Atem gespielt, ich weine, wer weint da nicht, da wird etwas
im Hörer angerührt, die Ur-Trauer, Welt-Trauer, Ewigkeits-
Sehnsucht. Und jetzt: das Zögern, die Angst, den großen
letzten Schritt zu tun, aber dann wieder eine Tröstung in den
Geigen, während die Celli in der Tiefe drohend brodeln. Und
jetzt diese flehenden Aufblicke. Dann die Ergebung. (Bei
diesen Klängen möchte ich sterben. Sie sind die Melodie des
sanften Todes-Engels). Wie ist es möglich, daß da noch ein
3. Satz folgt, ein schneller, ein »Scherzo«, sogar, aber was für
Scherze, finstere, unheimliche, schrill harte, für Augenblicke die Tonalität sprengend. Da tritt plötzlich Mozarts
»Komtur« aus dem ›Don Giovanni‹ auf, steinern unerbittlich, drohend. Der Richter. Dann das Unisono, versöhnt,
versöhnend. Und der hinhuschende flüchtig das Forellen-
quintett zitierende Satz (»Das war einmal möglich...«) – ich
kann nicht weiterhören heute. Es geht über meine Kraft. Der
Sog ins Dunkle. Die Sehnsucht hinwegzugehen, aller Welt-
trauer zu entfliehen.
Das habe ich den Hörern jener Sendung sicher nicht gesagt.
Das sage ich nur mir selber, auch wenn andere es lesen.

Römisches Gefängnis Rebibbia. Endlich bekomme
ich die Erlaubnis, zusammen mit einem Mitglied der »italienischen Grünen« den jungen Deutschen zu besuchen, der
dort seit Jahren eingesperrt ist: Willi Pirog. Er ist kein Krimi-
neller, auch kein Terrorist, er ist Anarchist. Er hat ein Ju-
genddelikt begangen, unbedeutend, wurde (minderjährig)
eingesperrt, ertrug die Haft nicht, brach aus, wurde eingefangen, wehrte sich, wurde wieder eingesperrt (jetzt wegen
Widerstands gegen die Staatsgewalt, d. h. den Polizisten,
und nun volljährig), entfloh wieder (seine Intelligenz ist
enorm), flüchtete nach Italien, versteckte sich, tat sich zu-

sammen mit einem italienischen Mediziner, auch er Anarchist ohne Terror, und nun sitzen beide für Jahre fest.
Willi, ein hübscher blonder Bub, könnte längst durch einen
Gnadenerlaß frei werden. Er will nicht. Er hat im Gefängnis
eine Lebensaufgabe gefunden: er unterrichtet andre in
Deutsch, Literaturgeschichte und Musik, inszeniert Thea-
terstücke, schreibt. »Das ist meine Welt«, sagt er; »was soll
ich draußen? Nützlicher bin ich hier drinnen.«

Verwirrung der Stare (Mitte Januar 87). Seit Tagen kreist eine regellose Schar von Staren in höchster Aufregung über unserm Tal. Um diese Jahreszeit? Da sind sie
doch als Zugvögel sonst längst im viel wärmeren Süden.
Aber der Süden ist nicht warm dieses Jahr: dort, in Südita-
lien und Sizilien, schneit es. Nördlich von Rom schneit es
auch, und es ist kalt. Hier bei uns ists verhältnismäßig ruhig. Die Stare könnten gut hier überwintern. Aber ein seit
Jahrtausenden eingeprägter Befehl sagt ihnen, es sei Zeit, in
Richtung Nordafrika zu fliegen. Und eben das können sie
dieses Jahr nicht. Der heftige Scirocco, der Südwind, treibt
sie immer wieder zurück. Sie sind ratlos. Sie fliegen hierhin
und dorthin. Ein Heer ohne Führer, kopflos geworden.
Und heute schoß ein Jäger in den wirren Schwarm. Ich sah
nicht, ob er traf. Aber ich schrie, als hätte er mich getroffen.
Er erschrak so, daß er keinen Schuß mehr wagte. Er ver-
schwand aus dem Tal. Das wenigstens konnte ich für die
Stare tun.
Eine Erinnerung: vor Jahrzehnten wurden die Schwalben,
aus dem deutschen Norden kommend, vom eisigen Winter
überrascht, als sie die Alpen überfliegen wollten. Sie saßen
dort zu Tausenden, und viele erfroren. Da geschah etwas
sehr Ungewöhnliches: deutsche Piloten sammelten die halb
erstarrten Vögel ein und brachten sie in Flugzeugen nach
Afrika.

Damals sprach niemand von Ökologie und vom Nutzen der Vögel. Man handelte einfach aus Mitgefühl.
Zur selben Zeit lieferten wir Waffen nach Afrika. Welch eine schizophrene Bande sind wir doch, wir Menschen. Der Teufel hat mitgewirkt bei unserer Erschaffung – wer oder was immer »der Teufel« ist.

Das war 1904. Im ›Kultur-Atlas‹ zufällig gefunden: ein Deutscher, Hugo Conventz, schrieb über ›Naturdenkmal-Pflege‹, und danach erließ Preußen ein Gesetz gegen Verunstaltung von Orten und Landschaften.

Im Gefängnis schreibende Frauen. Da habe ich nun das Manuskript hier liegen, ganz schön dick. Die Vorauswahl zur Anthologie, als deren Herausgeberin man mich gewählt hat. Natürlich: wer gefangene Frauen verstehen will, muß selber Gefängnis-Erfahrung haben. Die habe ich. Vom 3. Reich her. Ich schrieb im Gefängnis ein Tagebuch. Wie sich das anhört: als hätte ich Papier, Bleistift, Tinte oder gar Schreibmaschine gehabt und hätte das Geschriebene publizieren dürfen – all das sind Privilegien der heute Gefangenen. Ich hatte abends kein Licht in der Zelle, tagsüber arbeitete ich in Leimers Semmelbrösel-Fabrik, und die Zelle war eiskalt im Winter, und durch den »Spion« (dem Loch in der Tür) wurde ich beobachtet. Wehe, wenn man mich beim Schreiben ertappt hätte. Aber ich schrieb. Unter dem Bretterfußboden fand ich einen Bleistiftstummel und etwas vergilbtes Papier, und als das zuende war, riß ich die unbedruckten Randstreifen der alten Zeitungen ab, die wir als Klopapier bekamen. Alte Zeitungen, damit wir uns nicht etwa durch neue über den Fortgang des Krieges informieren konnten.
Ich schrieb in alter Stenografie und vieles in Andeutungen

nur, und ich versteckte diese Zettel unter dem Fußboden. Ein winziges Versteck, das schon viele vor mir benutzt hatten. Bei jeder Razzia zitterte ich um meine Blätter, aber sie überlebten Gefängnis und Krieg, und ich stellte dann daraus das ›Gefängnistagebuch‹ zusammen, das heute in jeder Gefängnisbibliothek steht.

Und heute dürfen die gefangenen Frauen schreiben; sie dürfen klagen und anklagen und kritisieren (bis zu einem bestimmten Grad). Ich glaube nicht, daß alles, was sie schreiben, die Zensur passiert. Aber immerhin ist Kritik erlaubt.

Ich lese und lese. Manches ist gut, manches dilettantisch simpel, einiges erschütternd (so Briefe von Müttern an ihre Kinder mit der rührenden Bitte um Verzeihung), einiges, von politischen Häftlingen geschrieben, hervorragende Analyse der Gesellschaft, der Justiz, des Justizvollzugs. Keine literarischen Leistungen, aber wichtige Information über das Leben von Frauen in Gefängnissen, ein Buch, das geeignet ist, zumindest einige Leute aufzuwecken. Aber freilich: die solche Bücher lesen sollen (die Richter, die Geschworenen, die Nicht-Gefangenen, die guten Bürger), die lesen sie nicht. Obwohl keiner von ihnen sicher sein kann, daß er (oder sie) eines Tages nicht auch mit dem Gesetz in Konflikt kommen und im Gefängnis landen kann, sie oder wahrscheinlicher ihre Kinder. (Diebstahl, Betrug, Drogen, oder ehrenvoll: im politischen Widerstand). Leicht kommt man ins Gefängnis, sehr leicht. Darum soll jeder informiert sein über das, was ihn oder seine Kinder erwartet.

Für die Gefangenen selbst ist Schreiben Therapie. Schreibend setzen sie sich mit ihrer Schuld auseinander, finden Parallel-Ursachen in der Gesellschaft und in sich selber, lassen ihren Zorn auf die Justiz und den Justizvollzug zu Worte kommen, erleichtern ihr Herz, drücken ihre Sehnsucht nach Freiheit, Zärtlichkeit, Liebe aus, wagen es, davon zu reden, wie sie mit ihrer Sexualität (auch dem lesbischen Eros) zu Rande kommen. Das Schreiben ist ihr Mittel, mit der Außenwelt in Kontakt zu bleiben und also in die Gesellschaft integriert. Ich selber weiß: Schreiben ist lebenrettend. Schreiben-dürfen und Schreiben-können ist die Brücke von der Verzweiflung zur Hoffnung.

Diese Anthologie, zu der ich eben das Vorwort schrieb, ist ein erster Versuch, ein erster Anstoß, eine Ermutigung an alle Gefangenen.

Mir fiel beim Lesen ein: jetzt müßten nach den Gefangenen auch die Gefängnis-Beamtinnen (Aufseherinnen oder Wärterinnen darf man sie nicht mehr nennen) zu Worte kommen, denn auch sie sind Gefangene. Ihr Leben im Gefängnis ist ein Balance-Akt: hier die strenge Ordnung, dort Haß und Auflehnung der Gefangenen, und der Wille, gerecht zu sein, Verständnis zu zeigen. So ein Buch könnte, zusammen mit dem Buch der Gefangenen, ein Versuch sein, aus Gegnerinnen Schwestern zu machen, statt sich anzubrüllen, vernünftig miteinander zu reden, statt einander zu hassen, einander zu helfen. Warum nicht so? Wenn schon der Justizvollzug von oben her sich nicht wandeln will, so muß er es in der Praxis und von der Basis her tun.

Ich würde eigentlich gern einmal so eine Art Exerzitien für Gefängnis-Beamtinnen geben, vielleicht mit Gefangenen zusammen. Ich erinnere mich, daß die damalige Direktorin des Frankfurter Frauengefängnisses sich nicht scheute, lange Gespräche mit Gudrun Ensslin zu führen und mir dann zu sagen, wie tief beeindruckt sie sei von diesem Mädchen und wie sie ihr viele neue Gedanken verdanke.

Denk ich an Deutschland in der Nacht... Mitte Februar wurde in Heilbronn eine vierundsechzigjährige Frau verhaftet und eingesperrt, weil sie an einer Blockade gegen das Nuklearwaffenlager in Mutlangen teilgenommen und sich dann geweigert hat, 400 Mark Strafgeld zu

zahlen und statt dessen zwei Wochen ins Gefängnis ging. Die Frau heißt Martha Kuder, altes SPD-Mitglied, Witwe eines Heilbronner Polizisten. Sie erklärte, daß, nähme sie die Geldstrafe an, dies einer Schuld-Anerkennung gleichkäme. Sie sehe keine Schuld darin, wenn Menschen protestieren, daß »mitten im Frieden die Menschen einer derartigen konzentrierten Bedrohung durch verbrecherische, unverantwortbare Waffen ausgesetzt werden.«
Zweihundert Menschen begleiteten sie zum Gefängnis. Martha Kuder: ich setze dir hiermit ein Denkmal, und ich schreibe dies am 8. März, am Tag der Frau.

Wieder den ›Faust‹-Schluß gelesen. Was geht da vor sich? Faust ist tot. Was heißt das: er ist tot? Mephisto sieht den Tod als Trennung der Seele vom Erdenleib. Er gibt seinen Teufeln Auftrag, streng auf den Augenblick zu achten, in dem die Seele den Leib verläßt: »Greift in die Luft... daß ihr die flatternde, die flüchtige faßt...«. Aber wo wohnt »das Seelchen, Psyche mit den Flügeln...?« Mephisto verpaßt den Augenblick: er sieht die Engel »Faustens Unsterbliches entführend.«
Und dann folgt eine Szene, die Wort für Wort gelesen und bedacht werden muß: es ist die Beschreibung dessen, was mit dem Menschen im Tod geschieht. Es nähert sich der »Chor der seligen Knaben«, jener Kinder, die bei der Geburt starben und »von schroffen Erdenwegen keine Spur haben« und erst lernen müssen, durch die Augen eines Menschen, des Pater Seraphicus, das Irdische zu sehen. Sie wissen aber etwas vom »Jenseitigen«:

Göttlich belehret
Dürft ihr vertraun.
Den ihr verehret,
Werdet ihr schaun.

Die Engel tragen »Faustens Unsterbliches« höher. Nun

folgt eine Passage, die mich viel Nachdenken gekostet hat,
wenn ich das Gesagte wörtlich-theologisch nehme. Die
höheren Engel singen:

> Uns bleibt ein Erdenrest
> Zu tragen peinlich.
> Und wär' er von Asbest
> Er ist nicht reinlich.
> Wenn starke Geisteskraft
> Die Elemente
> An sich herangerafft,
> Kein Engel trennte
> Geeinte Zwienatur
> Der innigen beiden,
> Die ewige Liebe nur
> Vermag's zu scheiden.

Man kann sagen, es sei die Rede von der Läuterung. Das ist
abstrakt. Bei Goethe ist aber alles »visionär«, im Wortsinn:
geschaut.

Also, was schaut er?

Die Engel tragen den doch schon toten Faust höher und höher, aber eben nur sein »Unsterbliches«, schon vom Leib
getrennt. Was sie da hinauftragen, ist »Zwienatur« und
zwar »geeinte Zwienatur«: ist es die »Geist-Persönlich-
keit«, die noch nicht EINS ist weder mit sich noch mit der
»Ewigen Liebe«? »Die ewige Liebe nur vermag's zu scheiden«. Aber was denn? Nehmen wir jene Dreiteilung zu
Hilfe, die wir in früherer Theologie finden und die später
(sehr seltsamerweise und im Sinn der Analogie antitri-
nitarisch) verboten wurde. Der Mensch bestand ihr zufolge
aus Leib, Seele, Geist. Nun besteht er nur noch aus Leib
und Seele. Das Unsterbliche also als Seele-Geist-Ganzes,
das aber nochmal geschieden werden muß, so daß nichts
bleibt als der Geist. Die Geistperson. Das, was den Menschen gottähnlich macht. (Der Teufel sah nur Zwei-
teilung!) Rudolf Steiners Vorstellungen. Auch er war ein

Wissender und nicht zufällig ein an Goethe geschulter Denker.

Auch die Stelle vom »Puppenstand« ist von daher verständlich: die seligen Knaben empfangen Fausts Unsterbliches, aber noch wie »die Puppe«, in welche der Geist eingeschlossen ist: der Schmetterling in der Puppenhülle.

»Löset die Flocken los, die ihn umgeben«, sagen die seligen Knaben. Es ist von der alten Hülle die Rede und vom »ätherischen Gewande« (Steiners »Ätherleib«). Mir steigt die Erinnerung an H.'s Tod auf: wie sie zupfte und zupfte an ihrem Hemd und ihrer Bettdecke; wie sie sichtlich sich abmühte, aus etwas herauszukommen, sich von etwas zu befreien. (Oft beobachtete Erscheinung bei Sterbenden).

Doch erst der »Mater gloriosa«, der »Ewigen Liebe«, der »Madonna« gelingt es, Faustens Unsterbliches endlich und endgültig zu befreien zur reinen Geistgestalt, die mit den Unsterblichen zu leben fähig ist.

Ist das nicht die genaue Vision von unserm Sterben und von dem, was uns dann geschieht? Ist es nicht ungeheuer tröstlich? Trägt es nicht den Stempel geoffenbarter Wahrheit?

Und dann der allerletzte Schluß mit dem Chorus mysticus:

Alles Vergängliche

Ist nur ein Gleichnis...

Ich fand diesen Ausspruch bei Eckermann in ›Goethes Gespräche in den letzten Jahren seines Lebens‹. Goethe hat den ›Faust‹ endgültig abgeschlossen. »Mein ferneres Leben kann ich nunmehr als ein reines Geschenk ansehen, und es ist jetzt im Grunde ganz einerlei, ob und was ich noch etwa tue«.

Beim späteren Wiederlesen des ›Faust‹-Schlusses: Die Mater Gloriosa sagt zu Gretchen:

Komm, hebe dich zu höhern Sphären,

Wenn er dich ahnet, folgt er nach.

Welch ein Beitrag zur feministischen Theologie!

Nachdenken über die Befreiungstheologie. Es muß doch etwas dran sein, lieber Bruder Karol Woityla, wenn seit rund anderthalb Jahrtausenden die Kirche (deren »Heiliger Vater« Sie sind) scharf kritisiert wird, und zwar nicht von bösen Atheisten, sondern von leidenschaftlich christlichen Theologen. Wieso nennt man sie »Ketzer«, und weshalb macht man sie mundtot durch Rede- und Schreibverbot, weshalb exkommuniziert, foltert, verbrennt man sie samt ihren Schriften? Der große heilige Franziskus von Assisi selbst war der Ketzerei verdächtig und wurde nur durch einen starken Beschützer, den Kardinal Hugulin, vor dem Scheiterhaufen gerettet. Hat er denn kirchliche Dogmen geleugnet? Keineswegs. Er hatte nur etwas gegen die Kirche seiner Zeit, ach, es ist die Kirche aller Zeiten, die Kirche der Reichen und Gewalt-Mächtigen, die sich so himmelweit entfernt hat von Lehre und Leben des Jeschua von Nazareth. Franziskus war nicht der Erste, der von der Kirche die reuige Rückkehr zum jesuanischen Christentum forderte. Vor ihm war es ein andrer Italiener, Joachim von Fiore, dem der Benediktiner-Orden, dem er angehörte, zu sehr welt-angepaßt und dem selbst der Reform-Orden der Zisterzienser zu wenig streng war, der dann selbst einen Orden gründete, der aber nicht dauerte, während des Joachim Ideen dauerten bis heute und immer wieder von christlichen Störenfrieden, Ketzer genannt, aufgegriffen werden. Wer den Weg der Kirche und ihrer Ketzer von Joachim an bis zu Leonardo Boff verfolgt, trifft auf große Namen wie Jan Hus, Nicolaus Cusanus, Galilei, Giordano Bruno, Kepler, Pascal, Leibniz, Schlegel, Döllinger... Lauter Christen, die sich erlaubten, zu denken und die Kirche daran zu erinnern, daß sie selbst häretisch geworden war, indem sie die Grundlehre des Christos Jesus verriet: arm und gewaltlos zu sein. Das zu sagen aber genügte, um den, der es sagte, zum Ketzer zu stempeln. Und? Hatten diese Kirchenkritiker nicht recht? Freilich hatten sie recht, aber eben das war es, was ihnen die Kirche als Ketzerei auslegte. Einer der Schüler des Franziskus nannte die Kirche »die große Hure«. Eine Hure ist eine, die sich um Geld verkauft. Setzen wir »Geld« für »Macht«, so haben wir die Kirchengeschichte mit all den häßlichen Machtkämpfen zwischen Päpsten und Kaisern, zwischen Kirche und Staat, mit ihrem Hängen am Besitz, mit ihren Morden an jenen, die sie Ketzer nennt, weil sie eine Kirche der Armut und Gewaltlosigkeit wollen.

Es sind nicht immer »Irrlehren«, die Dogmen betreffen (außer jenem fatalsten aller Dogmen: der Unfehlbarkeit des Papstes), was die Kirche beunruhigt (es ging auch bei frühen Dogmen wie dem »filioque« nicht um theologische, sondern um machtpolitische Abgrenzungen); was die Kirche fürchtet, ist der Machtverlust. Gerade das, was ihr ein neues Leben gäbe. Gerade das, was ihre Aufgabe in unsrer Zeit der Gewalttätigkeiten wäre: Verzicht auf jede Gewalt, vor allem auf den Gewissens-Terror, auf das Arbeiten mit der Angst vor der »Verdammnis«, eine Angst, die so tief im Christen sitzt, daß er sie gar nicht mehr benennen kann, sondern als unbestimmte Weltangst erlebt, als eine »Verlorenheit«, ein dunkles Schuldgefühl. (Wie viele solcherart Leidende kommen zu mir! Ich rede also nichts ins Blaue hinein). Das Zeitalter des Friedens zu gründen, das wäre (das IST) Aufgabe der Kirche unsrer Zeit.

Beim Wiederlesen dieser Blätter fällt mir einiges ein. So fällt mir ein, daß diese Kirche (die Kurie!) auch Karl Rahner zum Ketzer (Häretiker) erklärt hätte, wenn nicht der weise heilige Johannes XXIII ihr in den Arm gefallen wäre. Und was ist häretisch an Rahner? Einige Interpretationen von Dogmen, nun ja, aber vor allem seine Idee von der »Demokratisierung der Kirche«, von der Aufwertung des Laien, was eine Beschränkung der Macht der Kurie bedeutet und ein stillschweigendes Aufgeben des absoluten Unfehlbarkeitsgedankens. Und das eben ist die große Ketzerei.

Mir fiel weiterhin ein, daß die kommunistisch-marxistischen Staaten die nämliche Aufgabe haben wie die christlichen Kirchen: um des Friedensreichs willen jede Form von Gewalt aufzugeben.

Und weiter fiel mir ein, daß die Idee des »Friedensreichs« eine der als häretisch verdammten Lehren des Joachim von Fiore war. Dieser Theologe der Welt- und Heilsgeschichte sagte, es gebe drei Welt-Zeitalter. Das erste ist die Zeit bis zum Erscheinen des Jesus Christos; die Zeit des »Vater«-Gottes, der die Menschen durch strenge Gesetze regierte und sie in der Furcht hielt. Das zweite beginnt mit dem Christos, dem »Sohn«, der die Herrschaft des Glaubens und der Gnade aufrichtet; dies ist auch die Zeit der »Kirche«. (Siehe Johannes 1,16. Da stehts wörtlich). Dem folgt das dritte, in dem das Reich des Heiligen Geistes aufgerichtet wird, das Zeitalter der »Freiheit der Kinder Gottes«, in dem es keine (Amts-)Kirche mehr gibt, sondern nur die Geist-Kirche, die freie Gemeinschaft aller Menschen, das Reich des ewigen Friedens, das »Wassermann-Zeitalter«. Frage: War das nicht genau das, was der Christos wollte? Hat er nicht davon zu der Samaritanerin am Jakobsbrunnen geredet: »Einst kommt der Tag, an dem der Höchste nicht mehr im Tempel zu Jerusalem und nicht mehr auf dem Berg Garizium angebetet wird, sondern im Geist«? Ist das »Jenseits«, der »Himmel«, nicht eben die heilige Anarchie, in der es keine Kleriker und Laien mehr gibt, keinen Papst, keine Kurie und auch keinen Staat und keine Beamten mehr?

Wie zäh die Menschen an ihren Privilegien festhalten! Wie sie den »ewigen Frieden« gar nicht wollen, weil er eine Einbuße an Macht für die jeweils Mächtigen bedeutet! Wie gut zu verstehen ist das Bibel-Verbot für Katholiken, das bis vor einem halben Jahrhundert galt. Da steht ja klipp und klar die Verurteilung der Reichen und Mächtigen, auch der kollektiv Reichen und kollektiv Mächtigen. Viele Male stehts da. »Leichter geht ein Kamel durch ein Nadelöhr, als ein Reicher in den Himmel«.

Jesus, der Ur-Ketzer, der Ur-Revolutionär. Solche Leute werden gekreuzigt oder als Ketzer verurteilt.

Ist es nicht vielleicht umgekehrt: ist vielleicht »die Kirche«, die Jesu unbequeme Grundlehre willentlich vergessen hat, der eigentliche Ketzer?

Das bleibt zu bedenken. Man lese doch Seite für Seite die Evangelien. Steht da nicht auch die Sache mit dem dritten Zeitalter, dem des Heiligen Geistes? »Wenn ich gehe, kommt der Geist, der euch alles lehrt...«

Die Evangelien sind tatsächlich eine gefährliche Lektüre. Man sollte sie verbieten oder nur in kurzer, gereinigter Fassung erlauben – zur Beruhigung der Reichen und Mächtigen, und zur Vorbeugung revolutionärer Ideen.

Goethe und die marianische Theologie. Hätte ich doch vor zwei Jahren bei dem Tübinger Symposium über ›Theologie und Literatur‹ an den ›Faust‹ gedacht! Der Schluß von ›Faust II‹ wenigstens hätte mir einfallen müssen. Mit dem wäre zu beweisen gewesen, daß Dichter WISSEN, wo Theologen SPEKULIEREN oder Vorgeschriebenes interpretieren im Sinne und also in den Grenzen des Vorgeschriebenen.

Was immer Theologen sagen über das Sterben des Menschen, über Schuld und Gnade, über den »Sitz des Bösen im Leben«, vom »Teufel« und von den »Engeln«, von der Erlösung und vom Fortleben nach dem Tod: Goethe WEISS. Der Schluß von ›Faust II‹ ist hohe »theologische«, vielmehr religiöse Belehrung.

Faust, tief schuldig geworden im Leben, stirbt. Aber er stirbt als Geretteter. Der »dumme Teufel« verliert das Spiel, er verliert die Seele, deren er sich sicher glaubte durch den Pakt, den Goethe übernimmt aus ›Faust I‹:

Faust ist verzweifelt, sein Überdruß am Leben (am Leben des Intellektuellen, des Professors, des Bürgers, des schlechthin »Unwissenden«) treibt ihn nah an den Selbstmord, der Teufel sieht eine Gelegenheit, Fausts Seele sich einzuhandeln durch große Versprechungen allen irdischen Glücks, Faust hört's skeptisch, und mit aller Skepsis oder vielmehr schon von vornherein überzeugt von der Unmöglichkeit, irgendetwas mache ihn glücklich, schließt er den Pakt:

>»Werd ich zum Augenblicke sagen:
>Verweile doch! du bist so schön! –
>Dann magst du mich in Fesseln schlagen,
>Dann will ich gern zu Grunde gehn.«

So geschrieben von Goethe im Dezember 1797 (er war achtundvierzig Jahre alt). Vierunddreißig Jahre später (er ist zweiundachtzig) läßt er Mephisto die Wette verlieren und damit Fausts Seele. Wieso, warum? Weil Faust, physisch erblindet, mit einem Male »sieht«, was ihn glücklich macht: die Arbeit für das Glück der andern. »Auf freiem Grund mit freiem Volke stehn«. Ein sozialistisches Programm, fürwahr. Für Faust ist das, was auszuführen er begann (der Landgewinn zugunsten »des Volkes«) jener Augenblick, zu dem er sagen kann:

>Verweile doch, du bist so schön!
>Es kann die Spur von meinen Erdetagen
>Nicht in Äonen untergehn. –
>Im Vorgefühl von solchem hohen Glück
>Genieß ich jetzt den höchsten Augenblick.

Er stirbt. Mephisto verliert die Wette. Die mit Fausts Blut geschriebene Unterschrift gilt nicht mehr. Faust gehört den Himmlischen. Engel holen seine Seele ab.

Was geschieht denn da? Wer spricht denn das Urteil über den sündigen Faust? Wer spricht ihn frei?

>Wer immer strebend sich bemüht,
>Den können wir erlösen.

Und dann die wichtigsten Zeilen:

Und hat an ihm die Liebe gar
Von oben teilgenommen,
Begegnet ihm die selige Schar
Mit herzlichem Willkommen.

Wer von den »Jenseitigen« hat ihn geliebt? Es sind Frauen:
das von ihm verführte Gretchen, die Kindsmörderin (sie ist
im Himmel); es sind drei »heilige Büßerinnen«: Maria
Magdalena (Magna Peccatrix), Mulier Samaritana (die Frau
am Jakobsbrunnen im Johannes-Evangelium) und Maria
Ägyptica, jene Heilige, die vierzig Jahre als büßende Ere-
mitin in der Wüste Ägyptens lebte. Und zuletzt die Mater
Gloriosa, die der »Doctor Marianus«, einer der nicht mit
Namen genannten großen Mystiker des Mittelalters, nun
anruft:

Jungfrau, Mutter, Königin,
Göttin, bleibe gnädig.

»Göttin«? Eine theologische Häresie? O nein. Die letzten
Zeilen des ›Faust II‹ erklären alles:

Das Ewig-Weibliche
Zieht uns hinan.

Das »Weibliche in Gott«: die Liebe, die Barmherzigkeit, die
Güte, wirksam als Gnade.

Das Weibliche: die Schutzmantel-Madonna. Die »Mittlerin«. (Irdischer Aspekt: die Frau).

Ich weiß, daß es eine Unzahl von Untersuchungen zu diesem ›Faust‹-Schluß gibt. Ich habe sie nie gelesen. Ich will sie
nicht lesen. Ich will mir das unmittelbare hohe Entzücken
nicht zerreden lassen.

Ein Blatt von 1982 bekommen. Ein US-Amerika-
ner, ein sehr bekannter Schriftsteller, wagt es, seine Regierung herauszufordern mit ungemein kühnen Worten:
»Dies ist ein Land der Reichen, für die Reichen...« »Was
wir erreicht haben in den USA, ist der Sozialismus für die

Reichen und freies Unternehmertum für die Armen.« »Wir haben ein Erziehungssystem, das nur ein Ziel hat: gefügige Arbeiter und loyale Verbraucher zu produzieren.« »Wir erfinden slogans wie ›besser tot als rot‹, wenn niemand mehr dieses oder jenes sein kann...« »Im Namen dieses oder jenes politischen Systems, dieser oder jener Religion haben wir ein Meer von Blut vergossen...« »Das Feuer, das wir vom Himmel gestohlen haben, ist das Nuklear-Feuer, das aus unserm Planeten eine perfekte Hölle machen kann.« »Laßt uns eine Botschaft senden an die militärischen, industriellen, politischen Mächte, die unsern Staat regieren, eine unmißverständliche Botschaft, daß wir nicht länger auch nur ein einziges Wort glauben, was sie sagen über erfundene Gefahren in den Dschungeln oder anderswo, daß wir nicht länger gewillt sind, ein Drittel unsres nationalen Budgets zu verschwenden in dem sinnlosen Produzieren von Waffen, und daß, wenn sie ihren Weg nicht ändern, wir sie absetzen von ihrer Macht, friedlich, weil wir wünschen, was die ganze Welt wünscht, und das ist Friede, nicht nur für unsre Zeit, sondern für alle Zeiten, weil es keine Alternative gibt.«
Der Mann heißt Gore Vidal. Ich habe ihn voriges Jahr persönlich kennengelernt. Daß er in den USA mächtige Feinde hat, ist klar.

Kleists ›Geschichte meiner Seele‹. Seine Briefe von 1788 bis 1811. Ein kurzes Leben, geendet durch seinen Selbstmord am Kleinen Wannsee bei Berlin; mit ihm starb seine Freundin Jettchen (Henriette Vogel).
Zwar schreibt er am 10. November 1811 »meine Seele ist so wund, daß mir, ich möchte fast sagen, wenn ich die Nase aus dem Fenster stecke, das Tageslicht wehe tut, das mir darauf schimmert.« (Wie ich das kenne: in Zeiten der Schwermut ertrage ich keine Rose, keinen Sonnenuntergang und kei-

nen Dur-Dreiklang). Aber das war nicht Kleists Todes-Stimmung. Die war ganz andrer Art.

Am 21. November starben die beiden. Am 20. schreibt er an eine Freundin: »Der Himmel weiß, was für sonderbare Gefühle, halb wehmütig halb ausgelassen, uns bewegen, in dieser Stunde, da unsre Seelen sich, wie zwei fröhliche Luftschiffer, über die Welt erheben...«

Und am 21. noch: [...] »Wenn du wüßtest, wie der Tod und die Liebe sich abwechseln, um diese letzten Augenblicke meines Lebens mit Blumen, himmlischen und irdischen, zu bekränzen, gewiß, du würdest mich gern sterben lassen [...] ich bin ganz selig. Morgens und abends knie ich nieder, was ich nie gekonnt habe, und bete zu Gott; ich kann ihm mein Leben, das allerqualvollste, das je ein Mensch geführt hat, jetzo danken, weil er es mir durch den herrlichsten und wollüstigsten aller Tode vergütigt [...]«

Schon in Potsdam, nah dem Todesort, schreibt er: »Möge dir der Himmel einen Tod schenken, nur halb an Freude und unaussprechlicher Heiterkeit dem meinigen gleich...«

Dem allerletzten Brief fügt er an: »Man sagt hier den 21. November; wir wissen aber nicht, ob es wahr ist.«

Und auf einem kleinen beigelegten Zettel gibt er noch ein paar praktische Anweisungen – das letzte Wort ist, »der Bote bekommt noch 12 gr. Cour.«

Wie das erinnert an des Sokrates: »Wir schulden dem Asklepios noch einen Hahn.«

Sokrates, kurz ehe er, der zum Staatsfeind Erklärte, den Giftbecher trinken muß, sagt: »Gar schwer werde ich die Menschen überzeugen, daß ich mein jetziges Geschick für kein Unglück halte... Wie es scheint, haltet Ihr mich in der Wahrsagung für schlechter als die Schwäne, welche, wenn sie merken, daß sie sterben sollen, wie sie schon immer gesungen haben, dann am schönsten singen, weil sie sich freuen, daß sie zu dem Gotte gehen, dessen Diener sie sind.«

Kurz ehe er trinkt, scherzt er heiter mit seinem Schüler Kriton, der fragt, wie Sokrates bestattet werden wolle. »Wie Ihr wollt, wenn Ihr mich nur wirklich haben werdet und ich euch nicht entwischt bin... sondern fortgegangen zu irgendwelchen Herrlichkeiten der Seligen... Sage nur nicht, du habest den Sokrates begraben, sondern: daß du meinen Leib begraben hast...« (aus ›Phaidon‹, jener großen Schrift Platons über Tod und Unsterblichkeit, die mich mehr zu überzeugen vermag vom »Fortleben nach dem Tode« als jede christlich-theologische Lehre).

Kleist und Sokrates: trotz sehr verschiedener Art des Sterbens der Triumph des Geistes über den Tod.

4. 8. Ich hatte eben diese Zeilen geschrieben, da kam der Postbote. Unter den Briefen einer, der mich tief bewegte: die Freundin eines Kollegen ist gestorben. Selbstmord. Er hatte drei Tage zuvor geträumt, sie habe ihm eine Botschaft geschickt von der »Glückseligkeit des Todes«.

Heinrich-Mann-Preis der DDR. Mai 87. Es ist schon gut, daß mich oft Umstände zwingen, mich mit einem besondern Problem oder einem besondern Dichter zu beschäftigen. Heinrich Mann also. Wer war er? Der Bruder des großen Thomas Mann. Ist das alles? Ich hatte fast nichts von ihm gelesen. Jetzt sollte ich eine Rede über ihn halten. Jetzt also mußte ich seine Bücher lesen, eins ums andere. Unbehagliche Bücher. Schockierende Bücher. Heinrich Mann: der Bürgerschreck. Aber ist das alles? Ich las und las, und schließlich (nach seinem Doppel-Roman über Heinrich IV) wußte ich, daß er um kein Haar kleiner ist als sein Nobelpreis-Bruder Thomas.

Die beiden zu vergleichen, lag nahe, und nahe lag es auch, ihr Verhältnis zueinander zu untersuchen. Das tat ich, und daraus wurde meine Rede in Ost-Berlin. Ich will doch wenigstens den Anfang der Rede im Tagebuch zitieren, damit sich auch andre Leute mit Heinrich Mann beschäftigen.

»›Wer hätte es gedacht.‹ Dieses Wort Thomas Manns in seiner Festrede zu Heinrich Manns 60. Geburtstag, der hier, an dieser Stelle gefeiert wurde, ist das gegebene Leitmotiv meiner Rede.

Wer hätte es gedacht, so meinte Thomas Mann, daß aus einer großbürgerlichen Lübecker Kaufmannsfamilie, die ein Lübecker Pastor einst eine »verrottete« nannte, zwei Söhne namhafte Schriftsteller würden, namhaft nicht nur, sondern von bedeutendem europäischem und internationalem Rang. Wer aber hätte es gedacht, daß die beiden eines Tages das Land ihrer Sprache verlassen mußten, vertrieben von der bösen Dummheit derer, die nicht begriffen, daß die Vertriebenen das Beste, das Eigentliche der deutschen Kultur mit sich nahmen. Wer hätte es gedacht, während der zwölf finsteren Jahre, daß beide eines Tages wieder in das Land ihrer Sprache hätten zurückkehren können, wenn sie nur gewollt hätten. Wer aber hätte gedacht, daß sie dann hätten wählen müssen zwischen Deutschland und Deutschland: dem westlichen, dem bürgerlich-kapitalistischen, und dem östlichen, dem sozialistischen. Beide sind nicht zurückgekehrt. Der eine zog es vor, seine späten Jahre bürgerlich gesichert in der Schweiz zu verbringen. Dem andern wurde die Entscheidung vom Tod abgenommen; erwogen hat er die Rückkehr, das wohl, sie war ihm angeboten vom sozialistischen Deutschland. Auch dem Bruder war die Rückkehr angeboten, ja sogar als politisch-moralische Pflicht abgefordert worden von unsensiblen deutschen Kollegen des Westens. Er hat sie nicht einmal erwogen.

Beide so gewalttätig Entwurzelten fanden keine Heimat mehr unter dem geteilten Himmel. Aber eine Heimkehr gab es doch, wenigstens das: 1960 kam die Urne mit Heinrichs Asche nach Berlin. Da steht sie bei den Gräbern der andern Großen auf dem Dorotheenfriedhof. Undenkbar, daß er gewünscht hätte, sie fände ihren Platz im Westen. Vielleicht hätte er sie aber noch lieber auf dem Pariser ›Père Lachaise‹ in seinem geliebten Frankreich. Wären die beiden zurückgekehrt, lebend, der eine in den deutschen Osten, der andre in den deutschen Westen, wie hätten sie sich verhalten? Wäre der alte Bruderzwist neu aufgeflammt, am Politischen sich entzündend? Es wäre Stoff für einen großen Roman, die brüderliche Weltsicht zu imaginieren, vom Zusammenbruch Deutschlands, von der Teilung, vom Kalten Krieg an bis in die Gegenwart hinein. Es ist wohl erlaubt zu denken, daß sich die beiden, die Jahre nach dem Bruch von 1918 unter der wenn auch noch fernen Drohung des Nationalsozialismus halbwegs sich versöhnten, auch heute sich versöhnten unter der Drohung jener bösen Macht, die unsern Frieden, ja den Fortbestand unsres Planeten gefährdet. Es ist wohl denkbar, daß der bürgerlich-liberale Thomas und der sozialistisch-demokratische Heinrich sich Seite an Seite bei einer Friedensdemonstration fänden und bei unserm Schriftstellertreffen ihr Wort gesagt hätten, und es wäre kein polemisches gewesen, höchstens ein scharf analysierendes und vorsichtig warnendes, gewiß aber ein versöhnliches.«

An den Vorsitzenden des Staatsrats der DDR.
Lieber Herr Honecker, nach langem Überlegen habe ich mich entschieden, Ihnen diesen Brief zu schreiben.
Um mich in Ihr Gedächtnis zu bringen: ich bin diejenige, die am 5. Mai dieses Jahres den Heinrich-Mann-Preis Ihres Landes bekam, die bei Ihrer Rede zu den Schriftstellern am Tisch vor Ihnen saß und die sich Ihnen dann vorstellte.
In Ihrer Rede sprachen Sie positiv über Gorbatschow und die Perestrojka, und Hermann Kant sagte in seiner Rede beim Schriftstellertreffen, daß die DDR, entsprechend den Parolen Glasnost und Perestrojka, sich für Kritik öffne – für die landesinnere, meinte er.

So sehr »außen« bin ich jedoch nicht: ich bin oft in der DDR und bemühe mich seit Jahren um den Abbau von Feindbildern auf beiden Seiten, vorwiegend auf der westlichen, die noch immer vom »bösen Kommunisten« spricht.

Aus vielen Gesprächen mit Bürgern Ihres Landes kenne ich die Situation recht gut, im Positiven und im Negativen.

Zum Negativen gehört nun entschieden das, was sich kürzlich an der leidigen Mauer abspielte.

Um es deutlich vorweg zu sagen: ich bin ganz und gar nicht einig mit Reagan und seinem Vasallen Kohl (oder umgekehrt), und ich finde deren Reden zum Deutschland-Problem ungehörig, undiplomatisch, wirklichkeitsfremd, überflüssig, provozierend, kurzum: töricht. Aber: ich kann mir vorstellen, daß es zur Perestroika gehöre, die häßliche Mauer durch eine normale Staatsgrenze zu ersetzen, die jedermann mit einem Paß überschreiten kann, einige vorläufige Einschränkungen zugestanden. Warum nicht, da es zwischen der BRD und Österreich und dem italienischen Südtirol doch auch so geht!

Nun meine Frage an Sie: warum ließen Sie nicht Ihre Jugend ungestört an der Mauer das Konzert von der andern Seite anhören? Warum setzten Sie Polizei ein? Warum provozierten Sie damit Ihre Jugend? Ich sah die Szene genau im italienischen Fernsehen. Mit dieser Aktion taten Sie Ihrem Volk nichts Gutes. Sie bauten von neuem jenes Feindbild von der DDR auf, das abzubauen doch in Ihrem eigenen Interesse ist. Ihre Jugendlichen riefen nach Gorbatschow. Sie selbst sprachen in der Rede, die ich aufmerksam hörte, sehr positiv über Glasnost und Perestroika. Dazu gehört wesentlich der Abbau der Feindbilder Ost-West. Ohne diesen Abbau kein Friede. Ich bin sicher, daß Gorbatschow Szenen wie die an der Mauer nicht billigt.

Sie können nun sagen, daß sie eine innere Angelegenheit der DDR ist. Aber: es gibt heute keine Binnen-Politik mehr. Was ein Land betrifft, betrifft die umliegenden Länder, ja die ganze Menschheit mit. Die Welt ist EINE, und alle Menschen sind Brüder und Schwestern mit einem gemeinsamen schweren Schicksalsweg.

Man kann heute, gerade als Marxist, nicht mehr auf der Stelle treten. Der Marxismus von heute ist nicht jener von 1930 und nicht jener von 1950, 1960, 1970. Er muß dynamisch sein, sonst verliert er seine Kraft und wird von der Dynamik der historischen Stunde überrollt. Diese Stunde verlangt von den Politikern große Beweglichkeit, und auch absolute Furchtlosigkeit.

Sie kennen das Wort aus Schillers ›Don Carlos‹: »Sire, geben Sie Gedankenfreiheit.« Ich wandle es ab: lassen Sie die Perestroika, das neue Denken, auch gelten für Ihre Jugend, diese tapfere, fleißige, intelligente, diese mündig gewordene Jugend! Sie kann nur dann bewußt positiv zu ihrem Staat stehen, wenn sie ein gewisses Maß an Freiheit hat. Zwang und Mißtrauen schaffen eine Käfig-Situation, in der sich Aggressionen entwickeln.

Ich bin ziemlich (wenn auch nicht völlig) sicher, daß Sie meine Worte hören, weil sie von einer Person kommen, die niemals »DDR« (in Anführungszeichen) schrieb, die so viele Leser und Freunde in der DDR hat, die oft dort ist und die sich wegen ihres Einsatzes für Sozialismus und Frieden viele Feinde in der BRD machte.

Kündigen Sie mir nicht Ihre Freundschaft auf, lieber Herr Honecker. Ich möchte weiter in die DDR kommen dürfen.

Ihre

Aus Honeckers sehr freundlichem, klugem Antwortbrief: Man dürfe nicht vergessen, daß die »leidige Mauer« nicht nur eine Mauer zwischen zwei deutschen Staaten sei, sondern, bis jetzt, eine Mauer zwischen den Einflußsphären der beiden Weltmächte UdSSR und USA. Und damit hat er natürlich recht.

Selbstmord eines Schweizer Kriegsdienst-Verweigerers. Der Vater hoher Militär, die Mutter Pazifistin, der älteste Sohn verweigert den Militärdienst und erschießt sich mit seinem Sturmgewehr – aus Angst vor dem Vater. Der jüngere Bruder wagt (aus Angst vor dem Vater) die Verweigerung nicht, geht in der Spur seines Vaters und macht militärische Karriere, gegen sein Gewissen. Die Mutter, untröstlich über das Los beider Söhne, arbeitet für Asylbewerber, die von den Eidgenossen »Scheiß-Ausländer« genannt werden.

Aufruhr in Frankfurt. Es geht um ein Theaterstück, das (ich las es nicht) schlecht sein soll, und darin gehts auch um Juden, das heißt einen jüdischen Groß-Spekulanten in Frankfurt. Es ist kein Geheimnis: für diesen Mann gibt es ein Modell, und er hat, in Übereinstimmung mit der Stadt, schandmäßig gewütet mit Einrissen alter Häuser und dem Bau neuer Bürosilos. Es ist gut, wenn so einer genannt wird in aller Öffentlichkeit.
Ja. Aber der Mann ist Jude. Na und? Ist ein Jude kein Mensch wie andre? Kann ein Jude kein mieser Kerl sein? Darf ein Jude nicht mies genannt werden?
Faßbinder, der Autor, hat gemeint: Ja, das darf man, das muß man, ein mieser Charakter ist mies, ob Christ, ob Muselman, ob Jude, und es ist nichts als feige Heuchelei, wenn man einen miesen Juden nicht mies nennen darf, so wie man einen miesen Deutschen... Und so weiter. Warum also die Aufregung in Frankfurt?
Ja, warum. Warum traf mich diese Sache an einer überaus empfindlichen Stelle? Ist da eine Narbe geblieben, die bei der geringsten Berührung wieder aufplatzt?
Ja, es ist eine Narbe geblieben. Ich schickte ein Telegramm ans Frankfurter Schauspielhaus: »Rate dringend zur endgültigen Absetzung des Faßbinderstücks – stop – wir Deut-

schen haben mit Auschwitz das Recht verwirkt Juden als
Juden zu diskriminieren – stop – vermeidet unnötige Aufhei-
zung – stop – könnte auch außenpolitische Probleme bringen«. Und an die Frankfurter jüdische Gemeinde schickte ich
ein Telegramm des Bedauerns und der Solidarität.
Glaube nur niemand, daß ich die Sache nicht genügend
durchdacht hätte. Wund gedacht habe ich mich. Und ich
habe alles gelesen darüber, was in deutschen Zeitungen
stand. Da stand auch irgendwo, daß dieser X. ein Ghetto-
Kind ist. Ein polnisch-jüdisches Kind, das wir Deutschen
(o ja: WIR Deutschen) einmal, nach 1939, eingesperrt
haben im Ghetto von Warschau, wo es, wie alle Juden dort,
verzweifelt ums Überleben kämpfte. X., das jüdische
Ghetto-Kind, – was für eine Kindheit! Durch unsre
Schuld. Im Ghetto lernte es, was alle Kinder unterdrückter
Minderheiten lernen: wie man um jeden Preis überlebt,
nämlich durch List. Mit Gewalt gehts nicht, legal gehts
nicht, also heißts schlau sein, schlauer als die Feinde,
schlauer auch als die eigenen Leute. Und X. wurde schlau
und schlauer, und zuletzt wurde er einer der schlauesten
Spekulanten in Frankfurt. Wer die List beherrscht, kommt
hoch.
Wie ist das mit den »Zigeunern«, die angeblich oder wirklich so unverschämt stehlen, daß es der Bestohlene gar nicht
merkt? Wir haben im 17. Jahrhundert den »Zigeunern«,
unsern Sinti, die ehrbaren Berufe verboten, aus Futterneid:
die Zünfte erledigten die Konkurrenz. Was blieb den Sinti
übrig, als listig zu sein? Listig sein: andre über-listen.
Immer dieselbe Geschichte: wir drängen Menschen und
Gruppen an den Rand, wir sprechen ihnen das Lebensrecht
ab, wir lassen sie ins Elend fallen, wir zwingen sie zur Illega-
lität. Und dann unser Geschrei. DANN!
Es stimmt schon: man sollte Juden mit Unbefangenheit kritisieren. Ich sagte schon 1962 in Israel in einem Gespräch
mit jungen Menschen dort: »Ich bin nicht gekommen, um

Euch blindlings zu loben, ich sehe auch hier, daß es sehr Reiche und sehr Arme gibt und also böse Ungerechtigkeit, und ich sage das mit kritischer Offenheit, ohne zu fürchten, daß Ihr mich für eine Antisemitin haltet. Eben weil ich keine bin, darum bin ich unbefangen kritisch.«

Sie nahmen es hin. Aber damals gabs keinen Antisemitismus in der Bundesrepublik. Der war verdrängt, weil verboten. Durchs Grundgesetz. Und jetzt gibt es ihn wieder. Trotz Verbot. Und nicht nur die Israel-Palästinenser-Konflikte sind Ursache, sondern eben Leute wie X., der Jude ist, und Groß-Spekulant.

Es gibt hunderte von solchen Spekulanten. Schlimmere. »Arische« Politiker dabei. Wer regt sich groß darüber auf? Aber weils ein Jude ist... Und da sieht man: der Antisemitismus lebt. Das kam in Frankfurt heraus. Und das ist vielleicht gut. Aber ich erwarte nicht, daß der Antisemitismus verschwinde. Er sitzt ungeheuer tief, wirklich: ungeheuer. Er sitzt da, wohin unser Denken und unser guter Wille nicht hinreichen. Nennen wirs: das Irrationale, das Unbewußte, das kollektive Karma, das nicht zu Ende gelebte Schicksal.

Peer Gynt. Bei der Vorbereitung auf meine Skandinavienreise wieder einmal in Ibsens ›Peer Gynt‹ gelesen. Nachdem sich Peer in seinem abenteuerlichen Leben mit Schuld beladen hat, kehrt er heim zu Solveig, seiner treuen Braut, und nun will der »Große Krumme« ihn holen, der Teufel. Aber

»Er war zu stark.

Weiber standen neben ihm.«

Die Ibsensche Version von Goethes ›Faust‹: es sind die Frauen, die den Mann retten.

In der katholischen Theologie Maria als »Fürsprecherin«.

Wieder in Skandinavien. Oslo, Bergen, Drontheim: hoher Schnee, Eiswind, scharfe Kälte. Die Städte anschauen? Zitternd vor Kälte sehe ich in Bergen die schönen
alten Handelshäuser am Fjord und in Drontheim die ganz
ungemein reiche gotische Fassade der alten Kirche, in der
Norwegens Könige (sie hießen meist Olaf) gekrönt wurden.
Daß zu meinen Leseabenden soviele Leute sich in die Win-
ternacht-Kälte hinauswagen!
Müßte es an der Westküste Norwegens nicht milder sein,
denn: fließt da nicht der warme Golfstrom vorbei? Schul-
wissen, falsches. Es gibt, sagen mir Norweger, diesen
Warmstrom nicht. Jedenfalls nicht in Mittelnorwegen.
Vielleicht im Norden.
Wirklich: in Tromsoe, der letzten Stadt vor dem Nordkap,
ists wärmer. Ein wenig, aber doch merklich wärmer. Ohne
Golfstrom? Die westlichen Berge halten die kalten Winde
ab.
Tromsoe, eine kleine Stadt auf einer der vielen Inseln und
Inselchen. Sie liegt am 70. Breitengrad, der nördlichste Ort,
an dem ich je war außer bei Zwischenlandungen in Alaska.
Weit weg vom gewohnten Süden. Ich ertrage Kälte
schlecht, ich mag keinen Winter, kein Eis, keinen Schnee.
Aber hier oben wird mir die Winterwelt zum neuen Erlebnis. Wie hübsch ist dieses Tromsoe: eine Bilderbuchstadt,
von einem naiven Maler oder von Kindern auf weißes
Papier gemalt: im schneeweißen, im nicht-verschmutzten
Schnee die vielen Häuschen rot blau gelb grün braun angestrichen. Jeder Norweger will sein eigenes Häuschen. Diese
Individualisten. Nun: Platz haben sie genug da oben und
in ganz Norwegen: 4 Millionen Einwohner auf rund
300 000 Quadratkilometern. Die DDR für ihre 16 Millionen
hat runde 110 000, wir Bundesdeutschen haben für unsre
62 Millionen nur 250 000. Schlecht verteilt. Freilich: in diesen Ländern kann man jeden Quadratmeter ausnützen.
Norwegen aber besteht aus Wasser und Felsgestein. Wovon

leben die Leute da oben? Von Jagd und Fischfang. Ach ja: vom Fuchs- und Seehund-Fang. Aber wovon sollen sie sonst leben? Alles ist so kompliziert, so heillos verworren auf dieser Erde. Die norwegische Regierung sieht das Tromsoe-Gebiet als Verlustgeschäft; sie wollte die Leute umsiedeln weiter in den Süden. Aber wer verläßt Tromsoe? Ich würde bleiben. Die Stadt ist zauberhaft. Ich meine wirklich: zauberhaft. Diese gläserne Reinheit. Dieses pure Weiß, nicht unterbrochen durch die schwarzen Runen kahler Bäume, die den Tod vortäuschen; hier oben wächst nämlich fast nichts.

Gleißende Schneefelder, und gegen Abend das Spiel des Lichts auf dem puren Weiß. Da beginnen die hohen zackigen Berge im Westen ihr steinern-eisiges Wesen zu verleugnen; da entmaterialisieren sie sich, werden blau, rosa, fliederfarben, apfelgrün, durchsichtig wie Glas; bis dann aus dem plötzlich schwarzen Himmel die Sterne brechen, blank und groß. Ich habe Glück in diesen drei Tagen: tagsüber scheint die Sonne. Freilich: Wärme gibt sie kaum, die Straßen sind schwer vereist, die Autos fahren im Schritttempo, bremsen kann man da nicht. Man fährt und geht eben langsam. Das gibt der Stadt eine freundliche Ruhe. Zu viel Ruhe, sagt die deutsche Germanistin, die mich bei meiner Lesung dort scharf angreift. Warum? Ich habe aus ›Mirjam‹ gelesen. Die Deutsche sagt, ich habe ein antifeministisches Buch geschrieben; diese Mirjam sei der Anti-Typ; sie läuft einem Manne nach und demütigt sich vor ihm. Die Germanistin begreift nicht, daß dieser Mann, Jeschua-Jesus, ja nicht wesentlich Mann war, sondern ein Göttlicher, dem »nachzulaufen« DER WEG ist und nicht demütigend, sondern aus dem tiefsten Wissen kommend. So scharf wird die Frau, daß zwei norwegische Germanistinnen angewidert den Saal verlassen. Beim Abendessen (mit dem katholischen deutschen Bischof, einem freundlichen Herrn) entspannen wir uns. Ich habe nämlich begriffen, daß diese noch junge Deutsche, die das selbstgewählte Schicksal bis da oben hinauf verschlagen hat, hier mit ihrer Intellektualität nichts anfangen kann; sie verkehrt sie in Aggression am falschen Ort gegen die falsche Person. Ich gebe ihr eine Blume aus dem Strauß, den ich bekam, und wir scheiden in Frieden.

Am nächsten Vormittag die Diskussion in der Oberschule. Thema: die Deutschen und Hitler. Norwegen hat im Krieg Schlimmes erlebt, aber, so zeigt sich, diese Siebzehn-Achtzehnjährigen wissen davon nichts mehr. Wirklich nicht? Nach und nach stellen sich Erinnerungen ein an das, was Väter, Großväter, Nachbarn erzählten. Bruchstücke. Sie geben noch kein Bild, aber das Erinnerte weckt den Wunsch nach genauerem Wissen. Schließlich taucht Verdrängtes auf, ein Schüler wagt es auszusprechen: Hat nicht ein Teil der Norweger mit Hitler kollaboriert? Gab es nicht jenen Quisling, den Überläufer, den Verräter, und die vielen Quislinge? Und wie war das mit Knut Hamsun? Warum wurde er nach 1945 von einem norwegischen Gericht verurteilt? Hat er wirklich mit Hitler sympathisiert, fragen sich Norweger heute.

Wir haben nur eine Stunde Zeit für das große leidige Thema. Vieles bleibt offen.

Mein Einfall: alle Achtzehnjährigen in allen vom Weltkrieg betroffenen Ländern sollen Erzählt-Erinnertes aufschreiben. Ein Buch daraus machen, vielleicht für »Internationes«. Verbindung aufnehmen mit Botschaften, Goethe-Instituten, Kollegen andrer Länder. Buchtitel: Wir Erben einer finstern Vergangenheit.

Vor dem Abflug aus Tromsoe noch die neue Kirche gesehen, die »Eismeer-Kathedrale«, »Zeltbau« aus sparsam verwendeten schräg-gestellten Betonpfeilern und viel farbigem Glas. Die Ostwand ein einziges großes Dreieck, ein Glasmosaik-Fenster, eine Christusfigur mit ausgebreiteten Armen. Mein Glück, gerade in der Stunde dort zu sein, in der

die Sonne durch dieses Fenster scheint. Licht-Verzaube-
rung. Vorwegnahme einer intensiven Freude, welche diese
Erde gibt und die doch nicht von dieser Erde ist.

Wochenende in Oslo. Vieles gibts zu sehen. Erst einmal das
Schiffsmuseum. Interessiert es mich? Ja, denn es enthält
das außerordentliche Schiff eines außerordentlichen Mannes: das Floß-Segelboot Thor Heyerdahls, der mit diesem
Boot den Ozean durchquerte, zweimal, das erste Schiff
schaffte es nicht, es ist auch hier zu sehen, schadhaft, aber
das zweite schaffte die Fahrt. Was für ein Unternehmen, das
unmöglich gut enden konnte; ein Wahnsinnsplan. Warum,
wozu eigentlich? Um sich zu beweisen, daß mans kann. Daß
man das Unmögliche möglich machen kann, mit einfachen
Mitteln, unter einer Bedingung: daß man »mit dem Wind
segelt«. Das heißt: wenn man in konzentrierter, aber vollkommen gelassener Aufmerksamkeit alle Wetterzeichen
beobachtet, wenn man nicht mit Starrsinn den einmal gewählten Kurs halten will, sondern vertrauensvoll »mit dem
Meer geht«; wenn man die äußerste Unsicherheit als einzig
wahre Sicherheit annimmt, und wenn man sich vom Sog
der Welt-Weite erfassen läßt.

Die Touristen kommen und gehen, ich bleibe lange stehen
vor dem Boot und höre die Botschaft dieses Weltmeersegl-
ers, dieses glücklichen Nachfahren des so norwegischen
Peer Gynt.

Hernach im Munch-Museum. Hier ist alles zusammenge-
tragen, was man sonst nirgendwo sieht, auch das weniger
Gute. Ich habe Munch nie verstanden. Eine fremde Welt,
fremde Kraft. Der nordische Expressionismus macht mir
Unbehagen bis hin zur Bangigkeit. Krankheit als vorherr-
schendes Sujet. Kranke als Modelle. Der Maler selbst ein
Kranker, krank auch seine betonte Sexualität. Und immer
das Motiv Tod. Nicht-erlösender, armseliger Tod. Das Motiv drängte sich ihm auf: 1863 geboren, 1868 der Tod seiner
Mutter, 1877 der Tod seiner jungen Schwester, 1889 der Tod

seines Vaters, 1895 der Tod des jungen Bruders. Tod Tod
Tod. Soviel Krankheit, soviel Düsternis, soviel Sterben.
1908 hat er den großen Nervenzusammenbruch. Der lange
Klinik-Aufenthalt. Ich habe einige seiner Gemälde gesehen, 1936 in der Münchner Nazi-Ausstellung ›Entartete
Kunst‹. Freilich: die gehörten zur Gegenwelt des N.S., sie
sind die mächtige Bedrohung der Nazi-Vorstellung von der
gesunden, starken, hellen »nordischen Rasse«. (Als wären
Hitler und Goebbels nicht selbst der Widerspruch ihrer eigenen Wunschbilder gewesen! Und das haben die Deutschen nicht bemerkt. . .) Viel lieber sind mir im andern Museum die Bilder von Munchs etwas späterem Zeitgenossen
Christian Krohg. Auch bei ihm Kranke, aber ohne Munchs
Dämonie. Die vielen Krankheiten in Norwegen: Tuberku-
lose und Lepra auch, deren Erreger ein norwegischer Arzt
fand. Krankheiten: Lichtmangel, falsche Ernährung, der
Alkoholismus.
Niemand auf dieser Reise erwähnt von sich aus den großen
toten Löwen Knut Hamsun. Ich kenne alle seine Bücher.
Und 1950 las ich sein Buch ›Auf überwachsenen Pfaden‹,
sein Tagebuch, geschrieben in der Zeit seines politischen
Arrests, und seine Verteidigungsrede vor dem Reichsanwalt
nach dem Krieg, dem auch für Norwegen verlorenen. Denn
so einfach ist das nicht: neben den vielen Norwegern im
Widerstand (der Deutsche Willy Brandt war bei ihnen) gab
es eben auch die andern, die Quislinge. Hamsun war für
Hitler. So ist das, daran ist nicht zu rütteln. Jetzt, in Norwegen, ist mir verständlich, daß ein Dichter die kulturelle
Rolle seines Landes für so unbedeutend hielt, daß sie vom
Anschluß an »die große Kulturnation Deutschland« nur gewinnen konnte. (Er selbst hat den Nobelpreis 1920 bekommen, nach ihm, 1928, Sigrid Undset, immerhin zwei Norweger). Hamsuns Liebe zu »Blut und Boden« paßte auf
fatale Weise zu Hitlers Kultur- und Lebensprogramm. Ein
todessüchtiger Dichter und ein todessüchtiger Führer

eines Volkes, dessen dunkle Seite die Nekrophilie war: der Sog zu Krieg und Heldentod. (Erich Fromm hat das Wort von »nekrophilen« Menschen und Völkern geprägt.) Hamsun zitiert in seinem Arrest-Tagebuch (ich lese nach) aus seiner Vernehmung das Wort eines Richters: »Ein Halunke namens Terboven, der seine Aufträge direkt von Hitler erhielt, peinigte und schlachtete das norwegische Volk fünf Jahre lang. Aber Gott sei Dank, wir andern hielten aus. Finden Sie, daß die Deutschen ein Kulturvolk sind?« Hamsun schrieb: »Ich antwortete nicht.«

Man hat ihn in einer psychiatrischen Klinik in Oslo peinlichen Untersuchungen ausgesetzt, auf »Unzurechnungsfähigkeit« zielend. Man konnte nicht glauben, daß der große Dichter so blind gewesen war, Hitler zu folgen. Blind, das war er nicht, aber taub, halbtaub, anatomisch-physiologisch, ja. Er wußte nichts, er hörte, seiner Taubheit wegen, nie Radio, las aber auch keine Zeitung, und seine Frau Marie, die war für Hitler und schützte ihren Mann vor der politischen Wirklichkeit. Für ganz unzurechnungsfähig konnte man ihn dann doch nicht erklären: man ließ ihn frei, nahm ihm aber sein beträchtliches Vermögen weg. Und er selbst, wie fühlte er sich? Schuldig und auch wieder nicht. Und das stimmt beides in diesem Fall. Darum war Norwegen so hilflos gegenüber seinem größten Dichter und dem dunklen Schicksal dieses tauben, alten Mannes.

Parallelfall: der große nordamerikanische Dichter Ezra Pound, der sich für den Faschismus in Italien begeisterte, wurde vor ein Militärgericht in den USA gestellt. Damit man ihn nicht einsperren oder etwa töten mußte, erklärte man ihn für verrückt und steckte ihn in ein Irrenhaus.

Stockholm. Ungute Erinnerung. Das schlechtgeheizte Hotelzimmer, unfreundliche Leute, schimpfende Autofahrer (Frauen schimpfen auf Frauen, ich habs erlebt im Auto der Frau des Goethe-Institut-Leiters). Ich hatte mir die Schweden anders vorgestellt. Aber ich begreife rasch: dieses Volk ist zutiefst seiner selbst unsicher geworden: der Mord an Olof Palme, so aus heiterm Himmel ins freundlich-bequeme Gewohnte hinein, nicht aufgeklärt bis heute, und nicht geklärt Palmes Rolle im Waffenhandel. Zwar ist sein Grab auf dem kleinen Friedhof mit Blumen bedeckt (ich stelle zwei Rosenstöckchen dazu), und auch an der Mord-Stelle liegen Blumen, aber man kann spüren, daß bange Fragen umgehen. Auch wird mir klar, daß der unüberbietbar ausgebaute Sozialismus gefährlich ist. »Vater Staat macht alles«. Abwälzen der Probleme auf das fast abstrakte Phänomen »Staat«. Zu wenig Widerstand des einzelnen, zu wenig Nötigung zur Eigen-Initiative und zum Zusammenstehen gegen Ungerechtigkeiten, zu wenig Spannung, das macht schläfrig, das macht unschöpferisch. Die sehr hohe Selbstmordrate spricht viel Dunkles aus.

Lesung im Goethe-Institut. Sehr viele Hörer. Ein Schwede will wissen, wie ich zu meiner Ablehnung des NS-Staats kommen konnte, da doch die meisten Deutschen für Hitler waren. Ich versuche zu erklären, wieso viele Deutsche dem Hitler zujubelten: vor 1933 sieben Millionen Arbeitslose, verelendete Großstädter, verwahrlost-ziellose Jugend, Hitler versprach Abhilfe und hielt sein Versprechen; freilich: um welchen Preis. Eine deutsche Germanistin, an der französischen Schule unterrichtend, fährt hoch: »Sie verteidigen den NS-Staat!« Und eine Schwedin ruft von hinten: »Die Deutschen haben einstimmig Hitler gewählt.« Mein Gott, was weiß denn die davon, wie es zuging damals? In dem Dorf, in dem mein Vater Lehrer war, gab es keine Nazis. Das Wahlergebnis: hundert Prozent für Hitler. Gefälschte Ergebnisse. Die Schwedin glaubt das nicht. Ich versuche, ihr die Rolle der westlichen Länder einschließlich der USA darzulegen: Hitler als Prellbock gegen den Kommunismus ... Ich rede mich, so herausgefordert, in eine Verteidigung der Deutschen hinein, die ich gar nicht leisten will.

Ich bin die lebendige Zeugin dafür, daß der Bajuwaren-häuptling nicht recht hat, wenn er den Goethe-Instituten vorwirft, sie betrieben Nestbeschmutzung durch Linke. Das alles konnte ich in einem Kurz-Interview des ZDF in Kopenhagen sagen, mit Fug und Recht.

Kopenhagen: die Stadt zum Verlieben. Sie zu schildern, fällt mir ein Rosenkranz von banalen Liebes- und Lobes-worten ein: graziös, heiter, lebendig, freundlich, harmo-nisch, lustig, friedlich, witzig, bei aller Klassizität verspielt, und musikalisch. Nicht nur das reizende Glockenspiel vom Schloß läßt mich an Salzburg und Mozart denken. Alle Leute scheinen Zeit zu haben. Und im Schloß sitzt die »lange Grete«, wie die Dänen ihre Königin nennen: sie ist 1,85 groß und übersetzt schwierige Bücher ins Dänische. Zu Dänemark habe ich eine lange Beziehung: Frau von Kaulbach, als Frida Skotta eine berühmte Geigerin, später meine »Ziehmutter« (sie hat mich erzogen, als ich jung war), war Dänin ganz und gar. Ihre Freundin war Karen Blixen, die ich 1935 schon las, als kein Mensch sie kannte, und die erst jetzt plötzlich, ihres Afrika-Themas wegen, wieder entdeckt wurde, ihre großartigen ›Schicksalsnovel-len‹, zum Beispiel. Wie das geht: man schreibt, man hat Erfolg, man wird vergessen und eines Tages wieder ausge-graben, dann, wenns einem gleichgültig ist, weil man be-reits »jenseits« lebt, so oder so. Ich sehe ihr schönes Land-haus im Norden Kopenhagens, am Meer. Übrigens: daß Hamlet Prinz von Dänemark war, leuchtet mir nicht ein. In einer so heiteren Stadt konnte doch... Aber freilich: jeder Ort der Erde hat Zeiten des Lichts und der Verfinsterung. Könige werden gesalbt und umgebracht, und Prinzen werden wahnsinnig und sehen Gespenster, und ihre Liebsten gehen ins Wasser, für immer. Und das alles in Dänemark. Auch dort. Selbst dort.

Flug Oslo-Rejkjawik. Der Platz neben mir ist noch leer. Im allerletzten Augenblick kommt eine junge blonde Person, die ungemein dick ist. Sie läßt sich nieder und drückt mich dabei ungeniert ans Fenster, sie ist sich ihrer Fülle nicht bewußt, wie ein enormer Bernhardinerhund. Sie schwitzt, sie zieht ungeniert ihren Pullover aus und ist nun halbnackt. Sie trinkt rasch hintereinander drei Glas Wodka oder Whisky, sie ist mir äußerst unangenehm, ich rücke noch weiter ans Fenster, sie rückt mir nach, sie will (auf Englisch) ein Gespräch, um jeden Preis. Nun gut, ich erwidere einsilbig. Sie erzählt, daß sie wieder auf »ihre« Insel geht, um den Film fertigzudrehen, sie war mit einem ganz kleinen Team lange da oben. Ich beginne zu begreifen: sie hat »da oben« (auf einer Lofot-Insel) alle Maße fürs bürgerliche Leben verloren, sie wurde ein Stück ursprünglicher Natur, unkonventionell, rücksichtslos, wild und echt, und so echt ist auch ihre Sympathie für mich, ich kann gar nicht anders als sie schließlich zu erwidern. Wir reden über Frieden, Rüstung, Einsamkeit, Religion, und sind uns völlig eins. In Rejkjawik verabschieden wir uns mit einer langen Umarmung. Mir fällt ein Indianerspruch ein: Beurteile nie einen Menschen, bevor du nicht eine Stunde in seinen Mokassins gelaufen bist.

Island. Schriftstellertreffen in Rejkjawik. Eisland. Mitte September schon winterkalt. Scharfe heftige Winde fegen in Stößen über den kahlen Boden hin, man hält sich kaum aufrecht. Frau Bürling, Leiterin des Goethe-Instituts, holt mich mit dem Jeep vom Flughafen ab. Wir fahren zwei Stunden über vulkanischen Ausstoß: schwarzer, rauher Tuff. Mondlandschaft, nackt, kein Baum, hin und wieder ein Grasplatz, Wollgras, karg, die Schafe grasen bergauf, ihr Vlies ist lang und dicht, aber im Herbst werden sie doch in die Ställe geholt. Auch die Pferde. Die vielen wundervollen Pferde! Mehr als fünfzigtausend gibts. Reitpferde. Die Touristenattraktion: Reiten. Die Touristen kommen aus vielen Ländern. Reitsport ist Mode, Island ist »in«. Ich würde auch gern reiten auf so einem schönen Tier, aber allein, und weit über das weite Land. Die Sehnsucht danach fällt mich an wie eine Ur-Erinnerung.

Zwischen den nackten schwarzen Felsen dampft es: die Geysire, die heißen Quellen. In einigen Erdlöchern brodelt es unheimlich grau-schwarz. »Nicht nah hingehen!« denn es gibt plötzliche Eruptionen. Unberechenbares Land. In ständiger Veränderung, als suche roh hingeworfenes Material erst seine Form.

Auf einer Paßstraße liegt Schnee, aber in einem südlichen Tal ists frühlingsgrün, da gibts auch viele Treibhäuser, in denen sogar Orangen und Bananen reifen, man braucht nicht zu heizen, die Erde spendet kostenlos heißes Wasser in Fülle.

Wovon leben die Isländer? Von Fischfang und Schafzucht, sagen sie, und vom Tourismus. Ungern geben sie zu, daß sie auch von der NATO leben. Schon seit den frühen Nachkriegsjahren sitzen die Amerikaner neben dem Flughafen. Unmerkliche Gegenwart. »Sie schützen uns«, sagt ein isländischer Kollege mit scharfer Ironie. Wovor werdet ihr geschützt? frage ich. »Natürlich vor den bösen Sowjets.« Die meisten Isländer schimpfen über die NATO. Aber die USA zahlen Miete, sagt man; wird schon so sein. Was man unleugbar sieht, sind die großen Massen von US-Touristen, die ihre Soldaten besuchen. Devisenbringer. »Wirtschaft, Horatio, Wirtschaft«, sagte Hamlet, Prinz von Dänemark, einstmals, als Island noch zum Königreich Dänemark gehörte. Bis 1942 gehörte es dazu, bis es die erstbeste Gelegenheit benützte, sich selbständig zu machen, bevor Hitler es als Teil des von ihm besetzten Dänemark ebenfalls besetzte.

Einladung vom Oberbürgermeister der Stadt Rejkjawik. Dies also ist das weiße Holzhaus, das man vom Fernsehen her kennt, zweimal Treffpunkt für Gorbatschow und Reagan. Wir dürfen das Gästebuch sehen mit den Unterschriften der beiden. Wir dürfen uns auf die Stühle setzen, auf denen sie saßen, falls wir wollen. Vor den großen Fenstern das Meer. Groß ausrollende Wellen mit Schaumkronen.

Überall kommt man hier ans Meer. Vom Hotel ›Saga‹ aus sind es knapp zehn Minuten, aber bei starkem Gegensturm kommt man kaum vorwärts.

Über-Land-Fahrt mit den Kollegen. Rasch wechselnd Licht und dunkle Wolkenschatten über felsigem Grund. Über einer Bucht eine kleine Kirche mit Friedhof und Pfarrhaus. Der Pastor ist vorbereitet auf uns. Er hält uns in der Kirche eine kurze Predigt: fachmännisch spricht er zu Literaten über Literatur, in Englisch. Wie hält ers aus hier in der rauhen Einsamkeit? Einsamkeit? Er hat eine große, weit verstreute Gemeinde, und er hat Bücher. Neben dem Pfarrhof ein Auto und Pferde, er braucht beides, wo das Auto nicht hinkommt, kommen immer noch die Pferde hin.

Unvergeßlicher Friedhof: auf den Grabsteinen erstaunliche Jahreszahlen. Da ist doch keiner unter Neunzig begraben. Ja, sagt der Pastor, hier wird man alt: gesunde Luft, einfache Nahrung, harte Arbeit. Und, frage ich, kein Alkoholismus wie in Skandinavien? Nein, keiner.

Welchen Preis zahlt man für soviel Gesundheit?

Isländische Kultur von heute: der Nobelpreisträger Laxness, sehr alt jetzt, und einige junge Talente. Viel ist aufzuholen. Deshalb dieser Kongreß, international, ausländische Autoren mit bekannten Namen, so Alain Robbe-Grillet, der den nouveau roman schuf. Aktuell interessanteste Figur Isabel Allende, Nichte des im Auftrag des CIA ermordeten chilenischen Staatspräsidenten; Autorin des Welt-Bestsellers ›Das Geisterhaus‹. Isabel, glänzende Rednerin in perfektem Englisch mit hartem spanischem Akzent, der ihre Leidenschaftlichkeit verstärkt.

Ich treffe auch, schon am Flughafen, Freunde aus der DDR:

Erwin Strittmatter und seine Frau Eva, die eine sehr gute Lyrikerin ist, viel zu wenig bekannt.

Alle Teilnehmer müssen, verteilt auf sechs Abende, aus ihren Arbeiten lesen. Ich soll aus ›Mirjam‹ lesen. Ich will das nicht. Es paßt doch nicht nach Island. Doch, gerade, sagt die Schauspielerin und Regisseurin, die das Kapitel übersetzte. Ich spreche in mäßigem Englisch eine Einführung und lese in Deutsch, was dann in Isländisch vorgelesen wird. Viel Beifall, höchst unerwartet. Ich wußte nicht, daß Island ein frommes Land ist, früh und gründlich christianisiert. Ich hatte es mir stock-heidnisch gedacht, mit Trollen und Hexen, über schwarzes Vulkangestein und um dampfende Geysire tanzend...

In der Frankfurter St. Katharinenkirche. Eine Tafel »Fürbitten und Gebete«, an die Zettel gesteckt sind. Ich schrieb sie ab.

Please protect me from the devil.

Mach daß er zurückkommt.

Anche un italiano prega per la pace nel mondo.

Hilf daß wir beisammenbleiben und uns ewig lieben. Deine Uwe und Susi.

Lieber Gott, ich bin ganz allein. Mach daß ich eine gute Partnerin finde.

Hilf einem jungen Menschen eine Arbeit finden.

Bitte schenk mir ein Mofa zum Geburtstag (eine Kinderschrift).

Lieber Gott hilf mir daß ich ein neues anständiges Leben finde das wäre sonst mein Tod.

Lieber Herr, hilf mir eine preiswerte Wohnung finden (mit Namen und Adresse).

Eine Inschrift in Koreanisch.

Und immer wieder (in Spanisch, Italienisch, Deutsch): Verzeih mir meine Sünden.

Diese rührenden Bitten. Wo ist der Gott, der sie hört? Die Bittenden schreiben fast nie ihre Adressen; sie erwarten also keine Hilfe von Menschen, sondern Wunder. Ich hätte so gern dem Jungen das Mofa geschenkt, aber der Pastor wußte die Adresse nicht, er weiß fast nie die Adressen. Was für ein starker Glaube, was für ein Vertrauen ist in diesen Bittenden.

7. Nordkorea-Reise. Ich denke, ich kenne das Land. Ja, schon. Aber jedesmal gibt es Überraschungen. Nordkorea hat verfassungsmäßig Religionsfreiheit. Im Parlament gibt es eine buddhistische und eine christliche Partei. Die nicht im Krieg zerstörten buddhistischen Tempel stehen unter Staatsschutz. Kim Il Sung plant den Bau einer christlichen Kirche. Auf dem Gelände des neuen großen Vergnügungsparks gibt es einen neuen buddhistischen Tempel. Einer der Mönche empfängt mich; die übrigen sind in der Stadt und kommen nur zur Gebetszeit zurück, sie leben wie die übrigen Bürger, versuchen aber, den Geist des Buddhismus wieder ins Volk zu bringen. (Wie die katholischen Arbeiterpriester). Der Mönch sagt: Früher haben wir uns in die Einsamkeit der Berge zurückgezogen, das war richtig, aber heute wäre es falsch; wir müssen die esoterische Exklusivität aufgeben; darum haben wir hier im Vergnügungspark unser Kloster. Stört Sie der Lärm nicht? frage ich. Er lächelt. Er gehört zu unserm Leben in der Gegenwart.
Die andre Überraschung. Ich nehme mir endlich einmal Zeit, mich gründlich untersuchen zu lassen. Man bringt mich zur Klinik der Regierungsbeamten, die hervorragend eingerichtet ist. Skeptisch, wie ich bin, denke ich: Aha, die Klinik für die Privilegierten; so ists eben in der Welt.
Aber so ist es eben hier nicht.
Der zweite Teil der Untersuchung findet nicht dort statt, sondern im »Volkskrankenhaus«. Es ist viel moderner noch

als die andre Klinik. Die allerneuesten Apparate, made in Japan. Viele freundliche Ärzte; auf jeden Arzt kommen nur wenige Patienten. Behandlung und Medikamente gratis. Kein Mangel an Klinikbetten. Und das nicht nur für die Regierungsbeamten, sondern wirklich für alle. Ist das nichts? Ob der nordkoreanische Sozialismus nicht doch besser für seine Menschen sorgt...

Bayern und Haydns ›Schöpfung‹. Was für einen Wirbel gabs da um ein Konzert! Seit Monaten geplant für Regensburg, 40 km entfernt von Wackersdorf, dem Ort mit der heftig umstrittenen WAA (Wieder-Aufbereitungs-Anlage, kurz: einem Atomreaktor besonderer Art). Bedeutende Musiker haben zugesagt, der Dirigent ist Israeli. Ich sollte einen Einführungsvortrag halten. Das Thema lag nahe: Haydn besingt die Schöpfung, Wackersdorf ist das Symbol für die mögliche (drohende) Zerstörung dieser Schöpfung. Alle Mitwirkenden verzichten auf Honorar und Reisespesen-Ersatz zugunsten der Bürger-Initiativen gegen die WAA in den Orten rund um Wackersdorf. Das Konzert soll stattfinden in der Universität Regensburg. Zwei Tage vorher das Verbot vom Kultusministerium. Grund: ein formaljuristischer: man habe nicht gemeldet, daß es sich um eine politische Demonstration handle. Aber die Plakate, auf denen deutlich neben dem Bild der Geige »WAA« stand, hingen seit langem aus. Alles schien und war klar. Natürlich: das Verbot kommt so kurz vor der Aufführung, daß es unmöglich sein sollte, einen andern Saal zu finden. Probate Methode! Aber es fand sich ein Ort: die evangelische Kirche. Nur: ich durfte nicht sprechen, denn die Kirche sei kein Ort für politische Aktion. Ich hätte eventuell vor der Kirchentür reden dürfen. Dazu sagte ich nein. Daraus nämlich wollte man mir einen politischen Strick drehen: das wäre eine Demonstration gewesen, zu der ich keine Erlaubnis hatte. Woher wußten die Zensoren, daß ich »politisch« agitieren würde, und ob diese meine Rede wirklich gegen ein Gesetz verstieße? Keiner hatte sie gelesen. Sie war zahm. Ich hatte sie nach dem ersten Verbot immer mehr entschärft, um keinen Anlaß zum Einschreiten durch die Polizei zu geben. Aber man verbot ungelesen... Die Kirchenbehörde erklärte, das Gotteshaus sei kein Ort für Politik. Was für eine himmelschreiende Doppelzüngigkeit: als seien von bayerischen Kanzeln noch nie direkt politische Wahlparolen ausgegeben worden: »Wählt CSU!« Das ist erlaubt. Aber ich darf nicht sagen, daß Wackersdorf und die gesamte auf Nuklearbasis stehende Rüstungspolitik unser aller Vernichtung sein wird! Das zu sagen also ist bös politisch. Wählt CSU, das ist eine fromme Parole und ganz unpolitisch.

Nun: meine Rede, entschärft und also nicht mehr wirklich gut, wurde gedruckt ins Programmheft gelegt und von allen Teilnehmern in einer langen Schweigepause gelesen, nachdem ein Musiker erklärt hatte, daß ich Rede-Verbot habe. Ist denn mein Wort wirklich so gefährlich, Ihr Herren in München? Was werdet Ihr mir in Zukunft noch verbieten? Meine Bücher zu publizieren? (Hatte ich schon mal: unter Hitler, und probeweise 1977 bei der »Hexenjagd« auf angebliche Sympathisanten der Terroristen.) Wenn, wie im Münchner Schwabinger-Bräu Anfang Dezember 1986, ein paar Wochen danach, 2000 Zuhörer kamen und der Saal wegen Überfüllung geschlossen werden mußte, dann ist das schon gefährlich für Bayerns künstlichen Tiefschlaf.

Eben kommt ein Schreiben der Regierung von Luxemburg, in dem mir gedankt wird für meinen »aufrüttelnden« Vortrag über den Frieden. Aber auch dort gabs Stunk: der anwesende französische Botschafter war beleidigt, weil ich von den Atommeilern in Cattenom sprach...

Hier das verbotene Grußwort. Sehr ungewöhnlich ist, was sich heute hier ereignet. Berufsmusiker aus dem Bereich der ernsten Musik haben die Initiative ergriffen, für die Erhaltung des Lebens auf dieser unserer Erde zu demonstrieren: ein namhafter Dirigent, bedeutende Solisten, Angehörige der besten Orchester und Chöre, Leute, von denen selbst der derzeitige Wächter über Bayerns politischen Schlaf nicht wohl behaupten können wird, es seien Chaoten, wilde Linke, Kriminelle.

In Bayerns Metropole hat man denn auch schließlich – nach der bewährten Technik der Verzögerung durch Erlaubnis und Verbot und Wiedererlaubnis – grünes Licht für das Konzert in der Kirche gegeben, mit der Auflage, daß kein politisches Wort dabei gesprochen wird. Das Wort also ist es, was man verbietet, MIR verbietet. Ist das nicht absurd?

Die Musiker sollen in Gottes Namen ihren Haydn spielen, ist ja ein frommer Stoff und eine fromme Musik, geeignet, die Hörer zu beruhigen und fromm zu stimmen! Und Musikanten sind schließlich doch harmlose Spinner, ihre Flöten sind keine Revolver, und ihre Schlagzeuge bringen keine Mauern zum Einstürzen, und Musik ist apolitisch, ist neutral.

Vor zweieinhalb Jahrtausenden lebte ein Staatsphilosoph namens Platon, der in seinem Werk ›Politeia‹ genaue Anweisungen gab, welche Arten von Musik im Idealstaat erlaubt und welche verboten sind. Musik nämlich hat Wirkung. Sie kann Ordnung stiften, aber auch zur Revolution aufrufen, sie kann Bürger narkotisieren und sie plötzlich heilsam aufschrecken. Sie kann sogar Mauern zum Einsturz bringen. In der Bibel finden wir die Geschichte vom Fall der Festung Jericho. Als die Israeliten sich aus der ägyptischen Sklaverei befreit hatten und in das ihnen verheißene Land zogen, stießen sie auf ein Hindernis: die schwer befestigte Stadt Jericho. Aussichtslos, sie mit Waffengewalt zu nehmen. Hoffnungslos saß das Heer vor den Mauern, so hoffnungslos, wie wir vor unseren Atomkraftwerken sitzen und vor unseren Rüstungslagern, wir Bürger einer Halbdemokratie. Den verzweifelten Israeliten erschien ein Bote, der ihnen einen Rat gab, der so lächerlich schien wie unser Unterfangen, Einfluß auf unsere atomkraftbesessenen Politiker zu nehmen. Er sagte: Zieht im Schweigemarsch sechsmal um die Stadt und dies sechs Tage lang. Am siebten Tag stürzten die Mauern ein, und gewaltlos wurde die Festung genommen. Eine fromme Legende? Oder eine supermoderne Art von Kriegskunst? Der Einsatz starker Schallwellen, ist er nicht schon dabei, unseren Kulturdenkmälern bedenkliche Mauerschäden zuzufügen? Haben die Tiefflieger vom Landsberger Militärflugplatz das Wunderwerk der Wieskirche nicht schon gefährdet, indem sie dort das Kriegspielen üben?

Schallwellen sind physikalische Kräfte; laut Bibel werden sie am Ende der Tage sogar die Toten wieder erwecken.

Sollte es unserer Musik nicht gelingen, einige politische Schläfer aufzuwecken und einige jener Festungen zum Einsturz zu bringen, die erbaut sind aus schlecht durchdachten wirtschaftlichen Konzeptionen, aus vulgärem Krämermaterialismus, aus Angst vor dem Parteiprestige-Verlust, einer Einbuße, die lächerlich ist angesichts ganz anderer drohender Verluste: der Lebensbedingungen für uns und unsere Kinder und Enkel? Glauben denn unsere unbelehrbaren Atomkraft-Anbeter an das von ihnen erfundene Märchen von der absoluten Sicherheit der Atomkraftwerke, vor allem des angeblich supersicheren Wackersdorfer Werkes?

Wie vieler Unfälle bedarf es denn noch, bis sie ihren Aberglauben aufgeben? Glauben sie im Ernst, die zerstörten Wälder wachsen wieder und die fürchterlichen Gifte, in Bergwerken deponiert, blieben dort, ohne Erde und Wasser zu vergiften?

Hier in dieser Gegend lebte im vorigen Jahrhundert der berühmte Hellseher, der Bayrische Hiasl. Er sah den gelben

Regen vom Himmel fallen und die Wälder sterben und die Menschen dazu. Hier in dieser Gegend! Seine Prophezeiungen gehen in Erfüllung, warum nicht auch diese? Haben unsere Politiker keine Angst, es könne ihnen so ergehen wie dem US-Piloten, der befehlsgemäß das Entlaubungsgift auf Vietnam streute und dabei seinen eigenen Sohn vergiftete, so daß er früh an Krebs starb und daß sein Enkel an den Spätfolgen der Vergiftung leidet? Denken unsere Atomkraftmänner nicht an die Folgen, von denen sie selbst betroffen werden, wenn schon ihr Gewissen nicht für die Menschheit spricht? Können jene Politiker, die vorgeben, an Gott zu glauben, den Schöpfer dieser unserer Erde, sich vorstellen, daß dieser Schöpfer Lust haben wird, den wahnsinnigen Selbstmördern eine zweite Erde zu übergeben, damit sie dort das Zerstören von neuem üben? Oder wird er sich weinend abwenden vom toten Planeten, den er so schön erschaffen hatte? Können wir denn annehmen, es komme noch einmal so, wie es im Text zu Haydns ›Schöpfung‹ der Erzengel Uriel sagt in seinem Bericht vom ersten Schöpfungstag: »Verwirrung weicht, erstarrt entflieht der Höllengeister Schar und eine neue Welt entspringt dem Gotteswort?«

Als Goethe zum ersten Mal aus dem Klavierauszug Beethovens ›Fünfte‹ spielen hörte, rief er: »Man möchte fürchten, das Haus fällt ein! Wenn nun alle Orchester der Welt dies spielen würden?«

Wenn nun alle Orchester der Welt in die Posaunen stoßen und wenn alle Menschen unserer Erde in einen Schrei ausbrechen würden: »Hört endlich auf eure Propheten, gebt uns endlich Sicherheit und Frieden, übersteigt euren niedrigen Eigennutz, stellt euch auf die Seite des Lebens, auf die Seite des Gottes, der ein Gott des Lebens ist!« – wie denn wäre das, Freunde, die Ihr meint, unsere Widersacher sein zu müssen, während wir doch für Euch mitkämpfen?

Wenn Ihr, liebe Freunde, nun Haydns ›Schöpfung‹ hört: Könnt Ihr sie dann noch unbefangen als kulinarischen Ge-

nuß hören? Hört Ihr sie als Abgesang, als Sterbelied, als
Requiem für unsere Erde?
Oder gelingt Euch noch Hoffnung auf Umkehr?

Melancholisches Wiedersehen. Das also ist das
Haus, das ich krank und verstört im Januar 1960 verlassen
habe, weil C. O. fand, unsre Ehe sei kaputt. (Sie war nie
heil, von allem Anfang an nicht, aber wir wollten es nicht
wahrhaben). Dieses Haus in Diessen-St. Georgen, wir haben es 1953 gebaut. Wir. Ich. C. O. war unfähig und un-
willig, sich um die Bauprobleme zu kümmern und darum,
woher das Geld komme. Er hatte keines. Bei seiner Schei-
dung war auf seinem Konto radikal nichts mehr. Auf dem
meinen und dem meiner Mutter war einiges, wenn auch
nicht viel. Damit begannen wir. Und dann half C. O.'s
Verleger Willy Strecker, der diese Ehe so sehr wünschte.
Und dann lernte ich, mit der GEMA zu verhandeln und
mit den Banken, und mein Verleger gab mir Vorschüsse.
Und als schließlich alle Schulden bezahlt waren, da wars
mein Haus nicht mehr, da zog eine andre ein. Nun ja. Vorbei, vorbei. Es ist ein schönes Haus, mitten in einem wun-
derschönen Grundstück mit alten Bäumen. Die Blutbuche
vor dem Haus, die Fichtenreihe vom Gartentor zum Haus,
das Seerosenbecken... Jetzt also stehe ich am Gartenzaun,
der an einigen Stellen schadhaft ist; der Kiesweg, den ich
so oft kniend gejätet habe, ist vergrast; die Hecke ist nicht
geschnitten, nicht nachgepflanzt, hat häßliche Lücken, die
Wiese ist ungemäht. Das Ganze sieht verwildert aus, un-
geliebt, verlassen. Mir ganz fremd. Ist es wirklich das
Haus, das einmal auch das meine war? Eine Frau, vermutlich eine Sekretärin oder Haushälterin, antwortet auf A.'s
Frage (ich blieb unsichtbar abseits), es sei das Haus von
Herrn Professor Orff, ja, aber Frau O. sei nicht da, sie arbeite in München.

Ja, und C. O. ist tot, er liegt drüben in Andechs in seiner steinernen Gruft, wie er sichs gewünscht hatte.

Ich habe nie zuvor in meinem Leben das »vorbei, vorbei« so unerbittlich erfahren und zugleich seine Auflösung in das schöne Gefühl der Befreiung von Abgelebtem.

Aber dennoch ist es so, wie C. O.'s Anwältin nach dem Scheidungsakt im Münchner Justizpalast zu ihm und mir sagte: »Ihr beide, Ihr kommt nie voneinander los.«

Sonderbar, wie Beziehungen auch lange nach dem äußeren Aufhören und selbst nach dem Tod eines Partners noch weiter sich entwickeln können. Es gibt große Versöhnungen in der geistigen Welt. Ich habe viele Jahre lang hart und trotzig gesagt, ich habe diesen Mann nie geliebt. Aber jetzt weiß ich: ich habe seinen zwielichtigen Charakter nicht gemocht, aber ich habe das geliebt, was groß war an ihm: seine Tragik. Jene Tragik, die ihn dazu drängte, griechische Tragödien in Musik zu setzen.

»Zum Hasse nicht, zur Liebe bin ich«. Antigonaes Satz bei Sophokles. Er hat ihn mir samt den zugehörigen Noten auf ein Blatt Papier geschrieben. Es hängt unter Glas in meinem Arbeitszimmer. Aber erst seit einigen Jahren. Vorher ertrug ich keine Erinnerung. So tief ging die Wunde. Wie tief, das weiß ich erst heute, mehr als fünfundzwanzig Jahre nach unsrer Trennung. Und wie sehr ich zu ihm stehe, merkte ich bei dem törichten Angriff in einem ›Spiegel‹-Zitat, Orffs Musik sei faschistisch, warum, weil sie angeblich Irrationales aufpeitsche (›Carmina Burana‹!), und überhaupt habe Orff mit den Nazis gearbeitet: ›Antigonae‹ als Auftrag des Reichsjugendführers Schirach. Ob der einen Auftrag habe vergeben können, ist die Frage. Aber hätte er gerade den Antigonae-Stoff gewählt, diesen ins Antik-Griechische verfremdeten Aufruf zum politischen Widerstand gegen den Tyrannen!?

Ich habe heftig reagiert, ich habe Orff verteidigt, und das entsprang nicht einfach meinem allgemeinen Zorn über

Lügen und böse Fahrlässigkeit bei Informationen; das war doch anders: in diesem Falle verteidigte ich den Menschen, der mein Ehemann war. Das alles schießt mir durch mein Bewußtsein, als ich so, hinter der verwahrlosten Hecke versteckt, auf das Haus schaue und die Fenster meines Arbeitszimmers sehe und die Fenster des Nebenhauses, in dem C. O. arbeitete. Dort entstand, als wir zusammen waren, ›Ödipus‹, und dort sagte er mir einmal, als er mir eine neue Stelle aus dem ›Ödipus‹ vorgespielt hatte: »Niemand hat mich und meine Musik so gut verstanden wie du.«

Wären wir doch Freunde geblieben. Hätten wir doch nicht die Ehe gewagt, diese unmögliche Ehe.

Beim Suchen nach einem bestimmten Papier fiel mir ein Zettel in die Hände mit der Bleistift-Schrift C. O.'s: »Herr, errette uns aus den Klauen des Teufels Schwermut. Dona nobis pacem.« Vorher stand »rette mich«; das »mich« hat er überdeckt mit »uns«. Wie sehr mich heute, nach so langer Zeit, so ein Satz von ihm rührt, beweist mir, wie tief diese Beziehung war, wie tief und wie unglücklich, und wie sie dauert. Einige Bemerkungen von Freunden C. O.'s aus jenen letzten Lebensjahren und sein Abschiedsbrief im Jahr vor seinem Tod beweisen die Gegenseitigkeit dieser Dauer einer Art Liebe, die nicht leben und nicht sterben konnte.

Ein halbes Jahr später. Ich höre im italienischen Fernsehen immer wieder Takte aus ›Carmina Burana‹ und zwar jeweils als Untermalung zu irgendwie gewalttätigen Szenen, heute zur Sprengung eines Tunnels. Neulich zu einer Kampfszene. Ich schreibe einen Brief an den Verlag Schott, man möge doch die GEMA aufmerksam machen auf den Mißbrauch dieser Musik. Aber wirklich: was gehts denn mich an... Und dennoch...

Dieses törichte Gestreite um die Jungfrau-Mutter. Ganz im rechten Augenblick die Anfrage des Schweizer Fernsehens, ob ich den Kommentar zur Aufführung von Bachs ›Magnificat‹ schreiben und dann selbst sprechen wolle. Ich habe zugesagt, spontan sogar.

Nach meinen polemischen Aufsätzen (zuletzt in ›Publik-Forum‹) jetzt der Zwang zur Vertiefung. Wie aber?

Ich höre Bachs Musik und lese den Text, höre wieder, lese wieder und wieder. Groß ist diese Musik und aufregend, auch ohne Text, rebellisch ist sie in sich und damit den Text interpretierend. Bedarf denn diese Aufführung überhaupt noch eines Kommentars, oder wie mans nennen will? Da ist doch alles klar: der erste Teil ist ein Danklied der Maria für das vom Geist empfangene göttliche Kind. Und der zweite: was ist das? Das ist ja ein wildes Revolutionslied!

»Der Höchste« stürzt die Gewaltigen vom Thron und erhebt die Niedrigen, die Hungrigen füllt er mit Gütern, »et divites dimisit inanes«: die Reichen entläßt er mit leeren Händen.

Der Umsturz. Die große Revolution. Aber nicht vom Menschen zu machen, sondern »Gott« anheimgegeben, vielmehr ihm abverlangt. Die Provokation, die darin liegt, dem Höchsten zu sagen, er mache das; er stürze und erhebe, er lasse verarmen... so als mache er es von sich aus JETZT. Nicht: Du wirst es so machen, einst, sondern: Du machst das. Wann aber? Das ist die revolutionäre Utopie, die JETZT und EINST in einem Atemzug zusammennimmt. Umsturz ist immer; die endgültige Lösung gibt es nicht, denn das Rad der Geschichte dreht sich immer weiter. Und doch wird das ›Magnificat‹ in der katholischen antikommunistisch konservativen Kirche gesungen. Gedankenlos. Denn wenn man dächte, was man singt, müßte man verstummen, außer man verträte die »Theologie der Befreiung«. Ist das Magnificat der große Hymnos der Dritte-

Welt-Befreiungs-Theologie? Aber wann ist das Lied denn entstanden? Es ist der galiläischen Mirjam, der Maria, der Mutter Jeschuas (Jesu) in den Mund gelegt. Sie singt es (vor 2000 Jahren), als sie ihrer Base Elisabeth ihre Schwangerschaft mitteilt. Aber das Lied ist noch runde tausend Jahre älter. Ich finde es im Buch der Könige (im Alten Testament). Da singt es eine Frau namens Anna. Sie war eine Nebenfrau, lange unfruchtbar und damit drittrangig. Endlich ist sie schwanger, und aus dem »Stand der Niedrigkeit erhoben«. Ein Lied der Dankbarkeit für die ersehnte Fruchtbarkeit.

Aber wer weiß das schon. Man denkt, die neutestamentliche Maria singt es. Aber sie ist sehr jung und gar nicht unfruchtbar, davon kann keine Rede sein. Wieso legt man ihr Annas Lied in den Mund? Wer da unfruchtbar war und endlich fruchtbar wurde, das ist das Volk Israel, das einige tausend Jahre auf den großen Befreier gewartet hatte, der nun, laut Engelswort, im Schoß der Jungfrau liegt.

Jungfrau. Die Jungfrau-Mutter. Das ist das Skandalöse. Das gibt es einfach nicht. Entweder – oder. Wenn das Hymen einmal durchstoßen ist, ist es eben nicht mehr intakt. Und wir Katholiken sind durch einen kirchlichen Lehrsatz gezwungen, daran zu glauben, daß Maria »vor, in, nach der Geburt« Jungfrau war. Dogmen sind nicht beweisfähig. Und Mythen auch nicht. Der Mythos von der nicht-natürlichen Zeugung und Geburt unsrer großen Heroen: eine nachträgliche Erklärung für das übermenschliche Format. (Athene entspringt dem Haupt des Zeus. Zum Beispiel). Aber Jeschua wollte kein Über-Mensch sein und kein Heros. Er wollte ausdrücklich ein Mensch sein, »uns gleich in allem...« (Paulus). Aber WIR, wir brauchen einen Heros und einen Mythos. Dieser Christos ist nicht von einem irdischen Vater gezeugt und nicht auf die übliche Art geboren...

Die feministischen Theologinnen empfinden das als einen

Schlag ins Gesicht der Frau: als hätte es dem Christos, dem göttlichen Kind, einen Makel aufgeprägt, wäre es auf natürliche Art empfangen und geboren worden. Der (Trug-) Schluß: also bedeutet natürliche Zeugung und natürliche Geburt einen Makel. Also mußte die Mutter des Heros »Jungfrau« sein, vor, in, nach…

Nun gut, da streiten sie sich herum. Sie begreifen nichts. Sie begreifen die fundamentale Tatsache nicht, daß jeder Mensch zwei Herkünfte hat: eine aus dem Leib (der Materie) und eine aus dem Geist-Bereich. So auch das göttliche Kind. Im Geist-Bereich ist er direkt vom Welt-Geist Gott gezeugt. Auf Erden hat er einen Vater wie jeder. Aber was zählt, ist die geistige Herkunft. Richtig verstanden habe ich das alles erst, als ich durch »Zufall« (als obs den gäbe) in den Predigten des Meister Eckehart auf seine Aussagen über das »Jungfrau-sein« stieß. Es heißt nicht: körperlich virgo intacta sein, »keinen Mann erkennen«. Es heißt: leerer Raum sein für das Einströmen des göttlichen Lichts.

Und, sagt der große Mystiker, Jungfräulichkeit für sich ist so oder so kein Wert; die Jungfrau muß Mutter werden, nämlich – so oder so – fruchtbar im Werk.

Das nun trifft auf Maria zu, und das ist DIE wesentliche Aussage über sie.

Die alte Sache: wer falsche Fragen stellt, bekommt falsche Antworten.

Die falsche Frage: war Maria körperlich Jungfrau. Die falsche Antwort: Sie war es nicht, weil es nicht sein kann.

Die richtige Frage: was will damit ausgesagt werden, wenn man von ihr als Jungfrau spricht?

Die richtige Antwort gab der Engel der Verkündigung: Du bist (jetzt) voll der Gnade, weil die Gnade in deine Leerheit von Unwesentlichem einströmen konnte.

Der zweite Teil des ›Magnificat‹ ist einfacher, so scheint es. Aber: wie kann das demütige junge Mädchen aus Nazareth plötzlich solch aufsässige Rede führen? Hat der Engel Gabriel sie zur Rebellion angestiftet? Wer ist sie denn überhaupt?

Sie ist, das wird mir klar, nicht EINE Frau, sondern die Stimme aller Frauen, oder noch besser: sie ist DIE Frau, das heißt: sie ist DAS WEIBLICHE schlechthin. Und was die Frau im ›Magnificat‹ sagt von den Gewalttätigen, das bedeutet, alles in allem, den Sturz des Patriarchats; denn wer sonst als »der Mann« ist der Gewalttäter, der Krieger, der Ausbeuter, der Rüstungsmagnat, der Diktator?

Nach Wochen intensiver Arbeit verstehe ich das ›Magnificat‹: die Aussage über die innergöttliche Dialektik: der Gesang vom Sieg des Weiblichen in Gott über das Männliche in Gott; der Sieg der Barmherzigkeit Gottes über den Zorn Gottes, der Sieg der Liebe über die Gerechtigkeit.

»Maria, Mittlerin aller Gnaden«: beinahe wäre es im II. Vatikanischen Konzil zum Dogma erklärt worden. Man hat protestiert, Klerus und Laien gegen Papst Paul VI, nicht etwa gegen den heutigen Papst. Maria, Mittlerin: die Frau als Mittlerin zwischen Materie und Geist. Darin liegt die Zukunft.

China. Zweieinhalb Flugstunden von Bejing nach Südchina, in die Provinz Sichuan. Im ersten Teil des Fluges Bergland und Steppe, im zweiten entrollt sich unter uns ein leuchtend grüner Teppich: schön bebautes Ackerland, sorgfältig ausgenützt jeder Quadratmeter, zahllose Bewässerungsgräben, terrassierte Reisfelder, einzelne Gehöfte (Kollektive) in Baumgruppen, überaus fruchtbares Land. Hier gibts keine Hungerjahre. In ganz China hungert keiner. Was für eine Leistung, eine Milliarde Menschen reichlich und gut zu ernähren, während in den USA der Mittelwesten, einst »die Kornkammer«, ausgelaugt und chemievergiftet zur Wüste wird und in großen Städten wie Washington die Hungernden um einen Topf Suppe anstehen bei der Caritas. Hunger in China – nein: es hat andre Probleme: die

Wohnungsnot. Davon sieht der gewöhnliche Tourist nichts. Er sieht die neuen großen Hotels. Ich wohne in Sichuan im neuesten. Die Halle prunkvoll, die Säulen goldverkleidet, der Fußboden aus dem aller-ungünstigsten Material: rotes spiegelndes Pflaster, das jeden Fußabdruck zeigt, so daß von früh bis spät jeweils ein Angestellter voll damit beschäftigt ist, mit einer Art »Mop« dicht hinter jedem Touristen herzugehen, um sofort Staub zu wischen und neu zu polieren, mit einem Eifer, als gelte es, die Spuren von Verbrecherfüßen zu verwischen, ehe sie jemand bemerkt. Hundert und aberhundert Touristen aus aller Welt kommen mit staubigen Schuhen von den staubigen oder auch regennassen Straßen, die noch im Bau sind.

Die Provinz Sichuan ist in voller Entwicklung. Sichuan...
Sidschuan, Sedschuan, Sezuan: ein kleiner Tabakladen bringt mich auf die Spur: »Der gute Mensch von Sezuan« von Bert Brecht. Das bitter realistische »Parabelstück« (so nennt ers) von einer Frau, einer Prostituierten, Shen Te, der die auf der Erde erscheinenden Götter »tausend Silberdollars« schenken, weil sie als einzige von allen Bürgern bereit ist, den unerkannten Fremden Quartier zu geben. Shen Te macht einen Tabakladen auf. Kaum spricht sich das herum, kommen angebliche Verwandte und nisten sich ein. Shen Te ist »der gute Mensch«. Sie fährt schlecht mit ihrem Gutsein: sie wird nach Strich und Faden ausgenützt, bis sie, aus Notwehr, in die Rolle eines männlichen Beschützers schlüpft und das Gesindel verjagt. Freilich ist damit Brechts Geschichte nicht zuende, sie ist sehr verwickelt und überaus kritisch. Die Essenz: der Mensch wäre gern gut, aber die Verhältnisse lassen es nicht zu. Man ist notwendigerweise gut und böse in einem. Die durchgängige Schizophrenie. »Für eure großen Pläne, ihr Götter, war ich armer Mensch zu klein.« Im Prolog sagt Brecht, er wisse keinen Ausweg und fürs Stück keinen Schluß: »Verehrtes Publikum, los, such dir selber einen Schluß; es muß ein guter da sein, muß, muß, muß.«

Das ist, natürlich, Brechtsche»List«. Er weiß den Ausweg wohl, den einzigen. Aber vielleicht (wer durchschaut schon diesen B. B. !) ist das eine Über-List, die sagen will: auch im kommunistisch gewordenen Sezuan wäre der Mensch zu klein für die großen Pläne der Götter (was immer B. B. unter Göttern versteht.) Er schrieb um 1940, der Schauplatz des Stückes ist »die halb europäisierte Stadt Sezuan, die nicht mehr existiert.« Sie hat nie existiert, da hat er eine Stadt mit einer Provinz verwechselt. Die Stadt heißt Chengdu. »Halb europäisiert« stimmt immer noch. Will man die echte alte Hauptstadt Sichuans finden, muß man ein wenig weiter südlich gehen. Da ist China sehr chinesisch; da erlebt man Geschichte, älteste Geschichte, die der Han-Dynastie, die von rund 200 vor bis rund 200 nach unsrer Zeitrechnung regierte und eine große Kultur schuf, deren Reste wir sehen: uralte Gärten mit anmutigen Pavillons und buddhistischen Tempeln, alte Hallen, jetzt Museen, Königsgräber, Statuen und Tafeln mit Inschriften, die sich von modernen Chinesen nicht mehr entziffern lassen. Und es gibt die Wohnungen großer Dichter der späten Tang-Zeit, die hier ziemlich prächtig lebten (gebildete Mäzene sind schon etwas Gutes.) Ich sehe das Haus des Li Tai Bo (»Litaipe« sagen wir) und das des Du Fu, und das der Dichterin Xue Fao, die das Papier, auf das sie ihre Gedichte schrieb, selber machte, aus Bambus und Wasser. Es gibt auch einen Tempel zu Ehren der einzigen regierenden Kaiserin jener Zeit (7. Jahrhundert). Es gibt rund hundert verschiedene Arten von Bambus. Es gibt den berühmten Staudamm, der zweitausend Jahre alt ist und dessen technisches Geheimnis bis heute Geheimnis ist. Es gibt... es gibt... es gibt...

Man soll aber, statt auf Erklärungen zu hören, lieber allein und still durch diese herbstlichen Gärten gehen, in denen Schwermut haust, die alte, welche nach Moder und Vergänglichkeit riecht, und die neue, welche »ungewisse Zukunft« heißt, die da sitzt auf kalten Steinbänken und an kalten Steintischen: Studenten, die hier arbeiten in der feuchten Schattenkälte, weil sie daheim kein bißchen Platz haben zum Studieren, und auch in den Schulen nicht. Friert ihr nicht? frage ich durch die Dolmetscherin. Nicht sehr, wir sind es gewöhnt, das ist die Antwort. Einer antwortet in Deutsch, er lerne Deutsch, um in Deutschland moderne Technik zu studieren.

Die Chinesen und die Kälte: erinnert mich an Italien von vor dreißig Jahren; die Kälte wird ignoriert, man heizt nicht, man hat gar keine Öfen und keinen Brennstoff, der ist knapp. China hat kein Petroleum (ists zu glauben?). Auch die Musikhochschule ist ungeheizt, mich friert. Aber ein Zwölfjähriger spielt in dem Konzert, das man für mich gibt, die Chaconne von Bach, er spielt fast virtuos, wie kann er das in dieser Kälte. Ich gebe ihm dankend die Hand: seine Finger sind warm. »Alles Gewohnheit«, sagt sein Lehrer. Eine ehemals weltberühmte Opernsängerin, Lang Yuxin, unterrichtet hier und läßt mir zu Ehren Schuberts »In einem Bächlein helle« singen, in Deutsch. Man führt eben Orffs ›Schulwerk‹ dort ein, man schätzt Orff, man schätzt Isang Yun, das Gespräch ist lebhaft, da fühle ich mich auf sicherem Boden, da sind Chinesen keine Chinesen, sondern Musiker wie alle Musiker der Welt. Musik, die wahre Internationale.

Gespräch mit Kollegen vom Schriftsteller-Verband, dabei drei scharf gescheite, junge, moderne Frauen, die mich sofort in ein ihrerseits rebellisch feministisches Gespräch ziehen, so daß mir eine weit wichtigere Begegnung geraubt wird: die mit dem Dichter Lu Shade. Er fiel mir auf, ehe er etwas sagte: groß, hager, mit asketischem Gesicht und einem Blick, der, auch wenn er sanft auf mir lag, durch mich hindurchging in eine weite Ferne. Er deutete an, daß seine Frau buddhistische Nonne geworden sei, und er trage sich mit dem Plan, sich in ein Kloster zurückzuziehen. Da hätte ich Fragen stellen dürfen: die Frage nach der offiziellen Beziehung zwischen Kommunismus (Maoismus) und Buddhismus, die Frage nach der Möglichkeit, beides zu leben: den konkreten Sozialismus und die chinesisch-buddhistische Spiritualität; die Frage nach dem Verhältnis des chinesischen Buddhismus zum tibetischen; die Frage nach der Beziehung zum Christentum.

Das Gespräch mit den Frauen überdeckte Tieferes. Hernach, in Bejing, hörte ich, man verwunderte sich höchst, daß Lu Shade überhaupt zu diesem Treffen gekommen sei, da er sonst alle Begegnungen und Gespräche ablehne. Was habe ich da versäumt! Wieviel Gewinn hätte ich schöpfen können aus dem stillen alten Wissen dieses Mannes!

Überraschung in Chengdu: in einer Kirche, die zu einem Kloster gehört, das man renoviert, zwei alte Chinesen, vorne ein Mann, hinten eine Frau. Sie beten still den »Rosenkranz«.

Tibet. Chengdu liegt nahe der tibetischen Grenze. Ich hätte sie überschreiten können und wäre in dem Land gewesen, das eine so seltsame Rolle in meinem Leben spielt. Wie denn kam ich als Neunzehnjährige dazu, eine lange Erzählung zu schreiben mit dem Titel ›Auf dem Dach der Welt‹, die Erzählung von einer Gruppe junger Europäer, die, europamüde, aufbrechen, um im tibetischen Himalaya ein Kloster zu gründen, das zugleich eine sozialistische Kommune ist? Wer redete denn damals von derlei? Es war mein ur-eigener Traum, eine Ur-Erinnerung, die sich traf mit einer Zukunftsvision, wer weiß. Immer hatte ich Sehnsucht nach Tibet. Es war ganz natürlich, daß eines Tages der tibetische Lama Anagorika Govinda in mein Haus in Italien kam und drei Tage blieb und mir zwei sehr alte tibetische Silberlöffelchen schenkte, die mir heilig sind.

Und jetzt bin ich so nah an Tibet und betrete es nicht.

Warum? Weil es zu spät im Jahr ist. Weil es zu kalt wäre. Weil ich zu wenig Zeit habe. Weil ich nicht als Touristin in das Land meiner spirituellen Träume und Erkenntnisse gehen kann. Weil es etwas schwierig wäre für meine chinesischen Gastgeber, mich dorthin einzuladen. Weil nämlich Tibet das heiße Eisen für die VR China ist. Gerade dieser Tage: der Dalai Lama hat vor der UNO protestiert gegen die Behandlung Tibets durch die chinesischen Besatzer. Ich lese in der englischsprachigen Zeitung, daß gegen diesen tibetischen Protest chinesischerseits protestiert wird: der Dalai Lama hetze die USA auf und verfälsche die Geschichte: Tibet sei immer Teil Chinas gewesen, und es sei rechtmäßig, daß China es 1950 besetzt habe, um dort Ordnung zu schaffen und den ungemein reichen feudalistischen Klöstern ihren immensen Besitz zu nehmen und an das arme Volk aufzuteilen.

Meine beiden Tibet-Löffelchen: Teil dieses enormen Schatzes... Schon, schon; aber ich sah auch die Fotografien und Zeichnungen, die Govinda und seine Frau gemacht haben bei ihren Reisen durch Tibet. Vor 1950. Uralte Herrlichkeiten, die kurz danach von den chinesischen Invasoren brutal zerstört wurden, »damit der monastisch-feudalistische Kapitalismus gründlich ausgerottet werde.« War es nötig, die buddhistische Kunst barbarisch zu zerstören? Wenn das doch wirklich chinesisches Kulturgut war, entstanden in einer angeblich urchinesischen Provinz, dann hat China ja sich selber großen Schaden zugefügt, oder nicht? Jede Revolution, sagt mein Gesprächspartner, fordert Opfer; aber dafür geht es den Tibetern jetzt viel besser; als wir nach Tibet kamen, fanden wir Unwissenheit, Armut, Krankheit.

Und tiefen Frieden, sage ich.

Frieden ja, aber um den Preis der Rückständigkeit, der Unbildung des Volks. Wir haben dem Volk den Kommunismus gebracht mit all seinen Vorteilen.

Ja, sage ich, aber weshalb dann die Revolte am 1. Oktober?

Die hat der Dalai Lama angestiftet.

Mit welcher Begründung?

Die UNO soll verlangen, daß Tibet autonomer Staat wird.

Und warum soll es das werden? Oder warum nicht? Könnt Ihr nicht in Frieden nebeneinander leben? (Als nicht gleich eine Antwort kommt, fahre ich fort). Tibet ist reich an Bodenschätzen, nicht wahr, Gold, Kupfer, Uran, und strategisch ists auch wichtig.

Als hätten meine Gesprächspartner nur die Hälfte meines Satzes gehört, sagen sie: Ja eben. Darum mußten wir chinesische Truppen dort stationieren.

Der Dalai Lama sagt, eben das sei gefährlich, man müsse Tibet entmilitarisieren.

Dann wäre Tibet schutzlos.

(Ich meine, deutsche CSU-Politiker zu hören: Gehen die Amerikaner weg, sind wir den Sowjets ausgeliefert).

Und wer würde Tibet angreifen, so plötzlich? (Wie die Russen die BRD...)

Es sind schon andre asiatische Völker plötzlich überfallen worden, von den einen und von den andern. (Die Sowjetunion ist auch überfallen worden vor gar nicht langer Zeit. Von Hitlers Truppen.)

Eine andre Frage: gibt es wirklich einen Geheimvertrag zwischen der VR China und der BRD, den westdeutschen Atom-Müll im tibetischen Himalaja zu lagern?

Das ist durchaus möglich.

Tibet, das Land uralter Götter, atomare Müllhalde...

Aus einem späteren Gespräch: Ich habe gelesen, der Dalai Lama habe gesagt, daß es zwischen dem Kommunismus und dem tibetischen Buddhismus eine Gemeinsamkeit gebe: beider Sorge gelte den armen Volksmassen.

Sagt er. Jetzt auf einmal. Nun, wenn er aus dieser Einsicht

die richtige Konsequenz zöge! Aber Sie sehen, das ist Theorie; praktisch hält ers mit den kapitalistischen USA... Ein Kollege (o diese vertrackten Namen, die man nicht behält, wenn man die Visitenkarten verliert, die dort jeder hat) sagt: Nie hätte China Tibet besetzt, wenn nicht die Engländer seit dem 19. Jahrhundert immer wieder versucht hätten, Tibet von China zu lösen und es zum »britischen Schutzgebiet« zu erklären; ein schöner Name für die Tatsache, Tibet zur britischen Kolonie zu machen und es auszubeuten wie Indien. Es war übrigens schon 1860 so weit, daß Engländer und Franzosen Peking besetzten.

Ein andrer Kollege sagt: »1912 hat sich Tibet von China getrennt.« Man versucht, mir das historische Hin und Her der tibetisch-chinesischen Beziehung zu erklären, aber ich behalte nicht viel davon, jedoch behalte ich, was man mir sagt über die Rolle Deutschlands in China. Es ist keine schöne. Als China nach dem verlorenen Krieg gegen Japan 1895 durch die europäischen Großmächte (immer sie, später dazu die USA, siehe Korea) aufgeteilt wurde, bekam Deutschland (das Kaiserreich) eine Provinz an der Ostküste. Dagegen wurde eine bewaffnete, geheime Widerstandsgruppe gegründet, »Yiheguan«, zu der sich auch die Kaiserin-Witwe bekannte. Das war der »Boxer-Aufstand« von 1900.

In dem (wie mir scheint, sehr guten) China-Bericht von Adrian Geiger (einem jungen Deutschen, den ich das Jahr zuvor auf dem Flug nach Bejing kennengelernt hatte) lese ich die Abschiedsrede Kaiser Wilhelms II. an die deutschen Marinetruppen:

»Die deutsche Fahne ist beleidigt und dem deutschen Reich Hohn gesprochen worden. Das verlangt exemplarische Bestrafung und Rache. Ihr werdet einem Feind gegenüberstehn, der nicht minder todesmutig ist. Von europäischen Offizieren ausgebildet, haben die Chinesen die europäischen Waffen brauchen gelernt... Ich werde nicht eher ruhen, als bis die deutschen Fahnen, vereint mit denen der andern Mächte, siegreich über den chinesischen wehen und wir den Chinesen den Frieden diktieren. Russen, Engländer, Franzosen, sie fechten alle für eine Sache, die der Zivilisation. Wir denken auch noch an etwas Höheres, an unsere Religion und den Schutz unserer Brüder da draußen, die zum Teil mit ihrem Leben für ihren Heiland eingetreten sind... Pardon wird nicht gegeben, Gefangene werden nicht gemacht.«

China wurde besiegt. Damals. Darauf wurde Nordchina zusammen mit Korea japanisches Interessengebiet. Daß man den schmutzigen Krieg machte, indem man »unsern Heiland« ins Spiel brachte...

War auch der Opiumkrieg für unsern Heiland? Hat man vielleicht verhindern wollen, daß unser christlicher Westen vom chinesischen Rauschgift heimgesucht wird? Im Gegenteil: Großbritannien wars, das aus seinen Kolonien riesige Mengen Opium nach China einschmuggelte, denn das brachte Geld. (Ich höre, daß in China das Opiumrauchen im 17. Jahrhundert verboten war! Damals hatte China 100 Millionen Einwohner.) Ein chinesisch-kaiserlicher Kommissar ließ das britische Opium vernichten. (Das war 1838, ich habe es mühsam gefunden im ›Kulturatlas‹). Daraufhin beginnt England den »Opiumkrieg« gegen China (zum Schutz des gesamten Handels mit China). Er dauert vier Jahre, und dann siegt England: es darf sein Opium einführen, und es führt ein, o ja, 1880 viermal so viel wie 1800.

Britisches Opium nach China; spanischer Schnaps zu den Indios; türkischer Hanf nach Europa; thailändisches Kokain und iranisches Heroin über Sizilien in den Westen und in die USA.

Kaiserliche Einladung zum Abendessen. Natürlich keine Einladung des Kaisers, der ist längst tot, und lebte er, hätte er mich nicht eingeladen. Aber ich bin tatsächlich zum Essen eingeladen in den kaiserlichen Sommer-Palast, im Beihaipark, und das Essen ist kaiserlich, denn es ist zubereitet nach den Rezepten des Chefkochs des letzten Kaisers. Der Gastgeber ist der nunmehr älteste chinesische Schriftsteller Haang Zhen, der noch den langen Marsch Mao Tse Tungs mitgemacht hat.

Wir sind zehn oder zwölf Gäste am historischen Ort. Das Menu: Gold auf Rot gedruckt, chinesisch. Zahllose Gerichte, fremde, köstliche, eins nach dem andern, nichts Gemischtes (o über die »chinesischen Restaurants« außerhalb Chinas, diese Mantsch-Stätten), sorgfältig eins aufs andre abgestimmt nach den Gesetzen des TAO: jedes Ding ist, was es ist, durch seinen Gegenpol. So folgt Scharfes auf Mildes, Saures auf Süßes, Sanftes auf Beißendes, Hartes auf Weiches, Festes auf Flüssiges, Gekochtes auf Rohes, und alle Gewürze, ob scharf oder mild, haben viele Geschmacks-Nuancen, so daß das ganze lange Mahl wie eine ununterbrochene Harmonie hinfließt. Auch das Gespräch ist harmonisch, so sehr, daß ich unterdrücke, was gerade hier zu sagen am Platze wäre: Hier und so also haben sie gepraßt, diese Chinesen-Kaiser und ihre Höflinge und Konkubinen und Huren, und draußen, außerhalb der »Verbotenen Stadt«, hungerten die Bauern, und während der Kaiser 9999 Zimmer besaß (das war die Zahl, die soviel wie »unendlich« bedeutete), hatte ein großer Teil seines Volkes kein Dach überm Kopf.

Daß jetzt in der Sommer-Residenz exklusive Clubräume sind und daß es Privilegien gibt, nun auch für Intellektuelle, die Mao verfolgt hatte... Aber meinetwegen: wenn nur draußen niemand hungert. Und es hungert wirklich niemand.

Und der Kaiser? Wir können sein Leben verfolgen in dem

neuen Film ›Der letzte Kaiser von China‹. Er, der »Sohn des Himmels«, mußte 1911 abdanken auf Druck des Arztes Sun Yat Sen (sein Denkmal im Park), wurde aber noch einmal »Kaiser«, Schattenkaiser von Japans Gnaden in der Mandschurei, wo damals rund 70 000 Chinesen von den Japanern umgebracht wurden, was ich aus koreanischen Filmen weiß; nach 1945 kam er als Kriegsverbrecher in die Sowjetunion, war fünf Jahre dort eingesperrt, dann weitere vier Jahre in der VR China, dann »bereute« er und kam frei, und arbeitete zuletzt als Gärtner in den kaiserlichen Parks, deren Herr er gewesen war. Er schrieb seine Memoiren – aber unter Aufsicht und Diktat im Gefängnis. Dann starb er. Dieser Kaiser also speiste in jenem Raum, in dem ich zu Abend aß. Verrücktes Leben. Das Rad der Geschichte dreht sich zu schnell. Mir schwindelt.

Peking-Oper. Auf dem Bildschirm habe ich sie schon früher und öfters gesehen. Sehr interessant, sehr prächtig: musikalisch nerven-aufreibend. Aber man muß sie in Bejing erleben, in voller Wirklichkeit. Aus dem abendlichen grauen, freudlosen Straßenbetrieb kommt man ins ebenfalls graue, unfestliche Haus. Das Publikum: Männer im grauen Mao-Look (noch immer), Schirmmützen auf dem Kopf, Arbeiter, Angestellte, Frauen in Alltagskleidern, alles in allem: ein grauer Block müder Menschen, geduldig wartend, sie könnten ebensogut pflichtgemäß den Auftritt eines politischen Redners erwarten. Unfestlicher kanns nicht zugehen.
Aber dann! Als gehörte der Gegensatz zum Spiel selbst: mit einem Schlag sind wir in einer andern Welt. Das Zauberkunststück verschlägt einem den Atem und blendet die Augen. Soviel leuchtende Farben plötzlich, soviel steife, knisternde, goldglitzernde Brokatgewänder, soviel wehende Tücher und schwarze Zöpfe und weiße Masken und blit-

zende Waffen, rasch wechselnde Szenerien, finstere Böse-
wichte und zarte hilflose Prinzessinnen, weinende Frauen,
Liebespaare, tote Helden, bestechliche Richter, dazwischen
wirbelnde Akrobaten, darunter einer, der wildeste, der als
obszöner weißbärtiger Greis erscheint. Und die Stimmen,
ich kenne ja ostasiatischen Gesang, ich kenne die gurgeln-
den unheimlichen Stimmen der Japaner in den No-Spielen,
aber die chinesischen sind anders, viel schriller. Diese
Frauenstimme, die Hauptheldin, ist schwer erträglich, sie
ist eine schneidend scharfe Säge, in sehr hoher Stimmlage
und meist auf hellen Vokalen beharrend, vor allem auf I, die
Frau singt zwei Stunden ohne Zeichen der Ermüdung, ihre
Stimmbänder scheinen aus biegsamem Metall zu sein und
ungemein eng beisammen, kein Lufthauch entweicht unge-
nützt. Die Frau ist schlechthin großartig, sie beherrscht
perfekt jede der durch uralte Tradition festgelegten Gesten,
Schritte, Kopfbewegungen. Das Stück erlaubt keine Eigen-
willigkeiten, und bei aller unaufhörlichen Bewegung
herrscht das statische Gesetz der Tradition.
Mir tun Augen und Ohren weh, und das Gesäß auch, man
sitzt dicht bei dicht auf harten Bänken, wie in Bayreuth,
aber dort gibts Pausen, in Bejing nicht, da wird unerbittlich
durchgezogen. Die Zuschauer sitzen wie festgeleimt. Was
erlebt ein Nach-Mao-Chinese in diesem Schauspiel? Was er
da sieht, ist doch gerade jene Feudalwelt, die abgeschafft zu
haben er so stolz ist. Auf der Bühne darf sie leben. Die Probleme da oben, was gehen sie den chinesischen Arbeiter an?
Er hat andre Sorgen. Was ist ihm all der Prunk da oben, da
er selber im grauen Arbeitsanzug da unten sitzt und daheim
in Löchern haust?
Müßte er diese Welt der bösen reichen Mächtigen nicht hassen? Müßte er nicht auch längst die ganze »Verbotene
Stadt«, die alte Kaiserstadt, niedergebrannt und auf dem
freigewordenen Boden Häuser für die Arbeiter gebaut haben? In Tibet haben sie es gemacht vor einigen Jahrzehnten,

und welche Herrlichkeiten der uralten buddhistischen Klo-
ster-Kultur haben sie da kalten Herzens vernichtet! Unwie-
derbringlich. Aber Tibet ist nicht China, da auf einmal
nicht, sonst schon, wo es um den chinesischen Besitz-An-
spruch geht. Aber in China, in Bejing, da darf das Alte, das
Feudale, weiterbestehen. Denn es entspricht der (uns allen
gemeinsamen) Sehnsucht nach dem Schönen, dem Prächtigen, dem Überflüssigen, unserem Traum von Märchenprin-
zen und Feen, und was da oben auf der Bühne gespielt wird,
das ist ja nicht Historie und nicht Politik, das ist das innere
Drama der Menschheit, der Kampf zwischen Göttern und
Daimonen, zwischen Licht und Finsternis, so wie das indische Epos ›Mahabharata‹ kein Gefechtsbericht ist, sondern
die Darstellung der Tragik des menschlichen Geschlechts.
Was den Chinesen von heute fasziniert, ist einfach das bunte
Spiel. Das Gegengewicht zur grauen Eintönigkeit der Ar-
beitswelt. Der Gegenpol zum erdrückenden Ernst der politischen Lage. Vielleicht könnte dieses leidgeprüfte Volk sein
Leben nicht ertragen, wäre da nicht das Theater, wären da
nicht die vielen Theatergruppen, die Musikbands, die Bal-
lettabende. Der Mensch lebt nicht vom Brot allein und nicht
von Reis und Schweinefleisch, was es in Fülle gibt in China.
Er lebt von schönen Träumen. Wie überall und immer.

Sun Yat Sen. Seine überlebensgroße Statue in
einem der Pekinger Parks. Vor fünfunddreißig Jahren las
ich den damals eben erschienenen Roman ›Peking‹ des Chinesen Lin Yutang. Zwei Bände. Sehr interessant. Damals
war mein Interesse am »modernen« China mäßig. Ich
dachte, ich läse Literatur und nicht gerade »große«, gemes-
sen an den klassischen chinesischen Romanen. Was ich
nicht begriff: daß das, was ich las, Geschichte ist, das heißt
Politik. Zwar steht im Vorwort des Verfassers, daß der
Roman »keine Verherrlichung der alten Lebensformen

und keine Verteidigung der neuen ist, sondern nur eine Erzählung von der Art und Weise, wie Menschen unserer Tage aufwachsen und miteinander zu leben lernen... und sich den Umständen dieses irdischen Lebens anpassen, in dem Menschen sterben und ringen, aber die Götter herrschen«, aber: gewidmet ist der Roman »Den tapferen Soldaten Chinas, die ihr Leben hingaben, damit unsre Kinder und Kindeskinder freie Menschen auf freier Erde sein werden.« Geschrieben zwischen August 1938 und August 1939, das heißt zu Beginn des japanisch-chinesischen Krieges, als die Japaner Peking eroberten und bis Tsiuan vordrangen. Dieser Krieg mündete dann in den 2. Weltkrieg. Danach spielte TschiangKai-chek die führende Rolle. Der Verräter. Der Anti-Kommunist, der dann doch nur Taiwan (Formosa) behielt, während Mao Tse Tung sein China schuf.

Aber wer war Sun Yat Sen, der in den Romanen eine so große Rolle spielt? Ein Arzt, der seinen Beruf aufgibt, um Politiker zu werden: ein gemäßigt Liberaler, der eine bürgerliche Revolution macht, den Kaiser zur Abdankung zwingen und eine Republik gründen will.

Die Geschichte aber will es anders. Nicht er wird das moderne China schaffen. Das wird ein Bauer tun, ein Partisan, ein radikaler Kommunist, ein viel Größerer als Sun Yat Sen: Mao Tse Tung. Aber Sun Yat Sen behält sein Denkmal und gilt als »Vater Chinas« in den beiden China: in der Volksrepublik und in Taiwan.

Die Geschichte jener Jahre muß ich unbedingt wiederlesen in den beiden Romanen. Es IST Geschichte. Aber es ist nicht einfach politische Geschichte im Kleid eines Romans und am Beispiel einer reichen chinesischen Familie. Es ist Geschichte der chinesischen Seele, die bei allem, was geschah und geschieht, im TAO verankert ist. Darum kann es da heißen: »Japan kann China besiegen, aber es wird den Sieg nicht verdauen, es wird zuletzt Verlierer sein.« Dies ist, auf heute angewandt, das magische Wort Chinas, das etwa so heißt: Was immer uns geschieht – wir werden siegen.

Mao heute. Der ›Platz des himmlischen Friedens‹ voller Menschen, wie voriges Jahr, wie vor zwei Jahren. Man drängt sich durch zu Mao Tse Tungs Grabstätte. Ist denn der Personenkult noch nicht radikal abgeschafft? Ist dieser Mann denn soviel Verehrung wert, nachdem er die schlimme »Kultur-Revolution« gemacht und damit China in ein rückständiges Bauernland zurückverwandelt hat, als er es abschloß gegen jede Neuerung und als er alle Intellektuellen verfolgte? Aber wie denn: er wollte China doch in allerkürzester Zeit modernisieren? Ja, aber mit den Mitteln der härtesten Diktatur. Wer ihn kritisierte, bekam es zu fühlen: wie der kluge Deng Xiao Ping, den er absetzte und dessen Sohn er foltern ließ, so daß er querschnittgelähmt wurde. Praktisch regierte das Militär. Es gab nicht einmal mehr ein kommunistisches Zentralkomitee. Es gab aber die »Viererbande« unter der Führung von Maos 4. Frau, ehemals Schauspielerin. (O über diese Schauspieler, die in politische Spitzenpositionen gelangen! Wie gut, daß der sensible Gorbatschow ein berufsmäßig nüchterner Funktionär war!)
Die Viererbande sitzt im Gefängnis, oder auch nicht, niemand weiß Genaues, vielleicht hat die Frau jetzt Hausarrest. Und Mao? Er hat Fehler begangen, ja, das wohl, aber er ist Chinas Großer Alter Mann, immer noch, oder wieder; er hatte große Ideen, an denen man festhalten soll, sofern sie denen Lenins entsprechen, sagen die Chinesen.
Ich stelle mir vor, wie es wäre, wenn die Deutschen sagen würden: Aber er war doch ein großer Mann, dieser Hitler, leider machte er einige Fehler...
Wie gut, daß wir kein Mausoleum für Hitler haben.

Unam sanctam catholicam. In Bejing gibt es vier große Kirchen. Die protestantische ist brechend voll: Sonntagsgottesdienst. Viele Nicht-Chinesen: Diplomaten auswärtiger Botschaften und Angestellte ausländischer Handelshäuser. In einer der drei katholischen Kirchen ist der Gottesdienst schon zu Ende. Ein Chor probt etwas Klassisch-Kirchliches in Latein, ein Geistlicher dirigiert; ich warte eine Pause ab, dann frage ich ihn, nach höflichen Einleitungsfloskeln, über das heutige Verhältnis zu Rom. Er antwortet in Latein: Credo in unam sanctam catholicam. Sehr kluge Antwort. In der Bischofskirche ist der Gottesdienst ebenfalls beendet, ein Vertreter des kranken Erzbischofs unterhält sich im Vorhof mit Gläubigen, unter ihnen junge Männer vom »CVJM« (Christlicher Verein junger Männer). Ich frage den Geistlichen, der wohl der Weihbischof ist, ob eine Möglichkeit der Wiedervereinigung mit Rom besteht. Seine Antwort: »Solange die Taiwan-Frage offen ist, nein.« Die Taiwan-Frage: Pius XII, schärfster Antikommunist, (der die Mitglieder der italienischen KP kurzerhand exkommunizierte), versagte ausdrücklich der Volksrepublik China die diplomatische Anerkennung, während er sie ebenso ausdrücklich dem nicht-kommunistischen Taiwan gab.

Ich frage mich, ob es so wichtig ist für China und seine Katholiken, unter die römische Herrschaftsstruktur zu kommen. Aber das ist eine Ketzer-Frage. Ich frage mich auch – und antworte mir selbst –, wieso eigentlich in kommunistischen Staaten das Christentum verfolgt wurde und wird. Ja, warum? Ich weiß es zum Beispiel aus Korea, wo im Gefolge des US-Kapitalismus das Christentum ins Land kam, oder auch umgekehrt, einerlei: das Christentum war immer verbunden mit westlicher anti-sozialistischer Ideologie. So auch in China: die Christen waren die großen Geschäftsleute. So in der Sowjetunion: die Christen waren Freunde der Feudalherrschaft. (Dies alles cum grano salis gesagt.) Jetzt empören wir uns, wenn Gorbatschow nicht sofort die Fehler seiner Vorgänger korrigiert und wenn er den Christen weiter mißtraut. Unsre Schuld! Wir haben immer geduldet, daß die Kirche als Instrument der herrschenden Klasse agierte. Jetzt bezahlen wir dafür. Und wundern uns. Und erheben Anklage gegen jene, die uns mit (historisch belegbarem) Recht mißtrauen.

Chinas »Perestrojka«. Habe ich überhaupt etwas verstanden vom neuen China? Versteht das chinesische Volk selbst genau, was ihm geschieht? In allen (fast allen) meinen Gesprächen spüre ich wie ein Atem-Anhalten die Frage: Wird's gut gehen – nämlich die große Öffnung (wirtschaftlich, ideologisch, kulturell). Die Studenten an der Bejing-Universität sind (bis auf einen Skeptiker) voller Hoffnung. Sie wollen die Öffnung, sie wollen jung sein dürfen wie alle jungen Leute in der Welt, sie wollen modische Kleider tragen, in Diskotheken modern tanzen, modern lieben (was vorerst bedeutet: öffentlich Hand in Hand gehen und im Film sehen, wie sich Liebespaare küssen), vor allem aber wollen sie im Westen studieren, modernste Technik, aber dann wieder heim nach China, und der Sozialismus-Leninismus muß bleiben, auf jeden Fall.

Ich habe die Rede des Parteivorsitzenden Deng Xiao Ping beim 13. Parteitag in der englischsprachigen Zeitung ›China Daily‹ gelesen: zunächst muß ein Drittel der Bevölkerung wohlhabend werden; das ist die erste Phase des neuen Sozialismus. Gut; und dann kommt das zweite Drittel dran, dann...

Ich erzähle den Studenten von jenem Chinesen, der gleich nach dem 2. Weltkrieg, am Rand der Schutthaufen und zwischen Bombentrichtern, in der Nähe des Münchner Hauptbahnhofs ein Bretterbüdchen aufstellte und die ersten blue jeans, billig von den »Amis« erworben, verkaufte; man riß sich darum und bezahlte Schwarzmarktpreise. Ich bin sicher, er war ein paar Jahre später Inhaber eines Kaufhauses...

Die Studenten lachen, aber, sagen sie, der Mann lebte ja nicht in China, hier könnte so etwas nicht passieren. Ich bin eine hartnäckige Fragerin: Wenn nun das erste Drittel des Volks wohlhabend ist, wird es nicht eine Art herrschender Klasse?

Unser politisches System macht das unmöglich.

Diese Antwort höre ich überall. Sie klingt wie eine Beschwörung: O daß es so sei...

Und die Perestroika in der Literatur, gibt es sie?

Der Kultur-Minister Wang Meng, mit dem ich ein langes Gespräch hatte, noch relativ jung, von Beruf Schriftsteller, Dramatiker, führend in der modernen chinesischen Literatur, erzählt, daß unter Mao Tse Tung, genau gesagt, während der unseligen »Kulturrevolution« (unter dem Einfluß der »Viererbande«), Schriftsteller als »stinkende Faultiere« galten, bis sie selber, sozusagen unter Gehirnwäsche, glaubten, sie seien nutzlos. Jetzt aber sagt ihnen sogar die Partei, daß sie eine wichtige Aufgabe beim Aufbau des neuen China haben und daß »Bourgeoisie contra Proletariat« nicht mehr gelte. Schriftsteller, Intellektuelle, sind Arbeiter so gut wie alle Arbeiter. Die Rehabilitierung kam so unerwartet plötzlich, sagt der siebzigjährige Jeh Chun-chan, daß sich die Schriftsteller erst in ihre neue Rolle einleben müssen. Die Leser fordern nicht nur neue Stoffe, sondern neue Techniken, solche, wie man sie im Westen kennt. Das junge China langweilt sich in der chinesischen Tradition. »Laßt hundert Blumen blühen«. Das Wort stammt, wie ich erfahre, aus der »Goldenen Periode« Chinas vor zweitausend Jahren. »Hundert« heißt in China: »viele« und »verschiedene«. Laßt uns doch endlich Neues lesen! Schreibt endlich anders, Schriftsteller Chinas! Die schwierige Aufgabe der chinesischen Künstler insgesamt ist, neue Techniken zu finden und private und soziale Probleme organisch zu verbinden. Das heißt: das moderne China gibt zu, daß der Chinese nicht nur ein gesellschaftliches Wesen ist, sondern ein Mensch mit privaten, rein menschlichen Problemen.

Herr Yeh hat mir einige seiner neuen Erzählungen geschickt (er schreibt in Englisch). Es sind Modelle zwar nicht neuester, aber neuer Erzählkunst.

Die Alten. Nancy Reagan und Raïssa Gorbatschowa. Zwei Welten, nicht nur zwei Generationen. Raïssa schockiert Nancy, weil sie nicht »small talk« mit ihr machen, sondern »mit intellektuellen Frauen der USA diskutieren« will. Nancy ist hilflos, sie fühlt sich überspielt von der jungen studierten Russin, so wie Reagan sich überspielt fühlt von dem soviel jüngeren, charmant-harten sowjetischen Aufsteiger. Mir tun die beiden alten Schauspieler leid. Mir tun alle Leute leid, die von ihrer Bühne abtreten müssen.

Mir taten auch die alten Chinesen leid, die beim 13. Parteitag in Peking von Jüngeren abgelöst wurden. Diese braven Alten, die den langen Marsch mit Mao Tse Tung von Anfang bis Ende mitgemacht und China aufgebaut haben aus dem Nichts, jetzt humpeln sie aus dem Saal wie der Rest einer geschlagenen Armee. Und sind doch große Sieger! Der fuchsäugige Deng Xiao Ping geht mit ihnen, scheinbar, aber er geht nur hinter die Kulissen und macht von dort aus Regie.

Ein paar Worte an Raïssa Gorbatschowa: an Ihrer Stelle, liebreizende, kluge Raïssa, trüge ich betont einfache, unbürgerliche Kleidung und gewiß keinen kostbaren Pelz. Das wäre meine Art, Nancy in den Schatten zu stellen, wenn mirs darum ginge.

Schriftstellerin sein. ›Silberschuld‹, geschrieben im Winter 1984 auf 85. Wirklich im tiefen Winter, denn auch hier im Süden gab es Kälte, Schnee, Eis; meine eingefrorene Wasserleitung, die nicht funktionierende Heizung. Dann Südstürme, Regenfluten, und wieder Schnee, im Februar noch. Und ich schreibe und schreibe. Ich schreibe an gegen die Winterdunkelheit, gegen den Scirocco, den heftigen Südwind, der meinen Kreislauf stört, und gegen meine tiefe Unlust zu arbeiten, mein Mißtrauen dem Stoff und meinem Talent gegenüber, immer wieder die Versuchung, das Manuskript ins Kaminfeuer zu werfen; geradezu froh über jede an sich unangenehme Störung durch dringende Leserpost, nötige Essens-Einkäufe, Besucher. Im kleinen Tagebuch-Kalender stehen immer wieder Vermerke wie dieser: »Seite 105 bis 110 noch einmal neu geschrieben«, »mehrere Seiten (256–259) weggeworfen«, »neue Einfälle noch unklar«; »Seite 106–109 wieder umgearbeitet«, und noch einmal, später: »Wieder am Roman ab Seite 229, ganz neues Kapitel«. Und immer wieder: »Schwierig, ich voller Unlust, habe lieber den Backofen gereinigt«…

Und dann, am 7. Februar: »Finis«. In Klammer: »Aber natürlich nicht das Ende der technischen Arbeit«. Und weiter angefügt: »Bin völlig verwirrt und auch traurig. Dieses Spiel ist also zu Ende«.

Es ist nicht zu Ende, ich nehme es wiederum auf, ich schreibe einige Kapitel neu (so die Szene mit den Zirkuskindern, Heirat mit dem Schatten, die Schluß-Szene). Aber dann steht doch schon am 17. Februar, nach nochmaliger Umarbeitung der Schluß-Szene: »11 Uhr vormittag fertig.«

Gott sei Dank mußte ich am nächsten Tag zu Lesungen nach Brixen, Meran, München. Ich sage »Gott sei Dank«, weil ich nach der immensen Anstrengung dieses Winters beim plötzlichen Ende ins finstere Leere gestürzt wäre, mir vorsagend: Jetzt fällt mir nie wieder etwas ein. Dies das

Schreckgespenst, der Angstkomplex eines jeden Schriftstellers, der nicht nur mit dem Kopf und dem Willen etwas zurechtschreibt, sondern sich auf das geheimnisvolle Phänomen Inspiration angewiesen fühlt.

Nie mehr etwas schreiben können. Oder doch nie mehr so etwas. Oder nie mehr etwas Gutes. Erledigt sein. Und die Frage: warum eigentlich habe ich diesen Sau-Beruf gewählt? Warum bin ich nicht Lehrerin geblieben oder habe Psychologie weiterstudiert, um Psychotherapeutin zu werden?

Aber meine Erfolge... Ach was. Erfolge und Verrisse. Was zählt, ist nur dies: ob ich den hohen Ansprüchen, die ich an mich stelle, gerecht werde. Die Antwort: nein. Und dann, naheliegend: aufhören mit Schreiben, oder auch aufhören mit Leben. Durchaus erwägenswert. Für dieses Mal hat mich die Lesereise gerettet. Und eigentlich habe ich ja schon eine neue Arbeit im Kopf. Sie scheint plötzlich klar genug zu sein. Ich hege die Illusion (ich weiß, es ist eine), daß die nächste Arbeit besser sein wird und vielleicht DER Roman meines Lebens... Und dann das langsame Nachlassen der Bogenspannung, und der Wunsch nach Ausruhen, nichts als Ausruhen. »Tausend Jahre schlafen«, wünschte sich Ingeborg für die Zeit nach dem Sterben...

Und da schicken mir junge Leute ihre Manuskripte und sind so voller Hoffnung, daß ich ihnen ihr großes Talent bestätige und ihnen eine bedeutende Schriftsteller-Karriere voraussage und sie einem Verlag empfehle. Ich kann sie nur abschrecken. Wählt um Himmelswillen einen vernünftigen bürgerlichen Beruf... Das sagten meine Eltern zu mir auch. Nur wer so viel Eigensinn hat wie ich, wird durchhalten.

Beim Korrigieren des Umbruchs von ›Silberschuld‹. Die große Bestürzung: Was habe ich da geschrieben? Habe das ich geschrieben? Oder wer hat es geschrieben? Diese Einfälle, das waren wortwörtlich Ein-Fälle. Einbrüche. In mich Hineingefallenes, in mir Aufgebrochenes. Wer diktiert dem Schriftsteller derlei, was keine »Kopfgeburt« ist, sondern Gesehenes, Geschautes, »Vision«? Ein Abgrund zwischen mir, wie ich jetzt da sitze, und jener, die dieses Buch geschrieben hat im Winter, bei eingefrorener Wasserleitung, in der Kälte, bei Schneestürmen, eine Gefangene im eigenen Haus, und dann, nach der Schnee- und Eisschmelze, gestört vom Lärm der Arbeiter, die alle Frostschäden reparierten. Ich am Schreibtisch. Stunde um Stunde. »Um fünf Uhr aufgestanden« meldet des öfteren mein Tagebuchkalenderchen. Meine Einfälle trieben mich an den Schreibtisch. Und ich schrieb bis zur Erschöpfung, bis zu Herzschmerzen. Im tiefen Dunkel der Winternacht, in der tiefen Stille, in wenigen Monaten, so entstand diese Arbeit. Aber wer, um Himmelswillen, hat sie geschrieben?

Ich lese nach in meinem Tagebüchlein von 1986. Da steht unter dem 27. Januar 1986 der Satz: »Erschöpft vom Hinhören auf die inspirierende Stimme«. Aber wieso denn immer wieder der kleine Vermerk: »Gegen Unlust angeschrieben«, oder »Mühsam durchgehalten«? Ich kann jene Monate nicht mehr erinnern; ohne das Tagebüchlein wüßte ich nichts mehr von jener Zeit – nichts, als daß die Wasserleitungsrohre geplatzt waren und daß hoher Schnee lag. Wo war aber ICH?

8. Dezember 1987. Ich sitze vor dem Bildschirm, Stunde um Stunde, angespannt: Reagan und Gorbatschow. Bildschnitt: Blick in die Kathedrale von Washington (oder ists St. Patrick in New York?). Die Kirche voller Menschen: sie beten für das Gelingen des Treffens.

Ja, schon, schon, aber was heißt hier: Gelingen des Treffens? Als obs mit einem Handschlag zweier Männer getan wäre, auch wenn sie noch so guten Willens sind.

Ich weiß nicht, ob irgendjemand darauf geachtet hat, was ich gehört habe: während der ganzen langen Übertragung (im italienischen Fernsehen jedenfalls) war ein regelmäßiges, ununterbrochenes Tongeräusch zu hören: wie die lautverstärkte Aufnahme vom Klopfen eines Herzens. Das Herz der Menschheit, das Herz der Gottheit. Und wenn die Verhandlungen auch noch so lang sich hinziehen werden: ein Rad ist heute in Gang gebracht worden, das zwar für eine Weile angehalten, aber nie mehr zurückgedreht werden kann.

Film fürs ZDF. ›Wessobrunn, Ort meiner Kindheit‹. Jetzt bekam ich das Buch, das zum Film gemacht wurde: Fotografien, ungemein schöne, nicht nur das: der junge Fotograf Jürgen Richter hat diesen Ort mit Intensität erlebt, er hat ihn »begriffen«, er hat den Zauber eingefangen mit seinen Augen und seiner Kamera. Ich schau die Bilder an, und mir wird sonderbar eng ums Herz, ich spüre einen Schmerz, der Schmerz heißt: Heimweh. Fast hätte ich mit Goethe gesagt: »Ach, ich besaß es doch einmal, was so köstlich ist...«: Ich besaß eine Heimat, die, obgleich nur Besuchsheimat, Ferienheimat, Kinderheimat, doch meine ganz eigentliche ist, meine geistige Heimat. Hier war ich als Kind, hier war ich IMMER, hier BIN ich. Wessobrunn ist in MIR, und ich bin Wessobrunn. Es gehört zu meinem Da-Sein, unteilbar, untrennbar. Es ist nicht, wie ich im Text zu dem Fotobuch schrieb, meine Traum-Heimat, es ist meine reale Heimat, weil es meine geistige Heimat ist. Ich will dort begraben sein, obgleich ich auch hier, in Rocca di Papa, begraben sein könnte, in meiner zweiten Heimat. Aber nein: es ist nicht die »deutsche Erde«, die mich haben soll, es ist der Boden, aus dem mir die frühen hohen Erkenntnisse zuwuchsen, aus dem meine Hinneigung zur Mystik kam, aus dem mir das erste meiner Bücher (›Die gläsernen Ringe‹) zufiel; dorthin will ich zurückkehren.

Schön ist der Film, den wir da in einer Woche gedreht haben: Barbara Vogt-Hegerbäumer als Regisseurin und Christoph Appel als Kameramann. Wunderschöne Spätherbsttage 1986. Am Morgen noch Nebel, noch fast kalt. Nasse Füße im Gras des Klostergartens, klamme Hände, feucht fallende Blätter. Warten auf das Licht, auf die wärmende Sonne. Im frierenden Warten die Sammlung auf die Arbeit.

Das Aufsuchen der vom Kind so geliebten Plätze im hügeligen Garten. Das Suchen der einzigen, von der alten Klosterkirche übriggebliebenen Säule. Die heiligen Quellen, die so sind, wie sie vor einem halben Jahrhundert waren, nur die Halle ist ausgebessert und scheint fast neu, sie ist nicht neu, sie ist die meine von damals. Und das Wasser im Becken: glasklar, wie damals, als ich Steinchen hineinwarf, um die Ringe zu sehen, die sich bildeten, »Die gläsernen Ringe«, Symbol für mich schon damals, nur nicht aussprechbar vom Kind: Ruhe, Bewegung, Ruhe, Bewegung…, das ewige Spiel, das Spiel des Ewigen. Der Sieg fiel immer der Ruhe zu, immer dem Bleibenden, dem Unzerstörbaren, dem Geist. Wie liebte ich diesen Ort!

Und die Klostergänge, die langen Korridore mit den Decken-Fresken! Und und und… Ich habs beschrieben in meiner Autobiografie. Unzulänglich, immer unzulänglich, weil im Schreiben, im Aussprechen der Zauber verfliegt.

Gefilmt auch in Pitzling, das jetzt Ortsteil von Landsberg ist. Das kleine Schulhaus: unten das Schulzimmer, in dem mein Vater, junger blondlockiger Lehrer, unterrichtete; oben die Wohnung, im Eckzimmer bin ich geboren, daheim. Die Fensterläden, man denke, sind noch die alten, vielfach übermalt, wo die Farbe blättert, sieht man die frühen

Schichten. Fünfundsiebzig Jahre mindestens dauert das Holz und widersteht allen Wettern.

Die Nachbarn: im Film ists nachgestellt, in Wirklichkeit war es haargenau so: die beiden alten Leute im Garten, er Trauben vom Spalier schneidend, sie zwischen Herbstblumen und Gemüsen. Überraschung, Wiedererkennen, vor etwa zehn Jahren war ich dort. Beide Alten waren Schüler meines Vaters. »So ein guter Lehrer, und die Frau, Ihre Mutter, so eine gute Frau. Und Sie haben wir gesehen, wie Sie laufen gelernt haben auf dieser Straße da... Und in der Kirche ist noch der Taufstein, an dem Sie getauft wurden...«

Was tags zuvor »life« gesagt und getan wurde, das wirkte nachgestellt genauso »life«. Niemand konnte es unterscheiden. Was für prächtige Schauspieler diese beiden Alten. Das Ganze: herzerwärmend für alle.

In Landsberg im Gefängnis. Nein, drinnen filmen durften wir nicht. Mußte gar nicht sein. Ich saß ja nicht dort eingesperrt unter Hitler, sondern in Traunstein. Hier saß der Hitler selbst nach dem Putsch 1923, hier schrieb er sein dummdreistes Buch ›Mein Kampf‹. Da ahnte er nicht, daß er in Teufels Namen halb Europa zerstören würde. Freilich: er ahnte auch nicht, daß er heute immer noch Getreue findet, die ihn und sich feiern: seine SS, HIAG genannt, und seine Wikingjugend... Ach, nicht dran denken, jetzt nicht.

Auf der Heimfahrt der Abend: der Fotograf hat ihn eingefangen. Der Vollmond über den Wiesen mit dem leichten Bodennebel. Im Süden zyclamenfarben die Berge rechts und links der Zugspitze. Alle meine Kletterberge vom Karwendel bis zu den westlichen Allgäuern.

Alles Heimat. Alles erlebt, durchlebt, in mich eingewachsen, zu Mir-Selbst geworden.

Das Anschauen der Bilder macht mir, ich sagte es schon, Heimweh.

Aber: wäre ich nochmal Kind und lebte ich dort – ich wüßte
ja nicht, welcher Schatz mir zufällt! Ist also gut so, wie es
ist, heute.

      Die großen Skandale. Der Golfkrieg und alle
seine Helfer und Helfershelfer. Jetzt kams heraus, daß auch
das neutrale, demokratische, so friedliebend scheinende Italien Waffen produziert, den Golf verminen half, legal und
vor allem illegal Waffen liefert (und freilich auch einführt,
aus dem Libanon, zu andern Zwecken: zum Schüren der
Unruhen in Europa).
Alle Länder produzieren Waffen und verkaufen sie direkt
oder getarnt über »neutrale« Länder (in Afrika) an krieg-
führende Nationen, sogar an beide Fronten gleichzeitig
(Israel – Palästina, Iran – Irak).
Das ist die Ursache dafür, daß immer Kriege sind: die Regie-
rungen, alle, brauchen Geld, und sie verdienen am besten
durch Waffenhandel.
Welch eine teuflische Welt.
Die erste Vorbedingung für den Weltfrieden ist nicht die
Überwindung politischer Ideologien, sondern das strikte
Verbot der Waffenproduktion und des Waffenhandels, und
die Umstellung auf die Produktion nicht-militärischer Objekte. Warum geschieht das nicht? Naive Frage, nicht
wahr?

      Literaturpreis in Trani, Apulien. »Premio Giu-
stina Rocca« heißt der Preis, den ich am 18. 12. 1987 bekam.
Wer ist, wer war Giustina Rocca?
Sie war die erste italienische Juristin, genau gesagt, prakti-
zierende Richterin. Im 15. Jahrhundert.
Nicht als hätten keine anderen Frauen Jurisprudenz studiert,
in Bologna vor allem, aber sie durften nicht das Richter-Amt
ausüben. Ausnahme eben jene Giustina Rocca. Sie war be-

rühmt für ihre scharfe Intelligenz. Man sagt, sie sei das Modell zur Porzia in Shakespeares ›Kaufmann von Venedig‹.

Zu ihrer Zeit schon gab es eine Reihe bedeutender Frauen, die öffentlich wirkten, in Kultur und Politik. In Puglia gab es sogar eine Äbtissin, die Jurisdiktion (Rechtsgewalt) hatte wie ein Bischof, das war damals ungeheuerlich. Damals lebte in Siena jene Caterina, die den nach Avignon geflüchteten Papst streng und mit Erfolg nach Rom zurückbefahl. Zu Beginn der Renaissance gab es eine Fülle berühmter Frauen: Musikerinnen, Dichterinnen (Vittoria Colonna!), Regentinnen wie Elisabeth von England, Caterina Medici (Königin von Frankreich), Isabella von Spanien, und schließlich gab es Revolutionärinnen und Kriegsheldinnen: Caterina Sforza und Johanna von Orleans.

Das sind einige von vielen. Einzigartig aber die Stellung der Richterin Giustina Rocca.

Der Preis, der ihren Namen trägt, ist dieses Jahr zum ersten Mal verliehen worden: an eine italienische Pianistin, Maria de Babéris, und an eine deutsche Schriftstellerin, an mich. Den Preis werden immer nur Frauen bekommen, und er soll den Rang des Prix Femina von Frankreich haben.

Ein Kapitel Wiedergutmachung von seiten der Männer. Die Jury besteht fast nur aus Männern (dreißig seien es gewesen).

Ich will nun doch genau wissen, wieso diese Giustina Rocca vielleicht zu Shakespeares Porzia Modell stand. Nur weil sie eine Richterin war? Porzia ist keine, sie schlüpft nur in die Rolle und Robe eines Richters (eines Mannes freilich, denn als Frau hätte man sie nicht anerkannt, was gegen die These vom Modell spricht). Aber ihr Richtspruch ist so klug, daß er der Klugheit der Giustina Rocca zugeschrieben wird.

Es geht um ein Pfund Christenfleisch. Der Jude Shylock (wär' er nur kein Jude; weil er's ist, ist mir das ganze schöne Stück verhaßt), der Jude also verleiht Geld unter der Bedingung, daß er dem säumigen Schuldner ein Pfund Fleisch aus der Brustgegend schneiden darf. Absurd. Aber es ist ja auch nur der Anlaß, Porzias Klugheit zu zeigen. Ihr salomonisches Urteil: Shylock soll, da der Schuldner nicht zahlen kann, das verabredete Pfund Fleisch haben. Aber da im Vertrag nur von Fleisch die Rede ist, nicht aber vom Blut, dürfe kein Tropfen Blut vergossen werden. Shylock verliert den Prozeß dank der Klugheit einer Frau.

Meinem Literaturpreis verdanke ich nicht nur das Kennenlernen der wunderbaren Stadt Trani (unvergeßlich die leuchtend weiße Kathedrale am Meer und das alte Kloster draußen auf einer Landzunge im Meer), sondern auch das große Entzücken über die 1. Szene im 5. Akt vom ›Kaufmann‹. Unüberbietbar suggestive magische Poesie, wo jede Rede des Liebespaares (Shylocks Tochter) Jessica und Leonardo beginnt mit den Worten: »In solcher Nacht wie dieser...«

Nur ein Vers als Beispiel:

In solcher Nacht wie dieser
schlüpft überm Taue Thisbe furchtsam hin
Und sah des Löwen Schatten eh als ihn
Und lief erschrocken weg.
In solcher Nacht wie dieser
Stand Dido, eine Ros' in ihrer Hand
Am wilden Strand
Und winkte ihrem Liebsten...

Aber ich müßte die ganze Szene zitieren, damit man ihrem Zauber erliegt, so wie ich ihm erliege.

Weihnacht 1987. »Friede den Menschen auf Erden«, unter einer Bedingung: daß sie »guten Willens sind«.

Die Engel auf den Feldern von Betlehem: Da wird jetzt gehaßt, verhaftet, geschossen.

Die Prophezeiung meiner alten, lang verstorbenen Freundin H. P., die eine Hellseherin war. Mit offenen Augen, nicht in Trance, sagte sie (das war 1960 etwa): »Da wo der Heiland geboren ist, werdet Ihr den Satan vom Himmel stürzen sehen.« Heißt das, daß er besiegt wird? »Später. Vorher aber wird dort schrecklich gekämpft.«

1947 oder 48 nahm mich der Münchner Oberrabbiner Dr. Auerbach mit nach Landsberg, dem Sammellager der Juden, die vor der Auswanderung nach Israel standen. Es waren Jugendliche.

Ein Alptraum: im Schein von Lagerfeuern marschierten sie stramm, in weißen Hemden mit schwarzen Dreieckstüchern, durch einen Lederknoten gesteckt. Fatale Ähnlichkeit mit der H. J. Sie schwangen Fahnen und sangen. Ich verstand den Text nicht, aber ich verstand den Rhythmus und die Art der Melodien: aggressiv militaristisch, unverkennbar.

Natürlich begriff ich, was da sich Bahn brach: etwas unerhört Neues: das Gefühl, eine Nation zu sein, eine Identität zu besitzen. Ich begriff aber auch, wie gefährlich explosiv das war. Ich sagte zu Dr. Auerbach (so etwas gräbt sich mit scharfem Griffel ins Gedächtnis, weil die Angst mit tiefer Sympathie und ebenso tiefer Ablehnung verbunden war):

»Das sieht ja aus, als zögen sie in einen Krieg.«

Bis zum tragischen Jom Kippur-Krieg dauerte es noch einige Jahre. Aber er kam.

Als ich 1962 in Israel war und einmal mit einer Gruppe übers Land fuhr, mußten wir an vielen Stellen aussteigen, besonders im Galil. Da stand dann jeweils eine alte Kanone, und der Reiseführer sagte mit hartem Stolz: »Hier hat der junge Israeli X drei Araber erschossen«. (Palästinenser.) Wieso? Da war doch kein Krieg? Das waren nur »Grenz-Zwischenfälle«. So nennt man das.

Lange bittere unselige Geschichte. Fast hundert Jahre. Wer

bedenkt das? Ende 1900 begannen die »Zionisten« die Vorbereitung zur Heimkehr in die uralte Väterheimat. 1909
gründeten sie die erste zionistische Kolonie: Tel Aviv. Die
Engländer, Böses ahnend, boten ihnen ein Gebiet in Bri-
tisch-Ost-Afrika an; sie lehnten ab, so wie sie 1933 (oder
später) die Ansiedlung in Australien ablehnten. Sie wollten
nicht irgendein Land, sie wollten IHR Land. Ihr Gott hatte es
ihnen einst versprochen, kein Engländer konnte ihrem Gott
zuwiderhandeln.
Die Engländer aber saßen dort, und die Türken, die saßen
sogar im Heiligen Jerusalem und hatten ihre Moschee auf
dem Heiligen Berg, und die Engländer hatten Transjorda-
nien als »Mandat«, und Türken, Araber und Engländer bekämpften sich, und ein Engländer, der berühmte »Araber-
Lawrence«, kämpfte als Anführer einer wilden Freischar
auf Seiten der Araber, und Engländer und Araber machten
Frieden. Und da war dann kein Heil mehr für die Juden, die
Israeli. (Ich muß unbedingt wieder lesen das dicke Buch
›Die sieben Säulen der Weisheit‹ von diesem ›Araber-Law-
rence‹, es hat mich vor Jahren tief aufgeregt.)
Hätten die Engländer nicht Palästina erobert... Aber das
sind müßige Überlegungen.
Heute macht die israelische Friedensbewegung den vierten
Protestmarsch gegen die wüste Behandlung der Palästinen-
ser durch die »Falken« in der israelischen Regierung. Ich
schäme mich für diese »Falken«. Sie haben die Schicksals-
Lektion nicht gelernt: unter Hitler und unter Stalin und in
Polen selbst Geächtete und Vertriebene und Heimatlose, sie
kennen kein Mitleid, sie rächen sich für ihr eigenes Schicksal. Das ist aber keine Lösung.

1988

Die Erkenntnis-Frucht dieser Jahre. Das NU; der Augenblick. Es gibt nichts als ihn! Er reicht un-endlich weit in die Höhe, Tiefe, Breite, Länge. In ihm ist alles: Zeit und Raum.

Ich fand ein Bild aus dem Buddhismus: es gibt ein himmlisches Netz aus vielen Perlen, die so aufgehängt sind, daß man in jeder Perle alle andern gespiegelt sieht. Das ist es.

Seit Jahren »weiß« ich es. Jetzt erst habe ich es begriffen. Seit Jahren kenne ich Augenblicke des absoluten Eins-Seins mit dem Universum. Jetzt erst begreife ich, was die neue Atomphysik sagt: Der Unterschied zwischen Beobachter und dem beobachteten Objekt fällt weg, beides fällt zusammen.

Das Zusammenfallen der Dualitäten, der Widersprüche: »coincidentia oppositorum«: das war der Satz, den ich als Sechzehnjährige bei unserm Philosophie-Professor hörte; er fiel als ein Blitz in mich, und das Feuer, das er zündete, erlosch niemals. Das Wieder-Aufflammen kam später, als ich mich mit dem Taoismus einließ: es gibt keine Gegensätze, sondern nur Polaritäten. Ein Magnet ist ein einziger, er hat aber zwei verschieden geladene Pole. Aber als EINER! Und das andre: in EINER Perle spiegeln sich ALLE. Die Dinge im Makrokosmos sind EINS mit denen im Mikrokosmos. Wenn ich's nur allen mit-teilen könnte, daß sie mein Erkenntnisglück teilten!

Psyche. Beim Suchen nach der richtigen griechischen Schreibweise von »Psyche« (Seele) ψυχή finde ich eben, daß auch der Schmetterling ψυχή heißt. Was für eine Vorstellung: die Seele als geflügeltes Wesen, schmetterlings-gleich. Verbindung: Engel sind Flügelwesen, Engel sind »Seelen«. Daraufhin die antiken Darstellungen geflügelter Gestalten anschauen.

Prophetisches Wort. Ein Leser schickt mir den fotokopierten Brief des Dichters Hans Carossa vom 3. November 1945 an den Verleger Hans Arens (bei dem übrigens meine allererste Arbeit nach dem Krieg erschien: ›Pestalozzi‹, eine Auswahl aus seinem großen Werk mit einem langen Essay von mir).

Carossa schrieb: »Gleichzeitig mit Ihrem Brief kam die Meldung, daß mein Rumänisches Tagebuch aus den Berliner Leihbibliotheken entfernt worden ist. Man wird sich noch auf derlei Überraschungen gefaßt machen dürfen. Gerade wir Schriftsteller werden ernten müssen, was zwölf Jahre lang von unsern geisteskranken Machthabern gesät worden ist...«

Der neue Mensch, was ist das, zum Beispiel? Das ist, zum Beispiel, der Ire Liam McCloskey, ehemaliger Angehöriger der IRA, 1977 wegen Waffenbesitzes und Zugehörigkeit zur irischen (katholischen, anti-englischen) Befreiungsbewegung zu zehn Jahren Haft verurteilt, im Gefängnis Hungerstreik, zeitweise Erblindung, schließlich nach sieben Jahren entlassen. Anschluß an die ›Columbia-Gemeinschaft‹, die durch Gebet und Friedensarbeit wirken will und in konkreten Aktionen die Kirchen zur »tätigen Umkehr« aufruft. Eine Idee Liams: Da Beerdigungen von Angehörigen der IRA oft zu harten Kämpfen mit der Polizei führen, soll zwischen den beiden Gruppen eine Menschenkette Unbewaffneter gebildet werden.

Liam begleitet jeden im Befreiungskampf Gefallenen zum Grab, sei es ein IRA-Kämpfer, sei es ein Polizist oder Sol-

dat, denn: »Jedes Menschenleben ist heilig. Jeder Tote ist ein Toter zuviel.«
Gelesen Juli 87 in ›Publik-Forum‹, dieser hervorragenden Informationsquelle. Ökumenisch-religiös orientiert, kritisch welt-offen.

Auch Christa Wolf... Auch sie hat einen Feind, der sie seit rund zwanzig Jahren immer wieder öffentlich attackiert. Genau, wie ich so einen habe. Diese Feinde wissen gar nicht wirklich, warum sie uns angreifen müssen, sie wissen nichts von karmischen Schicksalsverkettungen; sie können nicht abspringen von ihrem Rad.
Die Angegriffenen können es. Aber ohne Leiden gehts auch bei ihnen nicht. Bei Christa nicht, bei mir nicht. Bei keinem. Christa schreibt mir: »Du hast recht, ich hatte die Geschichte mit X inzwischen überstanden, aber es trifft mich doch, wenn ich so unverhohlen auf Haß stoße, obwohl ich in diesem Fall den Ursprung für diesen Haß kenne, der jetzt fast zwanzig Jahre andauert...« Auch der Haß meines Feindes begann 1968 und ist ungemein dauerhaft. Arme Leute, die hassen müssen, um sich zu bestätigen, daß sie leben.

Landflucht der Vögel. Im TV gesehen und gehört: immer mehr Vögel nisten in Rom (von andern Städten war nicht die Rede). Zugvögel, die sonst nur kurze Rast in Vorstädten machen, bleiben ganz, Stare zum Beispiel, große Scharen. Warum? Weil, sagt der Sprecher, die Vögel sich auf dem Land nicht mehr wohlfühlen, dort, wo geschossen wird und die Erde vergiftet ist. Ich meine, daß sie auf dem Land keine Brutstätten mehr finden, da Wälder abgeholzt, Sümpfe trockengelegt und Hecken niedergebrannt werden. In Rom finden sie in den Ruinen sichere

Zuflucht, und am Tiber gibts schöne Brutstätten. Aber ist es nicht denkbar, daß sich die Tiere zu den Menschen drängen wie in die Arche, von ihm Rettung erwartend? Oder ists ein Beschluß: gemeinsam unterzugehen? Oder sind sie Boten des Friedens wie die Taube des Noah? Friede zwischen Mensch und Natur.

Seltsam anzuschauen im Film: die Schwalbennester wenige Meter überm Verkehrsgewühl und die Falken in den Mauernischen über den Köpfen von Touristen und in den Ruinen der Caracalla-Thermen, wo (es wurde gefilmt) ›Turandot‹ gespielt wird.

Auch die Tiere... Mein Hund hat einen kleinen »gutartigen« Tumor am Gesäß. Die Östrogen-Kur bessert, aber heilt nicht. Also die kleine Operation. Der Tierarzt sagt: Immer mehr Tiere (Katzen, Hunde) haben Menschen-Krankheiten, sie haben Krebs, die Hündinnen und Kätzinnen Unterleibs- und Mamellenkrebs, die männlichen Hunde Prostatakrebs. Haben wirs vielleicht früher gar nicht bemerkt und die armen Tiere einfach leiden und eingehen lassen? Nein, sagt der Tierarzt, das sind neue Tier-Krankheiten, neu in dieser großen Zahl jedenfalls.

Wie wir Menschen Tiere und Pflanzen (und die Steine unsrer Kathedralen und Denkmäler) mit in unser Verderben reißen!

Gestern fiel mir auf, daß es in meinem Garten (der nicht chemiegift-gedüngt ist) keinen einzigen Maulwurfshaufen gibt wie sonst um diese Jahreszeit. Ich sah überhaupt keinen dieses Jahr. Auch Attilio wundert sich. Ich sage: Vielleicht zieht die Natur jetzt auch die Maulwürfe zurück wie so viele Tierarten. Attilio lacht nicht, er versteht.

Ich muß nachgerade froh sein, noch Mauslöcher zu sehen.

Kapuziner-Predigt. Früher waren sie gefürchtet, die Kapuziner, wenn sie als Missionare predigten und den frommen Zuhörern ihre Sündenverderbnis und die Qualen des Höllenfeuers mit so wüster Breughelscher Realistik darstellten, daß man schlaflose Nächte bekam, wenn mans ernstnahm. (Ich tats nicht.) Da sprach nun gestern einer hier im Fernsehen (RAI). Ich glaube, es war ein Franziskaner. Ich hatte zufällig aufgedreht und wollte schon weiterdrehen, als mich ein Satz festhielt: »Im Anfang war das Wort. Was aber heißt das?« Ich war sofort hellwach gespannt. Was für ein schwieriges Thema hatte sich der Mann ausgesucht für ein Durchschnittspublikum! Wie erklärt er diesen großen mystischen Satz, mit dem das Johannes-Evangelium beginnt? Versucht er überhaupt, ihn zu erklären? Er versucht es tatsächlich, und er tut es mit intellektueller und rhetorischer Bravour. Er sagt: »Ich habe in mir die Idee Licht.« (Er zeigt sich damit sofort als Platoniker.) Er fährt fort: »Ich denke es als Wort, nämlich als das Wort Licht. Ich spreche dieses Wort jetzt aus. Es kommt zu euch. Es kommt zu jedem Hörer, und jeder nimmt es an auf seine eigene Weise. Nun ist das Wort Licht in vielen. Aber es ist auch weiterhin in mir. Es ist immer dasselbe EINE Wort, in vielen Hörern auf verschiedene Weise lebendig.«
Da ich unbedingt die politischen Nachrichten hören will, schalte ich auf einen andern Kanal um. Aber die Worte des Predigers bleiben in mir, und ich denke sie später weiter. Er hätte sagen können: »Ehe ich das Wort Licht aussprach, gab es das Licht, und Wort und Licht waren EINS, und als das Wort Licht ausgesprochen wurde, kam das Licht in die Welt...«
Ich lese wieder und wieder den Anfang des Johannes-Evangeliums und denke: Haben wir je verstanden, was da gesagt wird? Gott ist Licht, indem er das Wort Licht spricht und Er bleibt DAS Licht, und wir werden Licht von seinem Licht, und alles Licht ist das EINE, und es gibt kein andres Licht als das, was wir Gott nennen, weil wir in unsrer Menschen-

sprache kein Wort haben, das ihn aussagt. »Licht«, das ist das Wort, das ihm am entsprechendsten ist, denn Licht heißt auch Leben und Energie. »Fließendes Licht« sagte Mechtild von Magdeburg. Lassen wir doch das Wort »Gott« fallen, es ist eine leere Hülse geworden, es bezeichnet etwas Statisches, »der Weltgeist« aber ist Bewegung, Energie, Wandlung. Nennen wir das eigentlich Unnennbare lieber: Fließendes Licht.

Eindrucksvoller Film aus den USA. Ein reales Erlebnis, nachgestellt, sehr glaubhaft. Ein Indianer (Sioux), Billy Mill, will aus dem Reservat (dem Sioux-Ghetto) ausbrechen, das heißt: die Lethargie der Indianer durchbrechen, studieren, »etwas werden«. Um sich gegenüber den (im Film verschönend mäßig rassistischen) weißen US-Studenten zu behaupten, wählt er den Sport. Er trainiert verbissen. Er hat Rückschläge, Hindernisse. Er will ins Reservat zurückkehren, heim. Da findet er seinen Freund tot; einen Alkoholiker, der sich erschossen hat, als er die Ausweglosigkeit der Indianer erkannt hatte. Das ist für Billy der große Anstoß: Nun erst recht. Schließlich wird er als Läufer zu den Olympischen Spielen in Tokyo (1964) zugelassen. Und er gewinnt die Goldmedaille. Heute lebt er als Geschäftsmann in Kalifornien und kümmert sich um junge Indianer.
Die Geschichte ist wahr und wirklich. Was mich bewegt, ist das Gesicht des Schauspielers: ein Halbblut, im Vergleich zu den mitspielenden Indianern aber ein Weißer. Aber seine Augen und der ungeheure Ernst seines Gesichts (selten ein Lächeln, dann aber ungemein zauberhaft und rührend), das kann zu einem Sioux gehören. Was mich weiterhin bewegt, das ist die Verzweiflung, vielmehr die tödliche Resignation im Indianer-Reservat. Was mich aber nervös macht, das ist die Nutzanwendung, die echt US-Amerikanische: »Wer will, der schaffts. Wers nicht schafft, ist selber schuld.«

Daß Billy ein Halbblut ist, das stellt eine Erklärung dar, die ich nicht annehme.

Sehr aufschlußreich, daß Billy erst lernen muß, für sich ehrgeizig zu sein. Er schaut beim Laufen immer zurück, ob auch die andern kommen. Der Sippengeist ist stärker und selbstverständlicher als der individuelle Ehrgeiz. Wenn er Sieger werden will, dann für die Sioux.

Erschütternd das Schlußbild: der Zug hat den Olympiasieger in die USA zurückgebracht, sein Clan erwartet ihn am Zug. Inmitten der Verwandten steht ein alter (echter) Sioux, schweigend. Zuletzt geht er am Bahndamm entlang weg, ins Reservat, für ihn und den Clan und die Sioux hat sich nichts geändert. Billy hat die Goldmedaille für die USA erworben – nicht, wie er wollte, für die Sioux.

Das Wichtigste für mich: als Sioux kennt er keinen individuellen Ehrgeiz. Erst das normale Leben der USA zwingt ihn zum individuellen Ellbogenkampf. Die gewonnene Goldmedaille, ach, sie ist das Zeichen des Sieges der westlichen Un-Moral über die hohe Moral der Sioux. Der Film macht mich unendlich traurig.

In Hermann Hesses ›Materialien zum »Steppenwolf«‹ gelesen: »Jene Zeitungsangriffe gegen mich, die immer von Zeit zu Zeit wieder kommen und dann durch Dutzende von Blättern gehen, nehme ich persönlich natürlich nicht ernst, sie kränken mich nicht. Dagegen mir ›nichts daraus zu machen‹... das bringe ich eben leider doch nicht fertig... Jene reaktionäre Hetzpresse in Deutschland ist nämlich nicht irgendeine kleine dumme Nebensache, sondern sie umfaßt dreiviertel aller Zeitungen, dreiviertel dessen, was das ganze deutsche Volk Tag für Tag liest und schluckt, und die Organisation (Hugenberg-Konzern) kauft noch immer neue Blätter an...« (1926).

Einen Baum pflanzen. Ein Leser schickt mir einen Zeitungsbericht; ein Schafhirt pflanzte in den Alpen, wo sie gegen die Provence hin abfallen, Eichen; er machte mit seinem Stab Löcher in den nackten, armen Boden und steckte Eicheln hinein, die er lange gewässert hatte. Ein französischer Dichter, Jean Giono, hat per Zufall die Pflanzung und den Hirten gefunden. Das war im Jahr 1913. Der Hirte hatte schon 100000 Eicheln gesteckt, davon hatten 20000 ausgetrieben. Dann kam der Krieg, und danach suchte Jean Giono jene Gegend wieder auf. Da waren die Eichen schon meterhoch. Ein Jungwald. Und der vorher nackte Boden war feucht und grün. Und in den ehemals ausgetrockneten Bachbetten floß Wasser, und an den Ufern wuchsen Weiden, und auf den Wiesen Gras, und mehr als 10000 Menschen hatten neue Arbeit gefunden, und selbst der Krieg von 1939 zerstörte die Wälder nicht. Der Mann heißt, wenn ich recht lese, Bouffier; er ist 1947 gestorben, neunzig Jahre alt. Ich brauche in meinem Garten keine Eicheln zu stecken: sie fallen, wie die Kastanien, von den Bäumen und treiben aus. Mein Wäldchen wächst immer näher ans Haus heran. Ich freue mich der feuchten wuchernden Wildnis.

Aluna. Ernesto Cardenal spricht davon in einem seiner allerschönsten Gedicht-Berichte über die Indios der Sierra Nevada. »Sie haben nur einen Gott, und Gott ist Frau, aber zuerst war nur das Meer da. Das Meer war überall. Das Meer war die Mutter... Sie war weder Mensch noch Ding noch irgendetwas. Sie war ALUNA... Sie war der Geist dessen, was da kommen sollte, und sie war Gedanke... Die Welt formte sich wie ein Kind in einem Uterus... Das ganze Universum ist der Uterus der Mutter...« Sie sagen: Leben ist denken. Den Gedanken nennen sie ALUNA (was gleichzeitig Geist, Erinnerung, Seele, Leben ist).

ALUNA ist der Geist oder die Idee der Dinge... »Ein Stein am

Wegrand ist kein wirklicher Stein, sondern die Gestalt eines Steins, der in ALUNA existiert...« Und »wenn einer stirbt, ist das, was von ihm bleibt, ALUNA, und ALUNA ist die wahre Wirklichkeit...«

Reiner Platonismus. ALUNA: die platonische Idee.

Und die Vorstellung von Gott: Herr und Herrin, Mann und Frau; das Doppelprinzip; der dialektische Gott.

Wie groß dieses Denken der Indios ist. »Harmonie im Universum zu schaffen ist ihre Religion.« Taoismus. Wirklich: sie wissen ALLES. Unsre Theologie kann sie nichts lehren. Sie sagen: Die Christen lehren das, was wir längst wissen, aber sie haben es nicht richtig verstanden...

Hommage für Franz Alt. Ein schöner und wichtiger Satz von ihm (er ist, nach vielen politischen Schikanen, wieder Moderator des Südwestfunks, man hört das Zähneknirschen der legal Geschlagenen).

»Es gibt keine unheile Welt,
und es gibt kein weltloses Heil«.

Elke, aus der BRD zurückkommend, berichtet mir: Weißer Qualm aus Fabrikschornsteinen, rotes und blaues Feuer aus Hochöfen, graue Reihenhäuser in Autobahn- und Eisenbahn-Landschaften waren für mich in den letzten Jahren ein Symbol von Umweltverschmutzung und unmenschlichen Arbeitsbedingungen geworden. Deshalb beeindruckte mich die Leidenschaft, mit der 5300 Stahlarbeiter »ihre« Krupp-Fabrik und ihre Stadt Rheinhausen verteidigen. Für sie bedeuten der Qualm und das Feuer »Leben«.

Die Fabrik sollte geschlossen werden. Die Arbeiter wehren sich dagegen: deutsche Arbeiter, Türken, Jugoslawen, Spanier, Italiener. Zusammmen. Sie halten schon seit elf Wochen Mahnwache am Fabriktor. Überall Bänder mit Solidaritätskundgebungen: eines sogar von der Polizei. Auch an den Häusern und Straßen. Die Einwohner, selbst der Bürgermeister, stehen hinter den Arbeitern. Am 18. Dezember wurde in der Walzhalle der Fabrik eine Kundgebung abgehalten. Die 20 000 Menschen, die gekommen waren, brachten Fahnen, Gewerkschaftsfahnen und rote Fahnen, und Blumen. Katholische Priester, evangelische Pastoren und ein islamischer Hodja hielten ein politisches Gebet. Heute, am Aschermittwoch, soll es wiederholt werden.

Und ein türkischer »Jugendrat« hatte den Einfall, sich im Namen seines moslemischen Glaubens an einen der iranischen Aktionäre zu wenden, der 25,1 % der Aktien besitzt. Er bat um Hilfe für die Arbeiter, im Namen Allahs. Und der Iraner kam und versprach sie, weil ihm, wie er sagte, die Hilfe für seine Glaubensbrüder wichtiger war als der Profit.

Bundesdeutscher Journalismus. Ich zitiere, was ein Journalist namens Heimo Schwilk in ›Rheinischer Merkur‹ über mich schrieb: »Ihre Autobiographie ist eine antifaschistische Edelschnulze... Die Sozialistin L. R. hat seit 1945 einen sehr hohen, mit wuchtigen, oftmals polemischen Hammerschlägen gezimmerten Kothurn erklommen...«

Ein lustiges Bild. Meine Deutschlehrerin hätte an den Rand geschrieben »Vorstellen!!!« und ihm eine schlechte Note in Deutsch gegeben. Die verdient er auch in Ethik und Zeitgeschichte. Er schreibt, L. R. sei wegen eines »bißchen Nonkonformismus« im Gefängnis gewesen. Das »bißchen« hieß: WEHRKRAFTZERSETZUNG und galt im letzten Kriegsjahr als Hochverrat.

Ich besitze noch den Originalbrief meines Traunsteiner Untersuchungsrichters Dr. Gschwändler vom 31. Dezember 1945. Da steht: »Es war nach den gegen Sie vorliegenden

230

Anschuldigungen einer der schwersten Fälle unter den Er-
mittlungsverfahren politischen Charakters, die mir im Jahr
1944 unterkamen, und ich hatte allen Grund, für Sie zu
fürchten...«
Ein bißchen, das meinen Fall vors Volksgericht Berlin
brachte. Wissen möchte ich, wie ein Heimo Schwilk sich
verhalten hätte bei so einem bißchen. Sie machens sich
leicht, diese unerprobten Leutchen.

Der Sieg der Geier. Eine Meldung aus Indien vom
20. Januar 88. In Delhi sollte beim »Tag der Republik« eine
große Parade der indischen Luftwaffe stattfinden. Sie fand
nicht statt, denn die Geier verhinderten sie. Es gebe im Raum
Delhi rund 800 000 große Vögel, meist Geier, die sehr hoch
fliegen; es sei zu befürchten, daß sie im Luftraum Verwirrung und Abstürze von Flugzeugen verursachen. Eine Ab-
wehr sei unmöglich.

Betroffenheit. Ein Zitat von Marx, der von der
Philosophie sagt, sie interpretiere die Welt, verändere sie
aber nicht. Gilt auch für die Kunst, für die Literatur. So wäre
denn unser Schreiben nutzlos? Führt Interpretation nicht
doch zu etwas? Hat die Hegel-Marx-Engels-Philosophie
(diese Interpretation der Welt) nicht doch zu einer sehr großen Veränderung geführt? Ist es nicht so, daß Philosophie
und Literatur (die doch im Grunde immer eine verkleidete
Philosophie ist) dann wirkt, wenn sie auf eine Not der Zeit
stößt? Wenn sich etwas bewegt in der Welt: weiß man dann,
ob nicht ein Gedicht der erste Anstoß dazu war?

Das Jahr 2000. In zwölf Jahren also schlägt die
Welten-Uhr zweitausend. Wie das klingt. Als passiere da
etwas. Es ist nichts als eine willkürliche Kalender-Eintei-

lung. Aber wir fallen doch auf diese Zahl herein und machen sie zu einer magischen.

Schon einmal erlebte Europa diese Angst vor dem Jahrtausend-Ende. Wie man sich fürchtete, wie man Buße tat, wie man sich zu den Kreuzzügen aufmachte. Wie da alle Ängste aufbrachen. Das kollektive Unbewußte stieg da hoch und verband sich mit einem beliebigen Datum, das nichts zu tun hatte mit astronomischen, kosmischen Vorgängen.

Dann ging das Leben weiter. Ja. Aber es ging anders weiter: es kam das Hoch-Mittelalter, es kam die Renaissance, es kam die Neu-Zeit. So wäre alle Angst vergeblich gewesen? O nein: sie war die Krisis einer latenten Krankheit, sie war die große Katharsis.

So nur ist unsre Zeit zu verstehen: alle Teufel sind los, alle unsre finstern Instinkte steigen hoch, aller Haß bricht aus.

Ich hörte eben am 6. März die Mittags-Nachrichten: in Palästina schlagen sie sich tot; Iran und Irak morden einander im Namen Allahs, ihres gemeinsamen Gottes; die Armenier und die Aserbeidschaner befeinden sich; der Rassenhaß in Südafrika brennt weiter, in den Laboratorien experimentieren sie mit unserm genetischen Material, in Äthiopien droht eine neue Hungersnot...

Ein Franzose gab (im Fernsehen) offen zu: »Das Ende des Iran-Irak-Konflikts ist das schlimmste, was der französischen Industrie passieren kann.« (So meinte es auch Haig vor Jahren: »Das Schlimmste ist nicht der Krieg...«.) Es wird schlimmer und schlimmer werden. Keine Illusionen für die nächste Zeit. Wir müssen durchs Inferno, ehe die Zeitenwende kommt.

Geschlagen werden. Habe ich das geträumt? Ich muß es gelesen haben, vielleicht in einer Gefängnis-Zeitung: »Immer wenn ein Mensch ins Gesicht geschlagen wird, wird das Gesicht zu dem Gesicht des Jesus Christus.«

Bei Novalis gefunden (9. und 16. Oktober 1800).
»Jeder trübe Gedanke ist ein irdischer, vorübergehender Gedanke der Angst.
Jede trübe Stimmung ist Illusion... daß alle Ängstlichkeit unabhängig von äußeren Umständen ist. Am besten ist es, wenn man den Sinn hat, alles Geschehene mit freudigem Herzen wie eine Wohltat Gottes hinzunehmen... Gebet ist eine universale Arznei.«

Im TV gesehen. Beirut: Trümmerhaufen, rauchende Ruinen, rostige Blechverschläge vor Notbehausungen, menschenleere Straßen. Aber am Strand ein Liebespaar, eng umschlungen. Ganz allein.

Auch eine Form von Bewältigung der Vergangenheit. Erich Kästner, in ›NOTABENE 45‹ ein Eintrag: »Mayrhofen, 8. Mai 1945. Die Sieger, die uns auf die Anklagebank verweisen, müssen sich neben uns setzen. Es ist noch Platz.
Wer hat denn, als längst der Henker bei uns öffentlich umging, mit Hitler paktiert? Das waren nicht wir. Wer hat denn Konkordate abgeschlossen? Handelsverträge unterzeichnet? Diplomaten zur Gratulationscour und Athleten zur Olympiade nach Berlin geschickt? Wer hat denn den Verbrechern die Hand gedrückt statt den Opfern? Wir nicht, meine Herren Pharisäer!
Sie nennen uns das ›andere‹ Deutschland. Es soll ein Lob sein. Doch Sie loben uns nur, damit Sie uns desto besser tadeln können. Beliebt es Ihnen, vergessen zu haben, daß dieses andere Deutschland das von Hitler zuerst und am längsten besetzte und gequälte Land gewesen ist? Wissen Sie nicht, wie Macht und Ohnmacht im totalen Staat verteilt sind? Sie werfen uns vor, daß wir nicht zu Attentaten taugen? Daß noch die Trefflichsten unter uns dilettantische

Einzelmörder unübertrefflicher Massenmörder waren? Sie haben recht. Doch das Recht, den ersten Stein gegen uns aufzuheben, das haben Sie nicht! Er gehört nicht in Ihre Hand. Sie wissen nicht, wohin damit? Er gehört, hinter Glas und katalogisiert, ins Historische Museum. Neben die fein säuberlich gemalte Zahl der Deutschen, die von Deutschen umgebracht worden sind.«

Bei Thomas Mann in Zürich. Das Grab auf dem Friedhof Kilchberg ist leicht zu finden. Ein einfacher grauer Steinwürfel: Thomas Mann, Katja Mann. Im begrünten Boden eingelassen zwei kleine Steintafeln: Erika Mann, Michael Mann. Geburts- und Todesdatum. Nichts weiter.

Er, der zeitlebens den bürgerlichen Luxus geliebt hat und dem es selbst im Exil gelang, den ererbten Väter-Lebensstandard herzustellen, er, dem seidene Unterwäsche und Schlafröcke, bestimmte Zigarrenmarken und komfortables Wohnen lebenswichtig waren, er liegt nun da unter dem kahlen Stein. Kein »Professor«, kein »Doctor h. c.«, kein »Nobelpreisträger«. Nichts. Nur Namen und Daten. Mich tröstets, daß Katja bei ihm liegt und Erika, die Lieblingstochter. Törichte Vorstellung, ich weiß, und doch, sie tröstet mich. Ich mag die Toten nicht so allein wissen. Als seien sie nicht anderswo beisammen, oder auch nicht, und dann auch nicht im Grab. Ich denke, lange vor dem Stein stehend, triste Gedanken. Es ist nicht der Gedanke an die Vergänglichkeit, der ist mir vertraut, und ich ersehne die große Verwandlung. Es ist... Ich weiß nicht.

Nachher laufe ich lange im Regen herum, bis mir endlich ein alter Herr das Haus der Manns zeigt. Ein eher häßliches Haus, freilich mit schöner Sicht auf den Zürisee. Neben der Haustür ein kleines oxydiertes Messingschild mit dem Klingelknopf und dem Namen: Thomas Mann. Nachher laufe ich zu Fuß den ganzen langen Weg von Kilchberg bis zum Bellevue (zwei Stunden) im strömenden Regen. Als sei es eine Form der Verehrung für den Meister. Ein Opfer. Dieses Messingschildchen mit dem Namen... Dieser Punkt nach einem Leben voller Erfolg, ach, und voller geheimer und offener Schmerzen. Ein Punkt...

Ökologie vor mehr als 2000 Jahren. Aus dem Alten Testament, Buch Sacharja.
»Heule, Zypresse, weil die Zeder gefallen, weil die herrlichen Bäume verheert sind! Heult, ihr Eichen von Basan, weil gefällt ist der dichte Wald! Hört das Heulen der Hirten, weil die Weiden verwüstet sind! Hört das Brüllen der Löwen, weil der Jordanfluß geschändet ist!«
Aus demselben Buch:
»Ich mache Jerusalem zu einem schweren Hebestein für alle Völker. Wer immer ihn heben will, reißt sich wund...«

Unsre kranke Zeit. Nicht nur die Deutschen sind verrückt geworden. Auch andre Länder sind besessen von einer idée fixe. Die Italiener ziehen ihren großen Togliatti in den Dreck, weil er einige stalinistische Gedanken in die PC einbrachte. Die Engländer haben ihr böses Amusement daran, daß sie die große Liebesromanze im Königshaus dem Volk vorstellen als einen verabscheuungswürdigen Skandal: die Frau, um deretwillen Eduard VIII. abdankte, sei eine englische Prostituierte in chinesischen Nachtlokalen gewesen in der Zeit, als die Engländer dort eine Kolonie hatten.
Nebenfrage: was ist schlimmer: eine Prostituierte zu sein, als sie zu bezahlen (was die dort stationierten englischen Offiziere ja taten), und ist es nicht weit schlimmer, daß England ein Stück China ausbeutete?

Hauptfrage: Und wenns so ist, daß Mrs. Simpson als junges Mädchen eine Prostituierte war, warum sollte nicht ein König sie lieben und warum sollte er sie nicht so tief lieben, daß er ihretwegen auf den ihm ohnehin leidigen englischen Thron verzichtete? Es war eine große Liebe, die dauerte bis zum Tod, bis zu dem seinen und dann weiter bis zu dem ihren.

Warum jetzt die Toten kränken? Wozu? Was soll dabei herauskommen? Ein englischer Kommentator sprach von der »englischen Hysterie«. Wenn all dieses Graben in der Vergangenheit große und reine Zwecke verfolgte, dann. Wenn es eine Katharsis bewirkte, eine Einkehr und Umkehr. Aber es ist ja nichts als Lust am sinistren Skandal. Und Ablenkung von den eigentlichen Fragen. Auf jeden Fall ists ekelhaft und niedrig.

Alzey. Eine kleine, bezaubernde rheinhessische Stadt mit offenen, fröhlichen Menschen, so wie Zuckmayer sie dargestellt hat. Die Geburtsstadt einer großen deutschen Dichterin: Elisabeth Langgässer. Die Stadt hat einen Literaturpreis gestiftet zu ihrem Gedenken. Er wurde jetzt zum ersten Mal verliehen. Die Wahl fiel einstimmig auf mich.

Natürlich versuchten meine Feinde (das heißt Leute, die mich zu ihrer Feindin erklärt haben), die Preisverleihung zu verhindern mit Verleumdungen. Aber die Alzeyer ließen sich nicht dreinreden. Sie wußten, was sie taten. Sie hielten zu mir. Das Fest wurde schön. Die gescheite Rede des Bürgermeisters Walter Zuber, die kluge Laudatio Karl Krolows, meine Rede über die Langgässer, und sehr hübsch gespielte Kammermusik, die Anwesenheit von zwei Töchtern und einer Enkelin Elisabeth Langgässers, die schöne Botschaft der dritten, der ältesten Tochter, die, als Jüdin, im KZ war und nun, als Schwedin, in Jerusalem lebt, alles fügte sich harmonisch zum Ganzen.

Aus Karl Krolows Laudatio: »Leben und schreiben: das gehört in manchen Lebensläufen zusammen, bedingt einander, ist aufeinander angewiesen, oder ich könnte auch sagen: das eine ist ohne das andere undenkbar. Bei Luise Rinser ist es so, und es war von Anfang an so, seit den dreißiger Jahren, als die junge Lehrerin ihre ersten Erzählungen, ihren ersten, erfolgreichen Roman ›Die gläsernen Ringe‹ veröffentlichte. Man schrieb das Jahr 1941, und Luise Rinser war von Anfang an Temperament, Naturell genug, um ganz *ihren* Anfang zu setzen: einen unabhängigen Anfang, einen Anfang, der mit *ihrer* Welt zu tun hatte. Dies ist mehr als ein halbes Jahrhundert her. Und seither ist Luise Rinser zu entdecken in der Literatur und in ihr wiederzuerkennen und sich in sehr vielem ähnlich geblieben, nicht nur in der Leidenschaft, zu schreiben, vielmehr in der heftigeren Leidenschaft, zu wirken und bewirken, vielleicht nach dem Satz, den sie schrieb und der sich manchen ins Gedächtnis eingrub: ›Ich rede nicht Illusionen das Wort. Aber wir brauchen große Träume.‹ Das ist ein großer Satz, voller Utopie, die zu dieser Dichterin gehört, voller Hoffnungen, die nicht minder charakteristisch sind. Träume statt Illusionen. Ich füge hinzu: zu verwirklichende Träume schließlich, mit der Utopie gleichsam am Rande des Horizonts, hilfreiche Träume. Denn auf Hilfe kam es ihr immer wieder an, auf dieses besondere Eingreifen, dieses Tätigsein – auch noch in der Widersätzlichkeit, auch noch im Widerspruch. Der Widerspruch ist bei ihr ebenso eine große Sache wie ihre großen Träume, die sie mit Sicherheit bis heute, bis zur Stunde nicht ausgeträumt hat. *Solche* Träume kommen lebenslang *nie* an ihr Ende und wollen es auch gar nicht. Sie dürfen es nicht. Sie müssen weiter geträumt und gelebt und realisiert werden, voller Utopie *und* Handlungskraft, voller Mut und ohnehin: voller Zivilcourage, die sie über die Jahrzehnte wie wenige andere ihresgleichen gehabt und bewiesen hat: oft zum Erstaunen,

Verwundern der anderen, zum Erschrecken der Zaghaften und weniger Hilfreichen, weniger christlichen Temperamente.«

Aus meiner Rede auf Elisabeth Langgässer. Als ich vor Monaten die erste Ankündigung dieses Preises bekam, erlebte ich etwas Merkwürdiges: ich bezog den Preis nicht auf mich, sondern auf Elisabeth Langgässer, für die ich die Laudatio halten sollte. Natürlich korrigierte mein Verstand alsbald den Irrtum, aber es gelang mir bis heute nicht, die starke Identifikation aufzulösen. Hartnäckig macht mein Bewußtsein geltend, daß ich den Preis nur stellvertretend für Elisabeth Langgässer bekomme. Sie ist es, die ihn verdient. Sie war – und bleibt – eine große Schriftstellerin. Wenn etwas mein Verdienst ist, dann dies: daß ich nicht nur sehr früh ihre Bedeutung erkannte, sondern immer wieder geradezu verzweifelt versuchte, sie als große Figur auf die literarische Bühne zurückzurufen. Zuletzt noch 1980 kämpfte ich darum, daß zumindest ihres 30. Todestages gedacht wurde mit meinem Nachruf in der ›Zeit‹. Daß ich den Preis wirklich nur stellvertretend annehme, beweise ich damit, daß die Geldsumme, die mit ihm verbunden ist, nicht in meine Hände kommt, sondern sofort nach Israel geht, wo, in Jerusalem, der Bürgermeister Teddy Kollek ein Jugendzentrum für Araber und Israelis gründete: ein Friedenswerk.

Das Geld dorthin zu geben, erscheint mir sinnvoll: Elisabeth Langgässer war das, was man eine Halbjüdin nannte, und ihre älteste Tochter, die einen jüdischen Vater hatte, ist Jüdin, sie war im KZ Auschwitz. Daß ich das Geld in jüdische Hände gebe, darf nicht gedeutet werden als Zeichen einseitiger Parteinahme für Israel. Ich gebe es ausdrücklich den Arabern so gut wie den friedenswilligen Israeli. Möge es von beiden Parteien dort verstanden werden als Zeichen der heißen Sorge einer Deutschen um die gemeinsame Zukunft der arabischen und der israelischen Jugend, für welche die Stätte der Begegnung gedacht ist. Lebte Elisabeth Langgässer und bekäme sie den Preis, so hätte sie vermutlich genau so gehandelt.

Zum Thema »Gott«: eine Leserin schickt mir einen Vers, den ein griechischer zeitgenössischer Lyriker schrieb (Name nicht recht leserlich):
Ich sah den Mandelbaum
und sprach: erzähl mir von Gott.
Da fing der Mandelbaum
zu blühen an.
DAS ist es!

Telegramm an den Ministerpräsidenten Franz Josef Strauß, Prinzregentenstraße 7, München.
Im Namen Christi bitte ich Sie die Hinrichtung der Unschuldigen in Südafrika zu verhindern – stop – Sie können und müssen es tun. Luise Rinser.
(Als Blitz-Telegramm aufgegeben.)
P. S. Juni: Sie sollen dennoch hingerichtet werden.

Todesfuge im März. Ende März, immer Ende März, sterben sie mir weg, meine Freunde. Am 29. März 1982 Carl Orff
am 31. März 1984 Karl Rahner, mein Lehrer und Freund seit 1962
am 27. März 1985 Ingeborg Hoffmann, meine liebste Freundin seit 1946
am 31. März 1988 Fritz Landshoff, Verleger und naher Freund seit 1949.

Landshoff: was für eine Persönlichkeit. Auf der Todesanzeige steht: forever unforgettably loved.

Vor kurzem noch rief er mich an. Er hatte meinen neuen Roman ›Silberschuld‹ gelesen. Ich hatte Angst vor seinem strengen Urteil. Er sagte: »Das ist ein großes Buch, aber es wird erst später verstanden und gewürdigt.«

Ich fragte: Sagst Du das als erfahrener Verleger oder als alter Freund?

Als Verleger, meine Liebe. Ich bin unbestechlich!

Nie mehr werde ich seine Stimme hören, diese tiefe, warme, einhüllende, etwas schleppende Stimme, die mich Jahrzehnte hindurch so oft aufweckte um Mitternacht, wenns ihm irgendwo in der Welt einfiel, in New York oder Amsterdam oder Paris oder Camaiore, daß er mich hören wollte.

Er ist gestorben an Herzversagen, fast 87 Jahre alt. Gott sei Dank keine lange Krankheit. Das Schicksal hat ihm erlaubt, seinen noblen Lebensstil bis zuletzt zu behalten.

Niemand hat namentlich unterschrieben. Ungenannt stehen viele darunter, ungemein viele, denn wirklich: viele haben ihn geliebt in den USA, in Holland, in der DDR, und sogar die westdeutsche Presse widmete ihm, dem jüdischen Emigranten, wohlwollende Nachrufe.

In Zeiten großer Niedergeschlagenheit tut es gut, so einen Satz zu finden: »Zu meiner Freude an der Erde (einer entschlossenen Freude) trägt bei, daß es Sie darauf gibt.« Martin Buber schrieb mir dies nach unsrer schönen Begegnung in Jerusalem 1962.

Gründonnerstag in Mailand. Die Szene vor dem Abendmahl in Jerusalem: Jeschua wäscht seinen Jüngern die Füße. Die Geste der Demut und brüderlichen Liebe. Man hat sie als Teil der Gründonnerstag-Liturgie eingeführt. Der Papst hat jeweils zwölf alten Männern die Füße gewaschen. Der Erzbischof Martini von Mailand hat sich zwölf Jungen von der Straße und aus Heimen holen lassen: Ausgeflippte, Drogensüchtige, Streuner.

Karfreitag-Lektüre. Dag Hammerskjölds ›Zeichen am Weg‹ wiedergelesen.

»Bete, daß deine Einsamkeit der Stachel werde, etwas zu finden, wofür du leben kannst, und groß genug, um dafür zu sterben.«

Dag Hammerskjöld war Generalsekretär der UNO und stürzte am 18. September 1961 in Kongo mit dem Flugzeug ab.

Großartige Sätze in seinem Tagebuch, das nach seinem Tod veröffentlicht wurde.

»Das Unerlöste beim Machtmenschen. Und umgekehrt: des Erlösten Macht.«

»Ich weiß nicht, wer oder was die Frage stellte; ich weiß nicht, wann sie gestellt wurde; ich weiß nicht, ob ich antwortete. Aber einmal antwortete ich JA zu jemandem oder zu etwas. Von dieser Stunde her rührt die Gewißheit, daß das Dasein sinnvoll ist und daß darum mein Leben, in Unterwerfung, ein Ziel hat. Seit dieser Stunde habe ich gewußt, was das heißt, »nicht hinter sich zu schauen«, nicht für den andern Tag zu sorgen.«

»Gott will unsere Unabhängigkeit, in welcher wir zurückfallen in Gott, wenn wir aufhören, sie selbst zu suchen.«

Ostermontag. Eine kleine Delegation aus Nordkorea zu Besuch bei mir. Der Anlaß: der Papst hat sechs
Christen aus Nordkorea eingeladen. Offiziell. Zum ersten
Mal. Er hat sie in einer Audienz empfangen, und der Vati-
kan-Staatssekretär hatte ein langes Gespräch mit ihnen.
Drei von den Sechsen waren bei mir: ein Protestant, eine
Katholikin und der Beauftragte für Fragen der Religions-
gemeinschaften im nordkoreanischen Parlament.
Diese Christen waren zum erstenmal in Europa, zum erstenmal nach vierzig Jahren in einem christlichen Land
und einem christlichen Gottesdienst, einem öffentlichen,
muß ich sagen, denn obwohl in Nordkorea alle Kirchen
mit allen Städten im Krieg zerstört worden waren durch
die Bomben der USA, trafen sich die wenigen überleben-
den Christen in Privathäusern. Nordkorea war nie ein
christliches Land, sondern ein vorwiegend buddhistisches,
aber es gab Christen, und in der Verfassung ist Religionsfreiheit garantiert. Der Präsident Kim Il Sung selbst ist ge-
taufter Christ (Methodist, denn das Christentum kam
durch US-Methodisten nach Korea). Im Westen schreibt
man, er habe die Christen verfolgt. Er hat Christen nicht
als Christen verfolgt, sondern als Kollaborateure der kapitalistischen USA, welche den Aufbau des sozialistischen
Staates verhindern wollten. Als Staatsfeinde, nicht als
Christen, wurden sie verjagt. Sie flohen nach Südkorea,
wo sie Jahrzehnte später tatsächlich der Verfolgung ausgesetzt wurden. Meine südkoreanischen Theologenfreunde
können es beweisen: Viele von ihnen waren im Gefängnis,
so der Bischof Sin aus Seoul, den ich selbst getroffen habe,
als er eben aus dem Kerker kam.
Jetzt also hat der Vatikan im Sinne, diplomatische Beziehungen mit Nordkorea aufzunehmen, und Nordkorea ist
bereit. Was steckt dahinter? Der Wunsch des Papstes, das
sozialistische »atheistische« Nordkorea unter die Flügel der
katholischen Kirche zu bringen, damit der christliche Geist

den kommunistischen austreibe? Oder ists ein Stück Vorarbeit für die friedliche Wiedervereinigung der beiden Korea? Südkorea hat rund fünfunddreißig Prozent Christen beider Konfessionen, und die Minderheit hat sich im Widerstand gegen das faschistische Regime Südkoreas ungemein tapfer gezeigt, und viele unter ihnen sind »links«, also durchaus bereit, mit Nordkorea zu diskutieren. Die Jugend beider Korea hatte vor kurzem einen Marsch geplant: die Jugend des Südens sollte sich mit der des Nordens treffen an der Grenze zu friedlichen Gesprächen. Südkorea fand diese Aktion »verfrüht« und verbot sie. Aber als Zeichen wurde sie verstanden.

Alles in allem: wenn der Vatikan etwas will, dann will er es in Einverständnis mit den USA. Vielleicht geht es auf diesen Einfluß zurück, daß die heutige südkoreanische Regierung öffentlich um Verzeihung gebeten hat (die italienische Presse berichtete es) für die Massaker in Gwangju im Mai 1980, bei denen Hunderte friedlich demonstrierender Studenten von Panzern überrollt und getötet wurden.

Natürlich geschah es auch im Hinblick darauf, daß die Welt glaube, die Olympischen Spiele fänden statt unter einem ganz veränderten Südkorea. (Wers glaubt. Ich treffe bei allen Koreanern, Nord- und Süd, auf Skepsis, denn noch sitzen Hunderte von Studenten in Gefängnissen Südkoreas.)

Ich fragte meine katholische Besucherin, wie denn die kleine, priesterlose Gruppe, im Land verstreut, die katholische Tradition weiterführte. Sie sagte, sie habe viele Kinder getauft und vielen beim Sterben die letzte Ölung gegeben. Die Messe zu feiern ohne Priester, das wagten sie nicht, sie seien zu konservativ. Natürlich habe sie auch die Kinder im katholischen Glauben unterwiesen.

Vierzig Jahre Treue, das verdient schon eine Einladung des Papstes.

Da es gerade Ostern war, sprachen wir Christen über die

Osterbotschaft von der Auferstehung. Der nordkoreanische Botschafter interessiert sich schon lange für meine theologischen Bücher, er kann perfekt Deutsch. Er liest eben Küngs Buch über die Weltreligionen.

Verbannung. Was für großartige Frauen gab es im frühen europäischen Mittelalter, nicht nur Hildegard von Bingen, sondern auch, beispielsweise, Mechtild von Magdeburg. Sie gehört zu einer frühen Frauenbewegung, den »Beginen«. Im 12. Jahrhundert begannen die Frauen zu revoltieren. Sie lehnten sich auf gegen das Feudalwesen der Kirche (deren Bindung an Geld und Fürstenmacht) und gegen den Sittenverfall des Klerus. Überall entstanden Bewegungen solcher Art, und es waren die Frauen aus dem Adel, der Ritter-Gesellschaft und dem städtischen Patriziertum, die sich anschlossen. Aus Italien kam das franziskanische Ideal einer neuen Frömmigkeit, die später immer mehr sozialen Charakter gewann. Jene Mechtild wagte offene energische Kritik an Reich und Kirche. Sie nennt die Domherren geile Böcke, den Klerus Pharisäer, scheinheilige Lügner. Damit zog sie sich, wie wäre es je anders gewesen, den Haß der Ordensleute und des Weltklerus zu. Man verleumdete sie öffentlich. Das sicherste Mittel, unbequeme Mahner zu erledigen. (Da kann ich mitreden!) Mechtild litt, natürlich, aber sie kann sagen: »...niemand ist so hinterhältig mit seinem Pfeile, daß er meinen Himmel, in dem ich wohne, zerstören könnte.« Obwohl sie hohes religiöses Wissen beweist, wird sie von den Theologen ihrer Zeit verlacht. Sehr interessant: sie trat nicht in ein Kloster ein, sondern lebte ungeschützt und den Verfolgungen ausgesetzt in der Welt. Erst im hohen Alter zog sie sich in ein Kloster zurück.

Aus ihren Schriften ein Wort, das mich anrührt: »Ich wohne in einem Lande, das heißt Verbannung, und dies ist die Welt. Denn alles, was in ihr ist, kann mich nicht trösten und erfreuen, ohne mir Pein zu bereiten...«

Eindrucksvoll ihr visionäres Durchschauen von Menschen: sie sah einen Mann, der nach seinem Tode für heilig galt, aber Mechtild sah, daß er nicht in die Seligkeit eingehen konnte, da sein Gesicht einen schwarzen Flecken trug, denn, so sagt er selbst, »ich zeigte denen, die meinen Willen nicht taten, ein finsteres Gesicht, und dies sühnte ich nicht.«

Eine andre Stelle, die wie die Antwort auf einen Brief ist, den ich gestern von einem Verzweifelten bekam, der »nichts mehr findet und nichts mehr sucht« (seltsam richtig die umgekehrte Reihenfolge), weil er Gott nicht findet.

Meine Pein ist tiefer als der Abgrund,
mein Herzeleid weiter als die Welt...
Meine Sehnsucht reicht höher als die Sterne.
In diesen Dingen kann ich dich nirgends finden.

Die Vorstellung, vielmehr das Lebensgefühl des Verbanntseins kenne ich seit meiner Jugend, und als ich später die Pythagoräer kennenlernte, wurde mir bestätigt, daß ich das Richtige fühlte und dachte: Wir sind auf die Erde verbannte Seelen, ins Exil geschickt, damit wir uns unter äußerst schwierigen Bedingungen bewähren, ehe wir heimkehren dürfen. Exilierte wir alle, Asylsuchende, doch es gibt kein Asyl, nur illusionäre Augenblicke der Sicherheit im fremdfremden Land.

Kein Asyl? Wirklich nicht? Aber doch Botschaften aus der Heimat. Versicherungen baldigen Heim-Dürfens. Und die wenigen Augenblicke der Liebe: Garantien für das Leben in der Heimat.